리빙 웰

더 행복하고,
더 건강하게 사는 법

The Rules of
LIVING
WELL

리빙 웰

리처드 템플러 지음 | 이현정 옮김

프롬북스
frombooks

시작하며

스스로 돌보는 삶을 살고 있는가

대다수의 사람들이 일터, 학교, 가정, 집안일, 자녀 문제, 운동, 쇼핑, 친구들 사이를 분주히 돌아다니며 바쁘게 살아간다. 그렇다면 당신은 지금 어디에 있는가? 어쩌면 당신이 선 자리는 아주 조그만 점에 지나지 않을지도 모른다. 그래서 다른 요구들 때문에 우선순위가 밀리기 일쑤다. 여기서 '나'라는 작은 점이 행복과 건강을 잃게 된다면 당연히 삶의 다른 여러 요구들도 충실히 이행하지 못할 것이다. 우리는 모두 단순히 살고 싶은 게 아니라 '좋은 삶Living well'을 살길 원한다.

그렇다고 일주일 내내, 24시간 내내 행복이라는 상태를 유지하기는 힘들다. 삶에는 부침이 있기 마련이기 때문이다. 그러나 인생의 행복한 시간은 불행한 시간과 대조되기 때문에 오히려 더욱 값진 게 아닐까 싶다. 만약 '영원한 행복'이라는 게 있다면 그것은 어쩌면 '영원한 지루함'과 비슷할지도 모르겠다. 그래서 나는 '행복'보다는 '만족'이라는 말이 더 맘에 든다. 만족이란 삶의 부침을 인정하면서도 일상의 여러 문제에도 불구하고 대체로 흡족해한다는 뜻이다. 말하자면, 만족이란 표면적인 감정이 아니라 근본적인 상태인 것이다. 이를 '웰빙', '건강', '좋은 삶' 등 뭐라고 불러도 상관없다. 매일매일이 최선인 상태를 성취하는 것이다.

하지만 우리의 삶은 복잡다단하고 갈등으로 가득하다. 따라서 만족조차 쉽게 얻을 수 있는 건 아니다. 현대사회는 인간에게 행복을 더해주었지만 고충도 가져다줬다. 그럼에도 결국 우리의 웰빙은 스스로의 책임 아니겠는가. 우리는 스스로를 돌봐야 한다. '자조self-help'야말로 그 최선의 방법이다. 삶의 모든 면이 혼란스러운가? 그럼에도 우리는 건강하고 릴랙스한 상태를 유지할 수 있다. 이를 위해서는 노력하지 않으면 안 된다. 자신에게 온전히 집중해야 한다.

좋은 삶을 사는 능력, 즉 '만족' 상태를 유지하는 능력의 근간은 무엇일까? 그것은 바로 넓은 의미에서의 '건강'이다. 삶을 원하는 대로 이끌려면 일단 활력 넘치는 신체건강을 유지해야 한다. 좋은 음식을 먹고, 적당히 운동도 하고, 가능한 한 릴랙스해야 한다. 신체를 양호한 상태로 유지하는 것이다. 그렇다고 꼭 운동선수처럼 될 필요는 없다. 그저 자신만의 상식적인 '건강 기준선'만 정립하면 된다. 이는 질병이나 부상 등 어떤 역경을 마주하더라도 가능한 한 빨리 원위치를 찾는 기준선이다. 그 건강 기준선은 개인마다 다르다. 나이와 기저질환 및 장애에도 영향을 받기 때문이다. 여하튼 중요한 건 스스로 자신만의 건강 기준선을 찾는 것이다. 회복력resilience 있는 건강한 신체를 지닐 수 있도록 말이다.

신체건강은 시작에 불과하다. 만약 정신건강을 챙기지 않으면 어떨까? '마음이 저절로 나아지겠지' 하며 방관한다면? 얼마 가지 않아 삶에 대한 불만으로 가득하게 될 것이다. 체력을 기르듯 부지런히 마음챙김을 하지 않는다면 절대 '만족'의 단계에 도달할 수 없다. 건강이 그다지 좋지 않아도 정신만 건강하다면 만족 상태를 유지할 수 있다. 누구나 노화에 따라 신체가 노쇠해지기 마련 아닌가. 그럼에도 많은 노년 인구가 즐겁고 좋은 삶을 산다. 반면 아무리 신체가 건강하고 운동을 많이 해도 마음과 감정을 돌보지 않으면 결코 편안한 삶을 살 수 없다.

이 책은 단순히 신체건강 유지에 대한 지침만을 제시하지는 않는다. 나의 평생에 걸친, 정신적으로 행복한 사람들에 대한 관찰도 담겨 있다. 이로부터 우리는 많은 것을 배울 수 있다. 나는 스스로의 정신적, 감정적 욕구에 대해 올바른 이해를 하는 이들이 인생 전반에서 큰 만족을 얻는 것을 봐왔다. 직장에서나 학교에서나 혹은 양육에서도 말이다. 사회생활을 할 때나 또 은퇴를 한 후에도 마찬가지다. 이들은 복잡다단한 삶 속에서도 좋은 삶을 사는 법을 배운 것이다. 이들의 삶을 따라해보는 건 어떨까? 즉, 이들이 주는 교훈을 우리의 삶에 적용시켜보는 것이다.

이 책은 우리가 어느 상황에서나 적용할 수 있는 원칙들을 실었다. 이 원칙들은 우리에게 내면을 들여다보고 '나는 과연 어떻게 일하고, 생각하며, 느끼는가'를 이해하도록 촉구한다. 그렇다고 지루한 설교는 아니니 걱정하지 않아도 된다. 오히려 재밌고, 흥미로우며, 교훈적이라 느끼게 될 것이다. 나는 살면서 타인을 관찰하고 배우는 과정을 늘 즐겨왔다. 이로부터 얻은 교훈들로 나는 삶에 균형을 맞추는 법, 회복력과 자신감을 갖는 법, 역경에 맞서는 법을 배웠다. 한마디로 내 삶은 송두리째 변한 것이다. 이러한 원칙들을 따르지 않았다면 아마 지금처럼 만족하는 삶을 살지 못했을 거라고 자신 있게 말할 수 있다.

또한 이 책에는 우리가 스스로에게 초점을 맞추며 '만족스런 좋은 삶'을 살아가기 위해 알아야 할 모든 것이 총망라돼 있다. 어쩌면 당신도 살아가면서 또 다른 훌륭한 원칙을 발견하게 될지 모른다. 만약 그렇다면 나의 페이스북(facebook.com/richardtemplar)에 그 깨달음을 공유해주길 바란다. 나는 항상 독자들이 발견한 삶의 원칙을 듣기 바라마지않는다. 그리고 이를 타인과 더 공유해주길 바란다. 결국 우리 모두가 서로를 돌보는 데 힘을 보탠다면 모두에게 이롭지 않겠는가.

차례

1장. 균형

2장. 자신감

3장. 회복력

4장. 운동

5장. 릴랙스

6장. 음식

7장. 학습

8장. 부모 노릇하기

9장. 직장에서

10장. 은퇴

11장. 위기 대처

The Rules of
LIVING
WELL

1장. 균형

나는 삶의 모든 측면에서 행복과 건강의 균형을 찾을 수 있다고 굳게 믿는다. 말하자면, '모든 것에 중도 지키기'와 비슷한 맥락이다. 당신도 삶의 모든 면에서 중도를 적용시켜야 한다. 앞으로 이 책을 통해 '운동'에서부터 '양육', '공부'와 '은퇴'에 이르기까지 그 양상을 찬찬히 살펴보기로 하자. 당신은 복잡한 내면을 지닌, 훌륭한 한 인간이다. 그런 당신의 삶 모든 면에서 행복의 공간을 찾도록 노력해야만 한다. 삶의 어느 한 분야에만 너무 몰두하면 다른 면들은 소홀해지기 쉽다.

이는 '시간을 어떻게 분배할 것인가'에만 국한된 문제는 아니다. 감정과 시야, 관심사 등 다양한 분야에 균형이 필요하다. 이 장에서는 우선 어느 한 분야에만 지나치게 집중하는 걸 피하는 법에 대해 살펴볼 것이다. 다른 분야에 소홀하지 않도록 말이다. 사실 시간이란 가장 덜 중요한 문제다. 만약 당신이 모든 여가시간을 독서나 조깅, 게임에 쓴다면 어떨까? 그 행동이 타인에게 민폐를 끼치지 않는 이상, 그것도 괜찮다. 다시 말하지만, 중요한 건 큰 틀에서 '얼마나 자신의 삶에 스스로 만족하는가'이다. 물론 살다 보면 힘든 시간도 있다. 그게 몇 달일 수도, 때로는 몇 년일 수도 있다. 하지만 균형이 잘 잡힌 삶을 산다면 고난에도 충분히 맞설 수 있다. 나아가 앞으로 좋은 때가 오면 이를 더욱 만끽할 수 있게 된다.

이 장에 실린 원칙들은 삶의 기본 태도에 관한 것들이다. 또, 다른 장들에서 살펴볼 원칙들의 근간이 되기도 한다. 당신이 건강하고 만족스러운, 최선의 삶을 사는 데 토대가 되어줄 것이다.

자신에게
덜 집중하라

가장 삼가야 할 것은 '오직 자신에게만 집중하는 것'이다. 앞으로 다룰 100개의 원칙 중 이 원칙이 제일 먼저다. 당신에게 집중하는 건 내가 할 테니, 당신은 스스로에게 덜 집중할 필요가 있다.

자신을 우선순위에서 끌어내리라는 말은 아니다. 당신의 자아를 비판할 의도도 없다. 나는 그저 당신을 도우려는 것뿐이다. 실제로 자신에게만 집중하는 이들이 행복한 경우는 드물다. 이는 그저 내 의견만은 아니다. 이를 증명하는 연구결과도 있다. 생각해보면 별로 놀라운 사실은 아니다. 자신에게만(혹은 다른 어떤 대상이라도) 집중하면 삶의 질이나 돈 문제, 혹은 이성관계 등 여기저기 맘에 안 드는 구석이 보이기 마련이다. 어느 누구의 인생도 완벽하지는 않다. 게다가 어떻게 해볼 도리가 없는 일도 생긴다. 그런데 그것들에 대해 생각하면 할수록 그 중요성은 마음에 더 크게 자리잡는다. 더욱이 일상에서 무시당하거나 억울한 처우를 받는다면 필요 이상으로 예민해진다.

주변에 자기중심적인 사람들을 알고 있을 것이다. 이들은 끊임없이 자신에 대한 얘기만 해댄다. 누군가가 화제를 바꾸려 해도 이들은 결국 자신에 대한 화제로 되돌아온다. 세상 모든 게 다 자신과 관련된 것이라 생각하기 때문이다. 예를 들어, 직장상사가 근무당번표를 바꿨다고 해보자. 그러면 이들은 '나를 벌주려고 그러나?' 혹은 '내 삶을 비참하게 만들려고 하는군' 하고 넘겨짚는다. 실은 단순히 능률 상승을 위한 재편이었는지 모르는데도 말이다. 또, 많은 직원들의 우선순위를 고려한 균형 잡힌 결정이었을 수도 있다. 그러나 자기중심적인 이들은 상사가 자신에게 개인적 감정으로 행동한다고 믿는다. 항상 자신만 생각하기 때문이다. 자신이 중심이 아닌 세상의 일부라는 사실을 이해하지 못한다.

나는 당신이 최선의 삶을 살기 바란다. 그러려면 자신의 욕구와 희망에 대해서 잘 알아야 한다. 균형 잡힌 삶을 원한다면 자기 안으로 시선이 자꾸 쏠리지 않도록 노력해야 한다. 대신, '이 세상이라는 큰 그림에서 내가 어디에 속하는가'를 이해하고, 시선을 밖에 두어야 한다. 모든 좋은 것은 세상 밖에 존재하니까.

내가 정말 싫어하는 표현들이 있다. 바로 '미 타임me-time(자기만의 시간)'이나 '나를 위해for me'이다. 아니, 애초에 모든 시간이 나를 위한 시간이 아니던가. 왜 그 모든 시간을 우리는 원하는 대로 쓰지 않는가? 모든 시간을 즐길 수는 없지만 결국 그 모든 게 바로 나 자신이 원해서 하는 일이잖은가. 예를 들어, '나는 집안일은 질색이야. 하지만 돼지우리 안에서 살 수는 없지'라거나 '애들이 짜증내는 건 못 참겠어. 하지만 나는 부모인 게 좋고 애들 짜증은 당연한 거니까'라는 식이다. 또, '탐탁지 않은 직장이지만 돈이 필요한데 어쩌겠어. 직업을 바꾸거나 거리에 나앉을 수도 있었겠지만 그러지 않기로 한걸'이라고 생각하는 것이다. 온전히 나의 시간이고, 나의 선택이다. 사실, '미 타임'이라는 표현은 '릴랙스하는 시간'이라는 개념과 맞닿아 있다. 그것도 물론 좋다. 하지만 문제는 '미 타임'이 아닌 시간은 내 선택이 아니라는 암시가 녹아 있다는 것이다. 그렇게 되면 미 타임 외의 시간은 수용하기 더 힘들어진다. 또, 그 시간이 온전히 자신의 선택이라는 사실을 인정하기도 싫어진다.

게다가 '미 타임'은 '내가 세상 누구보다 소중한 존재'라는 의미를 내포하기도 한다. 최고의 시간은 늘 자신의 욕구 충족을 위해 아껴둬야 한다고 말이다. 이는 대단히 그럴싸해 보이지만, 결코 우리를 행복하게 만들지는 못할 것이다.

"

시선을 밖에 두어야 한다.
모든 좋은 것은 세상 밖에 존재하니까.

"

타인에게도
덜 집중하라

첫 번째 원칙과 두 번째 원칙의 균형을 맞추어보자. 앞서 언급했듯이, 우리는 자신에게 덜 집중할 필요가 있다. 그렇다고 반대로 남들을 바라보는 데 너무 많은 시간을 보낸다면 어떨까? 예를 들어, '남들은 뭘 가졌지?'라든가 '남들은 지금 뭘 하고 있을까?' 혹은 '남들은 어떻게 살아갈까?' 등등.

이 모두가 나와는 상관없는 일이다. 누군가가 근사한 차를 가졌다거나, 그의 자녀가 내 자녀보다 더 예의바른들 어떤가. 또, 지인이 전도유망한 직업을 지녔거나, 심지어 일주일에 사흘만 일한다고 해도 말이다. 이들의 삶이 실제로는 장밋빛이 아닐지도 모른다. 근사한 차가 있을지는 몰라도 끊임없는 고장 때문에 골치 아파할 수 있다. 예의바른 자녀도 남이 안 보는 데서는 악몽을 선사할지 모르며, 전망 좋은 직장도 알고 보면 유해한 사내문화가 존재할 수 있다. 말하자면, 누구나 자신만의 고충과 씨름한다는 것이다. 타인이 가진 것을 부러워하는 건 의미가 없다. 왜냐면 우리는 그들의 좋아 보이는 겉모습만 보기 때문이다. 큰 그림에서 볼 때 그건 전혀 우리가 원하는 삶이 아닐 것이다.

남들이 가졌거나 가졌으리라 믿는 것에 집중하는 것은 자신을 불행하게 만든다. 어차피 우리는 각자 자신이 가진 것으로 살아가야 하지 않는가. 나는 나이고, 지금의 현실이 바로 나의 삶이다. 나의 삶을 타인의 삶과 비교하는 건 덧없고 무의미하다. 물론 삶의 방향성을 잡기 위해 타인의 삶을 보고 배우는 것은 괜찮다. 지금의 삶이 평생 그대로 갈 필요는 없으니까 말이다. 우리에게는 앞으로 나아갈 열의와 야망이 있다. 그리고 그 시작점은 어디까지나 바로 나 자신의 지금 이 순간이다. 다른 사람의 삶이 나의 시작점이 될 순 없다.

타인이 가진 것을 인식하는 것 정도는 권할 만하다. 예를 들어, '나도 휴가 때 저기에 놀러가고 싶군'이라든가 '나도 파트타임으로 일하면서 하루 정도는 여유를 갖고 가족들과 시간을 보내야지. 아니면 정원을 가꾸거나 수면을 보충하는 거야'라고 생각하는 식이다. 이렇게 타인의 삶에서 영감과 동기를 얻는 것은 삶에 목적의식을 더할 좋은 방법이다.

그러나 어느 특정한 한 명과 비교하면 안 된다. 이게 해로운 이유는 바로 그 사람과 경쟁에 빠지기 쉽기 때문이다. 의식조차 못 하는 경쟁에 상대방을 끌어들이는 것은 불공평하다. '내가 당신과 지금 경쟁 중이에요'라고 당신이 말해주지는 않을 테니까. 또, 자신에게도 불공평한 처사다. 왜냐하면 항상 타인의 뒤에서 시작해야 하기 때문이다(상대방이 이미 가진 것을 원할 테니까). 이러면 상대를 이기기 전에는 행복해질 수 없다. 그러니 어쩌면 평생 도달하지 못할지 모른다. 타인과 경쟁하는 삶은 항상 슬프다.

나는 남들을 따라하거나 남들과 경쟁하느라 결국 원치 않던 삶을 살게 된 이들을 많이 봐왔다. 남들을 신경 쓰느라 바빠서 자신을 들여다보지 못해서다. 예를 들어, 부모님께 인정받는 삶(애초에 부모님이 항상 옳을까?)을 살기 위해 평생 자신의 형제와 경쟁한 이들이 있었다. 이들은 자녀보다 커리어를 우선시하거나 그 반대의 상황을 벌이곤 했다. 결국 너무 늦게 그런 상황이 자신에게 최고의 선택이 아니었음을 깨달았다고 한다.

현명한 사람이라면 타인과 자신을 비교하는 것도 결국은 '자신에게 너무 집중하는 것'과 통한다는 것을 깨달았을 것이다. 남들이 뭘 하는지에 비정상적으로 집착하기를 넘어서 온통 자신에게 관심을 기울이게 되기 때문이다. 남들을 잣대 삼아 '내가 어디에 있는가'를 파악하려 하기 때문이다. 또다시 온통 내가 중심이 돼버린다. 균형을 잘 잡는다는 건 정말 복잡 미묘한 일이 아닐 수 없다.

다른 사람의 삶이 나의 시작점이 될 순 없다.

밖을
내다보라

　자신을 남과 비교해서는 안 된다는 말이 타인을 아예 생각하지 말라는 뜻은 아니다. 자신을 남과 경쟁하는 식으로 엮어서 생각하는 게 부적절하다는 의미다. 자신에게만 집착하지 말고, 시선은 밖으로 돌려 남들을 제대로 쳐다보라. 이것이 다름 아닌 행복으로 가는 지름길이다.

　사별, 이혼, 심각한 질병 등 정말 힘든 경험을 한 내 친구들이 있다. 그런데 이런 시련에 가장 잘 대처한 이들은 바로 남을 위해 아낌없이 헌신해본 적이 있는 이들이었다. 그 대상이 자녀일 수도 있고 어려움에 처한 친구일 수도 있다. 혹은 자선사업이나 애정을 가진 직업이기도 했다. 대상이 뭐든 중요치 않았다. 활동 자체가 무엇인지는 상관이 없었기 때문이다. 다만, 그렇게 헌신하면서 자신에게서 벗어나 밖을 바라보았다는 게 도움이 된 것이었다.

어쩌면 당신은 트라우마가 될 법한 삶의 변화를 겪을 때가 바로 자신에게 집중할 때라고 생각할지 모른다. 충분히 이해는 간다. 하지만 지금 우리는 무엇이 이성적인지를 판단하는 게 아니라 '무엇이 나를 가능한 한 행복하고 건강하게 해줄 것인가'를 살펴보는 중이다. 그리고 내가 수년간 사람들을 관찰해온 결과, 행복과 건강은 '밖을 내다보는 태도'로부터 오는 것이었다!

시련 앞에서 '어디서부터 잘못되었나'를 생각해보고, '어떤 실용적인 단계를 밟을 것이며, 이 일로부터 뭘 배울 것인가'를 생각하는 것은 바람직하고 현명한 일이다. 하지만 예를 들어, 우리가 가까운 누군가의 죽음을 잊지 못해 힘들어하고 있다고 해보자. 그 사람에 대해 생각하고 싶은 건 당연하다. 그러나 항상 생각해서는 안 된다. 그러면 내가 비참해질 테니까. 생전에 나를 사랑했던, 사망한 그가 과연 내가 비참해지는 걸 원할까? 비참함에 빠져서 도저히 빠져나올 수 없게 되는 건 피해야 할 일이다.

자신이 처한 문제에 대해 늘 생각하기 시작하면 그때부터는 걷잡을 수 없는 내리막길을 걷게 된다. 그렇게 되면 불행해지고, 불안해지며, 몸이 아프거나 우울해진다. 때로는 이 중 여러 개가 한꺼번에 겹치기도 한다. 이미 시련을 겪고 있는 와중에 자신과 자신의 문제에 대해 생각한다면? 아마 또 다른 문제에 스스로를 빠뜨리고 말 것이다.

이와 달리, 남들을 도우면 자신에 대해 너무 골똘히 생각하는 걸 피할 수 있다. 그들이 겪는 문제는 겉보기에 나의 시련보다 더 클 수도 있고, 더 작을 수도 있다(자신을 남과 비교하는 게 부적절하다는 걸 기억하라).

그건 상관없다. 그들은 여전히 우리가 새로운 관점을 찾는 걸 도울 테니까. 또, 그 대상이 큰 도움이 필요한 한 사람인지, 아니면 우리가 시간을 조금씩 할애해야 할 여러 명인지도 상관없다. 우리가 도울 방법이 감정적인 지원인지 실질적인 도움인지도 관계없다. 중요한 건 자신 밖에 초점을 두는 것이기 때문이다.

나아가 타인을 돕는 것은 우리에게 삶의 목적을 부여한다. 그것이 가치 있는 일이라고 여기게 되며, 따라서 자존감 향상에도 큰 도움이 된다. 최근에 자존감이 바닥이었다면 더욱 그렇다. 이처럼 남을 돕는 것은 게임이나 스포츠, 정원 가꾸기보다도 훨씬 도움이 된다(물론 이 방법들도 유익하겠지만). 그러니 삶이 완전히 망가질 때가 돼서야 남을 돕기 시작할 필요는 없다. 우리는 능동적으로 타인을 도와야 한다. 자신에 대한 과도한 생각을 벗어나면서도, 스스로에게 만족감을 느낄 방법이니 말이다. 이게 바로 윈윈win-win 아니겠는가.

> 66
> 자신이 처한 문제에 대해 늘 생각하면
> 그때부터는 걷잡을 수 없는 내리막길을 걷게 된다.
> 99

04

현실을 직시하라

내가 아는 한 어머니의 사춘기 딸이 정신적 문제로 힘든 시간을 겪은 적이 있다. 딸이 고군분투하는 모습에 마음이 상한 어머니는 이러한 상황을 바꾸기에는 역부족이었기에 기분전환을 위해 더욱더 생업에 매진했다. 사업체를 운영하는 그녀는 거의 하루 종일 집밖에 나가 있곤 했다.

그렇다면 그러한 상황이 이 어머니에게 과연 긍정적일까, 아니면 부정적일까? 여기서 사춘기 딸의 문제는 잠시 접어두기로 하자. 혼자 알아서 생활할 정도로 나이도 먹었고, 어른의 도움이 필요하면 집에 아버지도 있으니까 말이다. 나는 지금 어머니의 상황만 말하고 있다. 즉, 기분전환을 위해서 일에만 매진하는 게 건강한 일일까, 아닐까?

이는 수수께끼 같은 질문이다. 왜냐면 정확한 답을 알 수 없기 때문이다. 오직 어머니 자신만이 그 답을 안다. 그것도 그녀가 혼자 곰곰이 고심해봐야 알 것이다. 사실, 이 상황은 그녀가 '어떻게 그리고 왜 일에 매진하는가'에 따라 건강한 상황일 수도, 아닐 수도 있다. 이 비슷한 상황에서 우리가 알아둬야 할 점이 바로 이것이다.

기분전환distraction은 여러 상황에서 과소평가된 전략이 아닐 수 없다. 사실, 기분전환은 강한 어떤 감정이 엄습해올 때 짧은 시간 내에 기분을 정리할 수 있는 좋은 방법이다. 또, 자신이 바꿀 수 없는 상황에 대한 무의미한 걱정으로부터 벗어날 손쉬운 방법이기도 하다. 예를 들어, 이런 걱정들이다. '아이가 첫 등교를 하는데, 잘 할 수 있을까?' 혹은 '어머니의 수술이 의사들의 예상보다 간단한 게 아니면 어쩌지?' 또는, '집을 나오기 전에 고양이를 다시 집 안에 들여놓았던가?'와 같은.

어쩌면 떨쳐지지 않는 감정으로부터의 완벽한 기분전환이 그다지 건강한 게 아닐지도 모른다. 어차피 언젠가는 그 문제와 마주하게 될 게 뻔하니까 말이다. 게다가 운이 나쁘면 그 문제가 곪아터지거나 확대돼서 마침내 문제를 대할 때 훨씬 더 고통스러워질지 모른다. 말하자면, '눈 가리고 아웅'하는 상황인 셈이다. 도피할 수는 있지만 결국 감정에서 벗어날 수는 없다. 묻어둔 감정은 어떤 형태로든 다시 불쑥 드러나기 마련이다. 예를 들어, 일반적인 불안감이나 잘못된 의사결정, 심지어 피부 습진의 형태로도 나타난다. 물론 사소한 사회적 실수로 인한 민망함으로부터 기분전환을 하는 건 상관없다. 그러나 결국 마주해야 할 강력한 감정이 있다면, 실제로 이를 해결하기 전까지 그 감정은 사그라지지 않을 것이다.

그렇다면 이런 상황에서 해결책은 과연 뭘까? 역시 균형을 잡는 것이다. 사소한 문제들은 기분전환만 해도 그냥 지나간다. 그렇다고 당신을 집요하게 쫓는 중요한 문제로부터는 도망치지는 말기 바란다. 항상 자신을 주시하고 언제 '기분전환이 좋은 전략이 될지'를 인지해야 한다. 현 상황에서 기분전환만 하는 게 과연 옳은지 현실적으로 판단하는 것이다. 만약 문제가 다스려야 할 감정이라면 기분전환을 해도 괜찮다. 타인에게 신경을 쓰거나 그저 일상을 살아나가는 식으로 주위를 환기하는 것이다. 하지만 동시에 분노나 스트레스, 슬픔, 걱정과 두려움 등의 감정을 치유할 시간은 비워둬야 한다. 그 시간은 필요에 따라 몇 시간 혹은 몇 년이 될 수도 있다. 이때 충분한 기분전환을 하면 감정을 다스리는 데 큰 도움이 된다. 저녁에 혼자 앉아 생각하거나, 차 안에서 혼자 마구 울먹이거나, 심리치료사와 상담을 받는 중간중간에 말이다.

진정 마음을 다스리는 일은 우리의 머릿속에서 일어난다. 그래서 내가 앞서 언급한 어머니가 실제 그런 과정을 거치는 중인지를 알 수 없다고 한 것이다. 마음의 균형이 제대로 잡혔는지는 오직 자기 자신만이 알 수 있다. 감정을 다스리는 책임은 스스로 져야만 하는 것이다.

상황에서 도피할 수는 있지만,
결국 감정에서 벗어날 수는 없다.

자신의 에너지 주기를
주시하라

05

내 아이들이 어렸을 때 아내와 나는 주말과 휴일을 가족 중심의 날로 보내곤 했다. 문제는 그 와중에 슬며시 스트레스가 올라올 때가 있었다는 것이다. 그럴 때면 나는 10분가량의 짧은 휴식을 취하곤 했다. 그러면 재충전된 유쾌한 상태로 가족에게 다시 돌아갈 수 있었다. 이와 달리, 아내는 전혀 쉬지 않았다. 아내는 아이들이 일어나서부터 잠들 때까지 칭얼거림과 짜증, 어지르기와 소리 지르기 모두를 받아냈다.

글쎄, 별로 공평하지 않다고 생각할지 모르겠다. 하지만 정작 아내는 이런 상황에 나와 마찬가지로 만족해했다. 아내는 아이들이 평화롭게 잠들고 나면 소파에 털썩 주저앉았다. 그러면 그날 일과는 끝이었고, 아내는 취침시간까지 자유시간을 가졌다. 반면, 그때부터 나는 식기세척기에 그릇을 채워 넣고, 부엌을 정리했으며, 반려견의 마지막 산책을 시켰다. 다시 말해, 내가 낮에 가졌던 짧은 휴식시간들에 대한 대가인 셈이었다.

우리는 모두 각자만의 생활리듬과 에너지 주기cycle가 있다. 아내는 이런 식으로 지내는 걸 기꺼이 받아들였다. 그러다 어느 날 마침내 그녀도 버티지 못하는 때가 왔다. 에너지가 방전돼서인지 움직이기조차 싫어했다. 다행히 내 에너지 주기는 다르게 작동했다. 잠깐씩의 휴식만 갖는다면 나는 취침시간 전까지 모든 걸 감당할 수 있었다. 어차피 나는 하루에 몇 시간이나 가만히 앉아만 있는 걸 싫어했으니까. 차라리 쿵쾅거리며 뛸 핑계를 찾고 30분마다 새로운 활동을 하는 쪽이 나았다.

만일 우리 부부가 서로 간에 에너지 레벨을 잘 맞추는 방법을 찾지 못했다면, 상황은 훨씬 힘들었을 것이다. 자신의 타고난 에너지 주기를 이해하는 건 중요한 일이다. 함께 사는 가족이나 친밀히 일하는 동료의 에너지 주기를 이해하는 것도 마찬가지다. 그래야 물 흐르듯 흐름을 타는 시간이 늘어나고, 혼자 고군분투하는 시간은 줄어든다.

휴식을 취하는 문제가 다는 아니다. 예를 들어, 많은 이들은 아침형 인간이라서 중요한 업무에 대한 사고를 아침에 가장 잘 하고는 한다. 신체적으로는 낮에 에너지가 더 넘칠지라도 말이다. 또, 어떤 이들은 한 주를 시작하는 일요일에 능률이 가장 오를 수도 있다. 한편, 긴 전화 통화 후에는 일어나 식사를 준비할 에너지가 고갈되는 이들도 있다.

이런 자신의 에너지 주기를 이해하고 나면 그 에너지가 감정적 에너지이든 신체적 및 지적 에너지이든 간에 이를 활용할 수 있게 된다. 더

이상 에너지 주기에 좌우될 필요가 없다. 중요한 세일즈 미팅 전날 아침에 미팅 준비를 하거나, 이른 저녁에 개를 산책시켜보라. 또, 긴 전화 통화를 하기 전에 미리 식사 준비를 해보라. 또, 일주일에 두 번 긴 운동을 하기보다는 매일 15분의 운동을 해보는 건 어떨까? 물론 삶이 그렇게 단순하지는 않다. 당신이 아침형 인간이라는 이유로 오후에 책상에서 조는 것을 달가워할 상사는 없을 테니까 말이다. 하지만 일단 자신의 에너지 주기를 파악하고 나면 놀랍도록 그 흐름을 잘 탈 수 있다. 예를 들어, 친한 친구와의 장시간 수다 후에 왜 치즈와 비스킷으로 대충 식사를 때우고 싶은지 더 잘 이해하게 되는 것이다.

한 가지 기억할 점은, 타인이 어떻게 사는지는 상관없다는 것이다. 동료가 매일 아침 8시 15분까지 회사에 도착한들 무슨 상관인가? 또, 당신의 형제가 거의 매일 헬스장에서 한 시간이나 운동을 한다고 해도 마찬가지다. 이런 것들은 모두 무시해버려라. 그저 자신에게 제일 잘 맞는 삶의 방식을 파악하고 가능한 한 자주 이를 실행에 옮기면 된다. 그러면 삶이 훨씬 편안해질 것이다.

> 자신과 주변인의 에너지 주기를 파악하면
> 물 흐르듯 흐름을 타는 시간이 늘어나고,
> 혼자 고군분투하는 시간은 줄어든다.

06

깔끔하게
선을 그어라

사실, 이 여섯 번째 원칙에 대해서 나는 조금은 불편한 심정이다. '깔끔함tidiness'은 그게 정신적이든 실질적이든 내 장점과는 거리가 멀기 때문이다. 따라서 이번 원칙은 개인적으로 따르기 어렵다고 느낀다. 하지만 적어도 깔끔한 선을 지킬 때 기분이 훨씬 좋다는 것 정도는 안다. 그러니, 이번 원칙을 겸손한 마음으로 소개하겠다.

'멀티태스킹'은 대단히 현명한 일이다. 그러나 자신이나 주변 사람들에게 그다지 편안한 느낌을 주지는 않는다. 물론, 우리는 멀티태스킹을 해야만 하는 많은 상황에 처한다. 예컨대 직장에서 통화를 하면서 서류에 서명을 하거나, 요리를 하면서 자녀들을 돌보는 일이다. 또, 개를 산책시키면서 내일의 미팅을 머릿속에 그려보기도 한다. 이 모두가 무척 필요하고, 유용한 능력이 아닐 수 없다.

반면, 멀티태스킹을 하지 말아야 할 상황도 많다. 이런 때는 멀티태스킹을 하지 않는 게 훨씬 낫다. 많은 연구결과에 따르면, 한 번에 여러 일을 동시에 하면 대개 그중 하나는 뒤처지기 마련이라고 한다. 굳이 연구 자료를 읽지 않아도 충분히 알 만한 사실이 아닌가. 한 예로, 스마트폰에 정신이 팔려 있을 때 배우자의 말을 제대로 들은 적이 있는가?

삶에서 멀티태스킹을 할 때와 하나의 일만 집중해야 할 때 사이의 균형을 찾아야 한다. 그 일이란 어떤 과제일 수도, 가사일 수도 있다. 또, 신경써야 할 사람(혹은 반려견)일 수도, 어떤 활동일 수도 있다. 우리는 동시에 여러 가지 일들을 할 때 건성으로 하게 되기 쉽다. 그중 어떤 일도 헌신적으로 하지 않는 것이다.

그러니 마음속 깊이 '이건 내 온 관심을 쏟아야 할 일이야'라고 느끼는 일들과 그 일들을 할 시간을 체크해두길 바란다. 그런 일들이 뭔지 우리는 이미 안다. 그중에는 타인과 관련되는 일들도 많다. 예를 들어, 동료의 얘기를 들어주는 일이라든가 자녀들과 놀아주는 일, 친구들과 계획을 세우는 일 등이다. 그리고 '언제, 어떻게 그 일을 집중해서 할 것인가'에 대한 선명한 기본 규칙을 세워야 한다. 말하자면, '깔끔한 선을 긋는 것'이다.

테크놀로지는 이런 과정에서 상당히 큰 방해가 될 수도 있다(물론 방해 요소의 전부는 아니지만). 따라서 예를 들어, 식사시간 동안 식탁에서는 핸드폰을 꺼놓는 것을 규칙으로 삼는 건 어떨까? 혹은 아이들에게 책을 읽어줄 때 핸드폰을 꺼보는 것이다. 또, 저녁마다 한 시간 동안 배우자와 함께 시간을 보내는 규칙을 만드는 것도 좋다. 중간에 업무 이메일 등을 체크하려고 자리를 박차고 나오는 일이 없도록 노력하면서 말이다. 아예 저녁 일곱 시 이후로는 업무와 관련된 기기를 모두 꺼버리는 규칙을 만드는 것도 바람직하다. 혹은 일요일에는 업무 관련 일을 하지 않는 규칙을 만드는 것이다. 또, '저녁에는 돈 걱정을 하지 않는다'는 규칙도 그럴싸하지 않는가(말은 쉽지만 실천은 어려운 일이긴 하다).

이처럼, 어떤 기본 규칙들이 당신과 주변인들에 이득이 될지를 파악해보라. 기본 규칙들은 개개인에 따라 다르며, 시간이 지나면서 다른 규칙으로 바뀔 수도 있다. 하지만 릴랙스한, 편안한 삶을 살기 위해서는 우리 모두에게 이런 기본 규칙들이 필요하다. 여기에는 지키기 위해 엄청난 노력이 드는 규칙도 분명 있다. 특히 테크놀로지와의 연결성을 가끔 끊는다는 규칙은 더욱 그렇다. 그렇지만 그 내용을 현실적으로 적용시키고 지킨다면 훨씬 더 안정되고 행복한 생활을 하는 자신을 발견할 수 있을 것이다. 또, 나의 기분이 나아지면 주변인들과의 관계도 한결 개선될 것이다.

> 66
> 스마트폰에 정신이 팔려 있을 때,
> 배우자의 말을 제대로 들은 적이 있는가?
> 99

삶에서 균형을 맞추는 대상들을 기억하라

07

앞서 소개한 몇몇 원칙들에서 보았듯, 일상에서 균형을 찾는 것은 우리의 전반적인 웰빙에 무척 중요하다. 우리의 삶은 예측불가한 일들로 가득하다(이 점이 삶이 묘미이기도 하지만). 따라서 어떤 예상치 못한 일로 삶의 궤도를 약간 벗어날지라도 안정적이고 균형 잡힌 기준선을 세워놓았다면 언제든 그 자리로 건강하게 되돌아올 수 있다.

그러나 안정적인 일상만이 삶의 전부는 아니다. 마치 핀볼 게임기에 갇혀서 오늘에서 내일로 튕겨져 나가는 삶 속에 소란을 떨기도 무척 쉬운 일이다. 그럴 땐 마치 화재를 진압하는 기분이 든다. 삶이 대체로 만족스러우면 이런 급박한 상황도 즐길 만하다. 그렇더라도 여전히 삶의 큰 그림을 예의주시해야 한다.

가끔씩 삶에서 균형을 맞추는 대상들이 뭔지 체크하고 평가해봐야 한다. 일상에서 매일 생각할 필요는 없겠지만 말이다. 예를 들어, 당신은 최적의 시간적 균형을 직장, 커리어, 가정, 친구 관계에서 골고루 맞추고 있는가? 이 네 가지 모두 인생에 있어 중요한 요소가 아닐 수 없다. 아니면, 직장일이 너무 잘 진행되는 바람에 인간관계를 시작하고 유지할 여유를 잊었는가? 좋아하는 취미에 푹 빠졌던 가장 최근은 언제인가? 혹은 현재 직장일도 괜찮지만 장기적 커리어 계획을 진지하게 세워볼 생각은 없는가?

위의 예들 중에서 자신에게 적용되지 않는 것도 있을 것이다. 원하지 않는다면 특정 인간관계에 애쓸 필요도 없고, 취미로 골프를 칠 필요도 없다. 또, 커리어 향상을 위해 야망을 불태울 필요도 없다. 아무튼 중요한 건 우리가 어떤 결정을 의식적으로 내리면 5년이고 10년, 20년이고 뒤돌아보지 않는 경향이 있다는 것이다. 그리고 시간이 흐른 뒤에야 '부모님과 시간을 좀 더 보냈어야 했는데'라든가 '다른 직장에 원서를 내볼 것을,' 혹은 '취미로 농구를 꾸준히 했어야 하는데' 하며 후회하는 것이다.

이런 실수를 피하려면 인생의 모든 중요 요소들에 있어 어떻게 균형을 맞추는지를 주시해야 한다. 여기서 자신에게 잘 맞는 균형의 패턴이 있을 것이다. 원한다면 그중 어떤 요소는 들이는 시간을 줄여도 된다. 다만, 충분히 생각한 후 결정을 내려야 한다. 그저 우연히 선택을 내리는 게 아니다.

대부분의 경우, 행복해지려면 다양성variety이 필요하다. 활동의 다양성뿐 아니라 활동의 속도pace의 다양성도 필요하다. 바쁘게 보낼 시간

뿐 아니라 릴랙스할 시간도 확보하는 게 이상적이다(바쁜 시간이 있기에 릴랙스하는 시간이 훨씬 즐거워진다). 또, 혼자 지내는 시간뿐 아니라 타인과 함께하는 시간도 필요하다. 또, 타인을 돌보는 시간도 필요하다. 구체적인 시간 분배를 어떻게 하는지는 개개인에 달렸다. 한편, 우리는 삶에서 어느 정도의 스트레스도 필요하다. 가능하면 절대로 선택하지 않을 종류의 스트레스도 당연히 있다. 하지만 긍정적으로 작용하는 압력도 분명 있으며, 이는 부정적인 감정적 스트레스보다 훨씬 바람직하다. 아무튼, 우리는 매일매일의 부정적인 도전과제를 다루는 연습을 해야 한다. 그래야 정말 큰 도전과제를 마주했을 때, 제대로 대처할 수 있기 때문이다.

결론적으로, 자신을 항상 예의주시하기 바란다. '이 모두가 무엇을 위한 것이며, 무엇이 진정 나에게 중요한가?' '항상 의욕이 충만한, 신체적 및 정신적으로 건강한 삶을 위해서는 무엇이 필요한가?' '직장에서 너무 많은 시간을 보내거나 어떤 특정 분야에 시간을 불충분하게 쓰고 있는가?' 스스로 이런 점들을 자주 체크해보라. 자주 체크하면 아마 작은 변화만으로도 삶이 개선될 것이다. 그러니 편안히 이런 질문을 스스로에게 묻고 정기적으로 삶의 큰 그림을 모니터하길 바란다.

> 66
> 행복해지려면 다양성이 필요하다.
> 활동의 다양성뿐 아니라 활동의 속도의 다양성도 필요하다.
> 99

08 원하는 것을 지금 실행하라

　주변에서 이런 말을 많이 들어봤을 것이다. "우리는 애들만 독립하면 세계일주를 떠날 거야," "돈만 충분히 저축하고 나면 직장을 관두고 내 사업을 시작할까 해" 등등. 솔직히 당신도 이와 비슷한 계획을 세워본 적이 있을 것이다. 장기적인 계획들을 세우고 기대에 부풀어 꿈을 꾸는 것이다.

　나는 최근에 자신들이 살 집을 직접 짓는 사람들에 대한 통계를 본 적이 있다. '나만의 집짓기'란 많은 이들의 평생 꿈이 아니던가. 그런데 이들 중에 90퍼센트는 그 꿈을 이루지 못한다고 한다. 이런 점을 생각하면 꽤 우울해지지 않는가? 이들 중 90퍼센트가 꿈을 이루는 삶을 살지 못했다는 뜻이니까.

　그렇다면 왜 이들은 꿈을 이루지 못했을까? 내 생각으로는 이들 중 몇몇은 '나만의 집짓기'라는 개념은 좋아하면서도 실제로 그 스트레스를 감당할 정도로까지는 원하지 않았던 것 같다. 또, 일부는 '자금 모으기'나 '위치 정하기'와 같은 실질적인 부분에서 실패했을 수 있다. 그런가 하면 또 몇몇은 삶의 큰 사건에 휩싸여 더이상 꿈을 이루기 어렵게 되거나, 더이상 그 꿈을 그다지 원하지 않게 됐을지도 모른다. 또, 누군가는 집짓기라는 프로젝트에 막상 착수하려고 보니 '나는 이제 너무 나이가 많은걸'이라고 느꼈을지 모른다.

꽤나 슬픈 일이 아닌가? 물론 이들 중 일부는 이 꿈을 흘려보내고 후회하지 않았을지 모른다. 그런데 전체의 90퍼센트라니! 이들 중 상당수가 훗날 뒤를 돌아보고 '그때 그 집을 지을 걸 그랬어'라고 생각하진 않을까? 그런데 왜 실행에 옮기지 못한 걸까? 문제는 아마 삶이 정신없이 바쁘고, 요즘 세상은 '지금 이 순간'에만 집중하는 경향이 있기 때문일 것이다. 먼 미래의 언젠가가 아니라.

당신이 꿈을 못 이룬 그 90퍼센트에 속하지 않으려면 어떻게 해야 할까? 꿈이 무엇인지는 상관없다. '아이 낳기', '에베레스트 산 오르기', '전문 음악인 되기', '시골로 이사 가기', '책 쓰기' 등등. 여하튼 명백한 답은 그런 꿈을 미래의 일로 꿈꾸지 말고 바로 지금 착수해 실행에 옮기는 것이다. 그냥 뛰어들어보라. 물론, 모든 일을 다 그렇게 하긴 힘들다는 것은 나도 인정한다. 하지만 자녀들을 보트에 태워 세계여행을 간다거나 연봉이 높은 일자리를 박차고 나와 예술가가 되는 것은 충분히 가능한 일이다. 분명 그렇게 해내는 이들이 있으니까 말이다. 당신도 한번 도전해보면 어떨까? 혹시 그러지 못할 중대한 이유가 있는가?

만약 그렇다면, 꿈을 실현하는 걸 진지하게 생각해보는 것만도 도움이 된다. 그 꿈을 꾸는 것까지는 좋지만, 그 꿈이 현실을 되는 걸 원하지는 않음을 깨달을지도 모르지 않는가. 그런 깨달음도 괜찮다. 모든 이들이 자녀를 데리고 세계일주를 할 수는 없을 테니까. 사실, 나는 감히 대부분의 사람들이 그러지 못할 거라 주장하겠다. 물론, 당신은 해낼 수도 있지만.

꿈을 성취하는 데 실패한 적이 있다면 이번에는 좀 더 적절한 계획을 짜보라. 그저 공상이 아니라 목표와 날짜 등 모든 것이 분명한 진지한 계획이다. '언제 직장을 그만둘 것인가?' '한동안 버티려면 얼마의 돈이 필요하며, 이를 어떻게 마련할 것인가?' 혹은 '정확히 어떤 종류의 집을 원하고, 어디에 짓고 싶은가?' 이러한 진지한 질문을 하면 실제 계획을 시행할 날짜를 정하기가 훨씬 쉬워진다. 단순히 계획에 대해 얘기하거나 공상하는 것을 넘어서서 말이다.

평생 꿈을 꾸기만 하면서 살아갈 수는 없다. 또한 꿈은 실행에 옮기려 하지 않으면 절대로 성취할 수 없다. 어쩌면 먼 미래를 위한 꿈을 조금 남겨두는 것도 괜찮을지 모른다. 그렇더라도 어떤 꿈은 반드시 실천하려 해야 한다. 오늘 꿈꿀 수 있는 것을 왜 내일로 미루려 하는가?

> **"**
> 꿈을 실현하는 걸 진지하게 생각해보는 것만도 도움이 된다.
> **"**

과거, 현재, 그리고 미래를 살아라

09

이제 균형 맞추기의 최고봉이나 다름없는 규칙을 다룰 것이다. 이 책에는 과거를 돌아보라, 현재를 살아라, 그리고 미래를 내다보라는 내용이 있다. 그런데 이 세 가지를 넘어서는 정말 절묘한 기술이 바로 그것들을 모두 실행하는 것이다. 그래서 건강한 균형을 지켜나갈 수 있도록 말이다.

과거를 뒤돌아보지 않으면 과거의 경험, 실수, 성공으로부터 배울 수 없다. 그러므로 현재와 미래를 최대한 충실히 살려면 당연히 가끔씩 과거를 돌아봐야 한다. 과거는 우리의 모든 기억들이 생생히 살아 숨쉬는 곳이다. 달콤 쌉싸름한 기억들도 있을 테지만 즐거움과 위안의 원천이 되는 기억들도 많다. 한편, 과거는 연민과 죄책감, 창피함과 후회에 젖어드는 곳이기도 하다. 이런 많은 감정들을 떠올리면 꽤나 비참해질지 모른다. 과거를 정기적으로 되짚어봐야 하지만, 과거에 너무 매몰되는 함정에 빠지지는 않도록 주의하라. 과거에서 벗어나고 싶을 때는 언제든지 탈출하는 법을 잊지 말아야 한다.

현재는 당연히 우리가 살아가는 곳이다. 이 사실을 회피할 수는 없다. 현재를 가장 충실히 활용하는 이들이 삶의 즐거움을 최대로 얻는 경우가 많다. 왜냐하면 이들은 결과에 대해 크게 걱정하지 않기 때문이다. 내가 어렸을 때 해변에 누워 있던 일이 기억난다. 당시 내 머리카락은 길었다. 그래서 파도가 칠 때마다 내 머리카락을 쓸어내리면서 모래를 잔뜩 묻혀놓곤 했다. 나중에 모래를 다 씻어내는 데 몇 시간이나 걸릴 정도였다. 하지만 그때는 별로 개의치 않아서, 해변에서의 즐거움이 조금도 사그라지지 않았다. 그런데 간혹 현재에 너무 집중한 나머지, 변화를 마주하는 데 애를 먹는 이들이 있다. 변화는 삶의 불가피한 일부분인데도 그에 대한 계획 및 준비를 전혀 안 했기 때문이다. 이를 위해서는 미래를 내다봐야 하지만, 이들은 별로 그런 성향이 아닌 것이다. 게다가 과거를 돌아보지 않으니 실수로부터 배우기도 어렵다. 예를 들면, 불가피한 변화에 대비하지 않은 실수다.

그러면, 미래를 내다보며 사는 경향이 있는 이들은 어떨까? 그들은 훨씬 긍정적이기 쉽다. 내일은 내일의 태양이 뜰 것을 믿으며, 언젠가 이룰 거라 믿는 모든 일들을 꿈꾸는 것이다. 게다가 미래의 꿈에 대한 계획 및 대비를 마련하기 때문에, 실제로 상당수의 꿈들이 현실화되는 것을 경험할 수도 있다. 마음만 먹는다면 말이다. 바꿀 수 없는 일에 대해 너무 걱정만 하지 않는다면 이처럼 미래란 신나고 흥분되는 무대가 아닐 수 없다. 한 가지 함정은 바로 지금의 순간을 즐기는 걸 소홀히 할 수 있다는 것이다. 마치 완벽한 일출 사진을 찍겠답시고 아름다운 일출 자체를 느긋하게 감상하지 못하는 것처럼 말이다. 혹은, 앞서 언급했듯이 머리카락에 들어간 모래를 씻어낼 걱정만 하면 파도가 내 몸을 씻겨 내려가는 즐거움을 만끽하기 어렵다. 또 하나 주의할 점이 있다. 앞서 살펴본 원칙처럼, 만약 원하는 게 미래에만 존재한다면 결국 이를 항상 이룰 수 없을 거라는 점이다.

그러므로 마치 「크리스마스 캐럴」에서 스쿠루지가 겪은 결말처럼, 우리는 과거와 현재, 미래를 모두 살아가야 한다. 이 셋이 결국 우리에게 만족과 행복을 가져다줄 수 있다. 우리는 다만 이 세 장소를 언제 방문할지, 언제 떠나야 할지만 배워놓으면 된다.

> 66
>
> 과거에 너무 매몰되는 함정에 빠지지 않도록 주의하라.
> 과거에서 벗어나고 싶을 때는
> 언제든지 탈출하는 법을 잊지 말아야 한다.
>
> 99

The Rules of

LIVING WELL

2장. 자신감

행복과 성공을 맛보려면 자신감이 필요하다. 나 자신에 대한 자신감, 내 선택들에 대한 자신감, 그리고 내가 세상을 마주하는 방법에 대한 자신감. 자신감이 없어서 내 행동, 내 선택 하나하나를 걱정하며 살고 싶진 않을 것이다.

여기서 말하는 자신감이 자만심이나 지나친 현실에의 안주 등 과도한 자신감을 뜻하는 건 아니다. 우리는 당연히 어떤 행동이 최선의 선택일지를 고민하거나, 더 나은 미래를 위해 배울 것은 없는지 등을 고심할 시간을 갖는다. 이런 자문自問의 시간은 전혀 문제될 게 없다. 다만, 이런 자문을 건강한 관심 및 학습욕구 속에서 해야지, 자신감 부족 때문에 하면 안 된다는 것이다.

무엇보다, 남들이 자신을 어떻게 생각하는지에 대해 초조해할 필요는 없다. 이를테면, 누군가가 "2 더하기 2가 뭐지?"라고 물었을 때, 당신이 "4지"라고 대답했는데도 질문자가 당신을 비웃는다면, 그건 그 사람의 문제일 뿐이다. 만약 당신이 천성적으로 자신감이 넘친다면, 남들이 당신의 말투나 옷차림, 자녀양육법 등을 비웃을 때 바로 그런 식으로 받아들일 것이다. 충분한 숙고 끝에 선택을 하고 그 선택에 만족한다면, '남들이 어떻게 생각할까?'는 당신의 자기신뢰self-belief와 자존감self-esteem에 중요한 문제는 아닌 것이다. 당신이 남들의 말에 귀를 기울이고 그 말을 타당하게 여긴다고 해도, 당신의 자아가 흔들릴 일은 없다. 그저 내 행동의 일부분만 수정하고 무언가를 배웠음에 감사하기만 하면 그뿐이다.

이제 이 장에서 만나볼 원칙들은 당신의 자신감 향상을 위해 고안된 것들이다. 스스로에게 자신감을 느끼는 것은 직장이나 가정, 가족과 친구관계를 최대로 활용하는 능력의 바탕이 되기 때문이다.

내 감정은
나의 것이다

10

우리의 자신감 레벨은 대개 '남들이 나를 어떻게 보는가'에 좌우된다. 어쩌면 '남들이 나를 어떻게 보는지에 대한 나의 관점'이라 하는 게 더 정확할지 모르겠다. 그러나 이 관점이 맞는다는 보장은 없다. 사실, 자신감이 낮은 이들은 '남들은 나를 멍청하고 쓸모없다고 여길 거야'라거나, '남들은 나를 매력 없고 무능하다고 보겠지'라는 식으로 넘겨짚고는 한다. 실제로는 전혀 그렇지 않은데도 말이다. 말하자면, '남들의 나에 대한 평가'에 대한 자신의 평가를 바탕으로 스스로를 보는 셈이다. 이건 자신을 불안정하게 볼 이유치고는 너무 빈약하지 않은가? 게다가 남들은 우리에 대해 전혀 평가를 안 할 확률이 크다. 오히려 우리가 그들을 어떻게 여기는지를 더 신경 쓸지 모른다.

문제는 이런 추측이 기분에 영향을 미치게 놔둘 때다. 누군가 나에게 "직장일 하는 게 정말 형편없군!"이라든가 "정말 부족한 부모로군요"라고 말한들 어떤가? 그 말에 동의 안 하면 그만이다. 내 한 친구는 능력 있는 인테리어 디자이너다. 만약 그녀의 디자인 계획안에 대해 질문을 한다면, 그녀는 자신감 있게 왜 그 디자인이 실제로 활용 가능한지에 대해 정확한 답을 해줄 것이다. 그럼 이번에는 그녀에게 자녀양육법에 대해 질문한다면 어떨까? 아마 그녀는 비참하고 어설픈 기분이 될지 모른다. 왜일까? 디자인에는 자신이 넘치지만 양육법에 대해서는 자신이 없어서다. 이처럼 우리 대부분이 우리의 삶과 동떨어진 분야에서는 자신감 레벨의 미스매치mis-match를 겪는다.

나의 감정에 책임을 지는 것은 다른 누구도 아닌 나 자신이다. 그러므로 남이 뭐라고 생각하든 자신이 생각하는 바가 중요하다. 우리의 자신감 부족은 양육이나 직장일 같은 어느 한 분야에서일 수도 있고, 좀 더 일반적인 사회적 자신감social confidence 부족일 수도 있다. 아무튼, 우리는 스스로를 보는 관점에 집중할 필요가 있다.

그러므로 남의 말이나 시선은 모두 무시하고 '내가 지금 직장에서 원하는 만큼 일을 잘하고 있는가?'에 대해 생각해보라. 설령 답이 '아니다'라도 비참해하거나 불안해할 필요는 없다. 이 상태에 대해 곰곰이 생각해보고 새로운 전략을 활용하면 된다. 동료에게 도움을 청하거나 직업훈련을 받을 수 있다. 또 원한다면 아예 직장을 바꿀 수도 있다. 다만 '이 일이라면 정말 잘 할 수 있겠어'라고 확신이 드는 분야를 찾아라. 그리고 자신감과 안정감을 느끼도록 책임을 지는 것이다. 스스로의 기분을 정하는 데 있어 타인의 지침에 의존하지 마라.

자신의 부족한 부분을 찾아내서 정상화시키는 접근법은 사회적 자신감을 되찾는 데도 적용할 수 있다. '난 영 사회적 자신감이 없어. 아마 앞으로도 평생 그럴 거야'라고 단정짓지 말기 바란다. 얼마든지 스스로 사회적 자신감을 얻는 법을 배울 수 있다. 비법 및 전략을 익혀서 자신의 '안전지대comfort zone(심리적으로 편안함을 느끼는 공간)'를 살짝 벗어나 보는 것이다. 그래도 기분이 나쁘지 않다면 이제 안전구역을 확장시킬 준비가 된 것이다.

한편, '왜 나는 자신감이 없을까?'에 대해 생각해보는 것도 도움이 된다. 간혹 그 이유가 과거의 어떤 일 때문인 경우가 있다. 예를 들어, 어린 시절 아버지가 입버릇처럼 내게 했던 말이라든가, 학교에서 왕따를 당한 경험 등이다. 하지만 이제 우리는 성인이다. 그런 과거의 경험에서 벗어나 좀 더 자신감 있게 나아갈 수 있다. 자신의 사회적 불안감의 근원을 분석하고 나면 새롭게 나아가기가 한결 수월해진다.

자신에 대한 남들의 혹평(실제적이든 그렇게 느꼈든)을 믿지 않기로 했다면, 그렇다면 칭찬은 어떨까? 아마 칭찬도 신뢰하기 어려울 것이다. 물론 남들이 칭찬이나 감탄, 존경을 나에게 보내온다면, 그건 좋은 일일 수 있다. 아마 당신도 이를 즐기게 될 것이다. 그러나 남들의 칭찬이 당신의 자아에 대한 솔직한 평가의 대체가 되어서는 안 된다.

> 66
>
> 스스로의 기분을 정하는 데 있어
> 타인의 지침에 의존하지 마라.
>
> 99

11 자신을
파악하라

그리스의 델포이 유적지에 위치한 고대 신전은 신탁을 받는 장소로 유명하다. 이 신전의 앞마당에는 문구 세 개가 새겨져 있는데, 그중 첫 문구가 바로 'gnothe seauton'이다. 이를 번역하면 '너 자신을 알라'로, 소크라테스의 유명한 격언이기도 하다. 이 격언은 단연코 세상 모든 지식의 주춧돌 역할을 했다. '궁극적 원칙ultimate rule'이라 해도 과언이 아니다.

'자신을 파악하라'라는 이번 원칙은 앞서 언급했던 원칙과도 맞닿아 있다. 즉, 자신을 정직하고 당당하게 평가하라는 것이다. 상황이 좋을 때나 아닐 때나, 건강할 때나 아플 때나 상관없이 말이다. 만약 당신이 강한 '자아 이미지'를 지니고 있다면 남들의 칭찬이나 비평에 영향을 받지 않을 것이다. '나 자신이 누구인가'에 대한 의식이 내면 깊숙이 자리하고 있기 때문이다. 이는 당신의 행동들과는 관련이 없다. 행동이란 피상적인 것이다. '자신을 안다는 것'은 당신의 세일즈 전략이나 자선 이벤트 계획이 아무리 훌륭했더라도 상관없다. 당신이 여동생의 생일파티에 참석하거나, 자녀들이 너무 늦게 잠자리에 드는가의 여부도 전혀 관계없다.

'자신을 안다는 것'은 내면 깊숙이 자리한 '진짜 나'와 관련이 있다. '진짜 나'는 내 행동들에 책임을 지는 장본인이다. 그렇다면 '내가 누구인가?'를 어떻게 알 수 있을까?

우선, 나를 행동으로 이끄는 내재 가치들^{underlying values}이 무엇인지 살펴야 한다. 이 가치들이야말로 결국 나를 정의하는 것이다. '나는 무엇을 믿는가?' '나는 무엇을 옹호하는가?' 이런 질문들을 던져보라. 이들 중 어떤 질문은 다른 질문들보다 더 중요해 보일 것이다. 그래도 괜찮다. '민주주의', '인권', '용서'와 같은 원대한 신념이 있는가 하면 좀 더 세부적인 신념도 있는 법이다. 예를 들어, 당신이 팀매니저로서 '팀원들과의 책임 분담이 중요하다'고 믿는다고 해보자. 하지만 이런 신념이 가끔은 실수로 이어지기도 한다. 그러면 당신은 '무엇이 잘못됐는가'를 분석하고, 이런 실수의 예방법을 알고 싶을 것이다. 여기서 중요한 것은 '진짜 나'는 신념대로 행동했다는 점이다. 비록 결과가 의도대로 나오지 않았지만 말이다.

'내 표면적인 행동 및 태도가 옳았는가'의 문제는 '진짜 나'를 아는 것과는 관련이 없다. 우리는 모두 실수를 할 수 있지 않은가. 판단력보다는 운 때문에 모든 일을 실수 없이 할 수도 있다. 그러므로 정말 중요한 것은 그런 행동을 하게 만든 내재 가치인 것이다.

그렇다고 내재 가치가 매번 엉터리 결정을 내리는 데 대한 면죄부가 될 수는 없다. 왜냐하면, 만약 당신이 자신의 일에 긍지를 가지고 항상 배우기를 원한다면 매번 엉터리 결정을 내리지는 않을 것이기 때문이다. 우연한 실수라면 스스로 용서해도 된다. 실수로부터 배우고, 다음에 더 잘하면 되니까. 한편, 때로는 자신의 내재 가치마저 수정해야 하는 때가 올지도 모른다. 당신이 배움과 개선에 열정이 있다면 그 가능성에 대해서도 마음을 열어야 한다.

또 하나 주의할 점은 남들이 당신의 행동이나 태도를 비판할 때, 당신의 자신감에 금이 가지 않도록 해야 한다는 것이다. 왜냐하면 남들은 '진짜 나'에 대해 비판하는 게 아니기 때문이다. 당신이 스스로에 대해 알고 강한 자아와 굳은 신념을 가진다면, 남들의 어떤 말보다도 자신의 의견이 더 중요함을 알 것이다. 타인의 비판 중 당신이 멈춰서 재고해 봐야 할 것은 당신의 내재 가치에 대한 비판뿐이다. 우리는 살면서 내재 가치들을 축적시킨다. 이때 타인의 내재 가치들을 숙고하고 수용하여 자신의 내재 가치를 수정하기도 한다. 그럴 만한 충분한 증거가 있을 때 말이다. 이건 진정한 성장이다. 당신의 내재 가치들이 진화할 때, 당신도 한 인간으로서 진화해나갈 수 있기 때문이다.

> 66
> 나는 무엇을 믿는가? 그리고 나는 무엇을 옹호하는가?
> 99

자신의 약점을
인정하라

12

나는 가끔 성급하게 굴 때가 있다. 또, 지나치게 흥분해서 남의 말에 끼어들거나, 남의 말을 제대로 듣지 않고는 한다. 이런 점들은 분명 내 약점이라는 걸 나도 충분히 안다. 아, 또 우울한 감정에 빠져 일부러 허우적대기도 한다. 우리는 모두 약점들을 지니고 있다. 이 약점들이 우리를 인간답게 만들어주는 것이다.

그러니, 이런 약점들 때문에 자책하거나, 이 약점들로 인해 자신이 형편없는 인간이 되었다고 상상하는 일은 삼가기 바란다. 사실 그렇지 않으니까. 물론 나는 어떤 상황에서도 침착함을 잃지 않는 이들을 알고 있다. 그렇다고 내가 그들보다 부족한 사람이라는 생각은 하지 않는다. 단지 침착하게 지내려고 이들보다 더 많은 노력을 들일 뿐이다. 그 노력이 항상 성공으로 이어지진 않지만 말이다. 어쨌든, 침착한 그들조차 내가 가지지 않은 약점들을 가지고 있을 것이다. 나는 그게 뭔지 모른다. 하지만 그들에게 약점이 있다고 확신하는 건, 그들도 인간이기 때문이다.

이처럼 나는 급한 성미를 고치려 노력하고 있다. 약점을 인정하고 받아들이는 것이 태평하게 약점을 계속 끌고 가라는 뜻은 아니다. 약점을 인정하는 게 면책특권(비유적인 표현이지만, 실제 약점이 무엇인가에 따라 말 그대로일 수도 있다)은 아니지 않은가. '나는 원래 이러니까'라고 말하고 주변 사람들에게 민폐를 끼치는 것과 다름없다. 마치 어려운 일이 닥치면 모든 걸 포기하고 동료들이 대신 일해주기를 바라는 것처럼 말이다. 그리고 동료들이 일하는 동안 편안하게 쉬는 것이다.

우리는 모두 자신의 약점들을 고쳐나가야 한다. 약점에 맞설 전략도 마련하고, 내 약점으로 인해 남들이 해를 입었다면 사과도 해야 한다. 예를 들어, 나는 커피를 무척이나 좋아하지만 커피 섭취를 줄였다. 커피를 너무 많이 마시면 성미가 급해지는 경향 때문이다. 또, 과도하게 흥분할 때는 타인의 말에 집중하려는 의식적인 노력을 하기도 한다. 또, 특정 지인들에게는 내 태도가 거만해지면 꼭 말해달라고 적극 부탁하기도 했다(특히 내 아내에게. 물론 그녀는 적극적인 부탁 없이도 알아서 지적한다).

말하자면, 자신의 약점들을 인정하는 진솔함과 그 약점들을 고쳐나가려는 헌신이 필요한 것이다. 그러나 그 과정에서 자신에게 너무 가혹한 잣대를 들이대지는 마라. 약점을 지닌다는 것은 인간됨의 조건 중의 하나이다. 우리는 모두 한 배에 탄 셈이다. 다만, 각자 싸워나가야 할 약점들을 다르게 지니고 있을 뿐이다. 어감이 맘에 들지 않는다면 이를 '약점'이라고 부르지 않아도 된다. 대신 '도전과제'나 '일시적인 사적 문제', '성격 문제' 등으로 부르는 것이다. 그저 너무 사소한 문제로 들려서 무시할 정도만 아니면 된다.

그런데 '약점을 인정하기'가 왜 자신감을 주제로 한 이 장에 포함됐을까? 급한 성미나 우울함, 게으름, 부주의함 등으로 인해 스스로가 부적절하다는 느낌을 갖기 쉽기 때문이다. 물론 완벽해져야만 자신감이 생긴다는 뜻은 아니다. 한편, 스스로의 약점에 대해 잘 알고 있으면 누가 이에 대해 비판한다고 해도 새삼스레 놀랄 일은 없다. 약점을 인정하고 이를 고치기 위해 노력한다면 완벽하지는 않더라도 이전보다는 상황이 훨씬 나아진다. 그러니, 남들의 비판이 크게 와 닿지 않는 것이다. 당신이 자신감이 있다면 이렇게 반응하면 된다. "죄송합니다. 저도 제가 가끔 짜증을 잘 내는 걸 알아요. 하지만 고치려고 노력하고 있어요. 그런데 보시다시피, 아직 완전히 고쳐지지는 않았네요."

> 66
> 약점을 인정하고 받아들이라는 것이
> 태평하게 약점을 계속 끌고 가라는 뜻은 아니다.
> 99

13

나 자신과
잘 지내라

평생 어떤 한 사람과 살게 되었다고 가정해보자. 그 사람은 당신이 어떤 방으로 가든 쫄레쫄레 계속 따라다닌다. 이 사람에 대처하려면 같이 잘 지내는 법을 배우는 수밖에 없지 않겠는가? 아니, 더 좋은 방법은 이 사람의 존재 자체를 즐기고, 그의 가치를 높이 세우며, 감사히 여기는 것이다. 놀랍게도, 당신은 이미 완벽하게 그 사람과 함께이다. 그 사람은 다름 아닌 당신 자신이기 때문이다.

만약 당신이 스스로를 좋아하지 않고 존중하지도 않는다면 어떨까? 그러면 자존감도 낮아지고, 자연히 자신감도 잃게 될 것이다. 어떤 이들은 스스로와 매우 잘 지낸다. 반면, 어떤 이들은 이를 상당히 어렵게 받아들인다. '나 자신과 잘 지내기'는 타고난 성격에 많이 좌우된다. 또, 어린 시절의 영향에 의한 것이기도 하다. 이유야 어쨌든, 나 스스로를

54

좋아하는 건 충분히 가능한 일이다.

이때 피해야 할 딜레마가 하나 있다. '나는 스스로를 사랑할 자격이 없어', 또 반대로 '나는 사랑받을 자격이 없어'라고 믿는 함정에 빠지지 않도록 주의하는 것이다. 이는 전혀 사실이 아니기 때문이다. 게다가 스스로에게 매력적이지 않은 부분을 바꿀 힘을 지닌 건 당신 자신이 아닌가. 당신을 싫어하는 타인을 상대하는 게 아니니까. 그러니 스스로의 모습이 좋아질 때까지, 자신의 변화를 위해 노력하기만 하면 된다.

자기혐오의 늪에 빠져 허우적댈 때는 약간의 거리를 둘 필요도 있다. 우리는 다른 사람들은 보지 못하는 자신의 부분들을 보고 산다. 그러면서 남들은 부적절한 감정을 느끼지 않을 거라거나, 숨겨진 의도 따위 지니지 않는다고 넘겨짚기 쉽다. 하지만 당연히 남들도 그런 감정들을 지니고 산다. 우리 모두가 똑같다. 그게 자연스러운 거니까. 그러니 자신에게 남들보다 더 높은 잣대를 들이대지 않길 바란다. 눈에 보이는 부분을 위주로 자신을 평가하는 게 좋다. 그게 당신이 남들을 평가하는 부분과 일치하니 말이다.

말하자면, 자신을 좀 더 냉정하게 바라볼 필요가 있다. 앞서 몇 개의 원칙을 배우고 난 당신은 이제 정직한 자기평가를 해야 할 때다. 약점들을 솔직히 인정해야 한다면, 강점들도 솔직히 받아들여야 한다. 당신이 잘하는 것은 무엇인가? 수학이나 코딩, 요리, 스포츠 등의 특기를 말하는 건 아니다. 이런 것들 때문에 사람을 좋아하게 되지는 않으니까. 남의 말을 잘 들어주기, 공평함과 차분함, 사려 깊음, 친절함 등의 특징 중 당신에게 해당되는 것이 있는가? 만약 있다면 이제 그런 특징들을 당신의 강점 목록에 올릴 때다.

당신이 좋아하고, 남들에게서 높이 사는 특징은 뭔지 잘 생각해보라. 당신이 사람을 좋아하는 데 중요하다고 생각하는 특성들은 무엇인가? 아마 그중 상당수를 당신은 이미 지니고 있을 것이다. 그 특성들의 동기는 개의치 마라. 동기가 눈에 보이지는 않으니까. 예를 들어, 항상 관대한 당신의 친구는 그저 남에게 인정받기 위해서 그러는지도 모른다. 아니면 상대방도 관대하게 굴어주길 바라서 인지도. 하지만 그게 무슨 상관이겠는가? 그건 인간 본성의 문제다. 여하튼 관대함은 그 동기가 뭐라도 여전히 관대함일 뿐이다. 따라서 남들은 다 진실하고, 자신만 숨겨진 동기를 지니고 있다고 생각할 필요는 없다. 굳이 철학 쪽으로 얘기를 돌리지 않더라도, 사람이면 누구나 숨겨진 동기가 있기 마련이다.

절대 바꾸고 싶지 않은 당신의 부분들은 무엇인가? 우선 그 부분들이라도 사랑하는 것부터 시작해보라. 그러고 나서 타인에게 이를 어필하는 것이다. 그런 노력만으로도 자신에게 점수를 주길 바란다. 매순간 완벽하게 보이려고 집착할 필요는 없다. 다만 자신이 늘 개선을 위해 노력했다는 사실만 흡족하게 생각하라. 물론 쉬운 일은 아니다. 평생에 걸쳐 개선해야 할 수도 있다. 하지만 당신 앞에 평생이 펼쳐져 있지 않은가. 이제 그 과정을 시작할 때다.

남들은 부적절한 감정을 느끼지 않을 거라거나
숨겨진 의도 따윈 지니지 않는다고 넘겨짚기 쉽다.
하지만 당연히 남들도 그런 감정들을 지니고 산다.

말이 나를
바꿀 수 있다

14

내 아이가 다니는 학교에서 몇 년 전 학부모의 밤을 가졌을 때였다. 몇몇 선생님들이 내게 나름 공손하게 내 아이가 학업을 게을리하는 것 같다고 말해왔다. "지루해지면 과제를 포기하는 경향이 조금 있어요. 학업에 성실하지 않고요." 물론 하나같이 우리 애가 학급의 큰 자산이라며, 아이가 여유롭고, 느긋하며, 마음에 담아두는 법도 없다는 것이었다.

혹시 내가 틀렸다면 귀띔해주길 바란다. 위에 나열한 특징들은 내게 수상하리만큼 같은 성격군의 특징들로 들렸다. 단지 아이의 학업에 적용할 때는 '게으른'이라는 부정적인 단어로, 아이의 사회생활에서는 '느긋한'이라는 긍정적인 단어로 나타났을 뿐이다. 이건 관점의 차이이다. 하지만 평생을 '게으름'과 '느긋함' 둘 중 하나로 낙인찍혀 살아갈 수 있는 문제다. 같은 성격적 특징을 두고 내 자신을 어떻게 바라보는 가에 큰 차이가 생길 수 있다.

이는 한 예일 뿐이지만, 말은 이처럼 위험한 것이다. 그렇게 낙인을 찍는 사람이 내 부모가 될 수도, 선생님이나 친구들이 될 수도 있다. 혹은 당신 자신일 수도 있다. 주위에 얼마나 많은 이들이 스스로를 '뚱뚱하다'고 낙인찍는지 생각해보라. 그러고 난 뒤 자신이 정말로 뚱뚱하다는 생각에 우울해하지 않는가. 또, 실제로는 똑똑한데도 스스로 멍청하다고 낙인찍는 이들도 있다. 그러면서 교육제도가 세워놓은 허들을 뛰어넘을 생각은 하지 못한다. 그래서 학교를 낮은 성적으로 졸업한 뒤 '멍청함'이라는 꼬리표에 맞게 살아가는 것이다. 아마 당신도 주변에서 이런 이들을 본 적이 있을 것이다. 무척 머리가 비상하고 날카롭지만 학교 시험점수를 따는 데 특화되지 않은 이들을 말이다.

자신감을 높이기 위해 스스로 혹은 남들이 당신에게 적용했던 부정적 단어들을 떠올려보라. 그 반대말인 긍정적인 단어들도 생각해보라. 그리고 자신과 내면의 대화를 할 때, 그런 부정적인 단어 대신 긍정적인 대체어를 사용하라. 스스로를 '게으르다'고 폄하하는 대신 '느긋한'이라는 단어를 사용하는 것이다. 자신을 긍정적으로 표현하는 새로운 언어들로 스스로를 키워나가야 한다.

한 예로, 당신은 '믿을 수 없는unreliable' 사람인가, '자유분방한carefree' 사람인가? 또, 당신은 '외톨이'인가, 아니면 '혼자만의 시간을 즐기는 사람'인가? '뚱뚱한' 사람인가, 아니면 '깡마르지 않은 사람'인가? 물론 뚱뚱하다는 건 성격적 특성이 아니므로 이를 기준으로 자신을 미워할 필요는 없다. 혹시 주위의 살찐 사람을 싫어하는가? 당연히 아니지 않은가. 여하튼 자신을 묘사하는 단어들을 선택해서 스스로를 대하는 태도의 바탕이 되도록 해보라.

　물론 '스스로를 사랑하는 법'을 배우자는 것이지, 스스로에게 핑계거리를 만들어주라는 취지는 아니다. 그저 그럴싸한 단어를 선택해서 자신의 모든 행동을 정당화할 수는 없다. 예를 들어, 스크루지를 '예산안 짜는 솜씨가 훌륭하다'고 표현할 수는 없지 않겠는가. 앞서, 스스로에게 정직해지라는 말을 한 바 있다. 그러니, 실제로 매력적인 특성들을 스스로를 싫어하는 이유로 변질시킬 필요는 없다. 만약 후자가 보인다면, 당신은 지금 현실을 왜곡시키는 렌즈를 통해 보고 있을 뿐이니까.

66

스스로 혹은 남들이 당신에게 적용했던
부정적 단어들을 떠올려보라.
그 반대말인 긍정적인 단어들도 생각해보라.

99

15

남들과 다르다는 건 좋은 것이다

내 아내는 파티를 싫어한다. 친한 사람들끼리의 모임에 나가는 건 좋아하지만, 그렇지 않은 큰 파티들은 싫어한다. 나이트클럽이나 디스코텍 같은 곳은 말할 것도 없다. 어렸을 땐 친구들과 어울리기 위해 그런 곳에 따라갔다고 한다. 거절하면 무례하게 보일까봐서. 가끔은 '왜 남들은 다 저렇게 좋다고 난린데, 나는 이렇게 싫어하지? 내가 어디가 잘못된 건가?' 하고 자문해보기도 했다. 하지만 몇십 년이 지난 지금, 그녀는 이제 파티에 초대 받으면, "저는 파티 체질이 아니어서 말이죠" 라고 지인들에게 말할 자신감까지 생겼다. 그리고 지인들을 각자 따로 만나 커피 마시는 정도면 너무 좋겠다는 말도 한다. 그러면 지인들 반응은 어땠을까? 놀랍게도 모두들 아무렇지도 않아 보였다. 게다가 알고 보니, 지인들 중에도 내 아내와 같은 생각을 하는 이들이 적지 않았던 모양이다.

　남들과 달라지려면 자신감이 필요하다. 또 이에 대해 솔직히 털어놓을 수 있어야 한다. 하지만 안타깝게도 이런 자신감을 얻는 데 수년씩 걸리는 이들이 있다. 심지어 평생 못 얻는 이들도 있다. 자신이 주변인들과 다르다는 것을 숨기려고 평생 고통 받는 이들도 있기 마련이다.

　어찌 보면, 사회적 규칙이란 재미있는 것이다. 누가 넘지 말아야 할 선을 결정하는가? 누가 당신이 어떤 식으로 옷을 입어야 한다거나, 태도를 가져야 한다고 정하는가? 왜 이웃이 어떻게 생각할지를 걱정하는가? 게다가 이웃은 또 왜 남에 대해 생각하는가? 남에게 해를 끼치지만 않는다면 우리는 원하는 대로 행동할 자유가 있다. 우리의 남다른 면을 자랑할 수 없게 만드는 건, 바로 자신감 부족뿐이다.

　나의 집 주변에 한 사내가 산다. 차를 몰고 나가면 가끔 그를 지나칠 때가 있다. 그런데 그는 항상 완전한 빅토리아 시대 차림으로 산책을 다닌다. 멋지지 않은가! 왜 그런 사람이 더 없을까? 그가 행인들이 자신을 이상하게 볼까 걱정할까? 아마도 아닐 것이다. 그리고 사실 사람들이 그를 이상하게 보지 않을 확률이 더 높다. 나만 해도 그의 차림새를 즐거워 하니까. 또, 가능한 한 크게 재채기를 하는 내 친구도 있다. 재채기가 끝날 때쯤이면 희한한 소리로 추임새까지 넣는다. 이건 일상적인 행동은 아니다. 하지만 재밌지 않은가. 그런가 하면 내 학창시절 선생님 한 분은 시를 낭송하려고 높은 교사용 책상에 서기도 하셨다. 일반적으로 선생님들은 점잔빼는 분들이셨기에, 학생들은 그런 그분의 행동을 보면서 즐거워했다.

만약 우리가 다 다르지 않다면, 다 똑같다는 말밖에 안 된다. 너무 지루하지 않은가? 개성이 있다는 건 좋은 것이다. 그러니 사회적 규칙에 맞출 것을 너무 걱정하지 않아도 된다. 파티에 빠지고 그 시간에 머리를 분홍색으로 염색해도 좋다. 즐길 수만 있다면 말이다. 이웃이 뭐라 할 문제가 아니니 자신감을 가져라(이웃들도 실은 당신의 분홍머리를 좋아할지 모른다). 게다가 당신의 자신감 있는 태도 덕에 해방감을 느낀 누군가도 합류할 수 있다. 앞서 언급한 원칙을 기억해보라. 당신은 '이상한' 게 아니라 '특색 있는' 것이다.

물론 위에 나열한 '남과 다름'보다 훨씬 더 자신감을 갖기 어려운 상황도 존재한다. 이를테면, 당신이 동성애를 인정하지 않는 어느 집단 속의 동성애자라면 어떨까? 혹은, 모두들 자녀를 가질 것을 권하는 집단 속의 딩크족이라든가, 정통파 종교집단 속의 무신론자라면? 하지만 아무리 힘들어도 당신은 '나다울 권리'를 지녔음을 잊지 말아야 한다. 타인의 편협함이 당신의 정체성에 영향을 미쳐서는 안 된다. 우리가 할 최소한의 일은 그저 남들의 다름을 인정하는 것뿐이다. 아니, 인정하는 정도가 아니라 포용하고 축하까지 해야 한다. 그렇게 해야 타인들의 삶도 좀 더 쉬워지도록 도울 수 있다.

> 우리가 다 다르지 않다면 다 똑같다는 말밖에 안 된다.
> 너무 지루하지 않은가?

최악의 경우를
가정하지 마라

16

우리는 본성상 예상한 것만 보려고 한다. 세상을 무서운 곳이라고 생각하면 주위의 무서운 것들만 보인다. 또, '모두가 내게 해를 끼치려 한다'고 믿으면 아무도 신뢰할 수 없게 된다. 반대로 '인간의 본성은 선하다'고 믿으면 주위 사람들의 좋은 행동들만 눈에 띈다. 그 행동들에 특별히 나쁜 의도가 보이지 않으면 그저 선한 사람들이라고 넘겨짚는 것이다. 또한, 자신이 사랑받을 자격이 없다고 느끼면 주변인들의 모든 행동을 나를 싫어하는 증거로 해석해버린다. 낮은 자신감의 가장 큰 부작용 중 하나가 당신에 대한 타인의 태도를 최악의 경우로 가정해버리는 것이다.

당신이 꽤 잘 아는 지인이 결혼을 한다고 해보자. 그런데 당신은 초대를 못 받았다. 낮은 자신감의 소유자라면 이렇게 생각할 것이다. '나를 싫어해서일 게 뻔해. 아니면 내가 너무 재미없거나 중요하지 않아서 그저 내 존재조차 잊었는지도 모르지.'

하지만 당신이 초대 받지 못한 데는 당신이 모르는 온갖 이유들이 있을 법하다. 예식장이 협소해서 하객들을 많이 받을 수 없었는지도 모르고, 초대장이 우편배달 도중 사라졌을 수도 있다. 아니면 평소 당신이 "나는 큰 행사는 무척 싫어해요," 혹은 "8월 내내 휴가를 가려고요"라고 말한 것을 결혼 당사자가 기억했는지도. 또, 당신의 헤어진 이성 친구를 초대했기 때문인지도 모른다. 여하튼 만약 당신이 정말로 자신감이 넘치고, 스스로를 포용한다면, 애초에 결혼 당사자들이 당신을 싫어한다는 생각조차 떠오르지 않을 것이다. 그러니, 왜 그런 생각에 골머리를 앓는가? 결혼 당사자들이 민감해서, 혹은 둔감해서의 문제일 수도 있다. 그러나 그들의 행동이 그런 당신의 자신감을 하락시키도록 내버려둘 이성적인 이유는 없다.

당신의 가정에 의문을 던지고 분석해봐야 할 시점이다. 정말 스스로에게 말하듯 그들이 그런 의도를 갖고 당신에게 행동했을까? 그 행동에 대한 해석이 정말 그것 하나뿐일까? 같은 결혼식에 역시 초대를 못받은 친구가 하나 있다고 해보자. 그 친구는 정말 매력적이고, 인기가 많으며, 카리스마까지 넘친다. 그렇다면 그 친구가 초대 받지 못한 이유가 결혼 당사자들이 그녀를 싫어해서라고 당신은 생각하겠는가? 분명 다른 이유가 있었을 거라고 당신은 답할 것이다. 이제 그 다른 이유들을 당신에게 적용시켜보면 된다.

내가 아는 한 젊은이는 매년 크리스마스를 여동생 가족과 함께 보낸다. 그런데 그는 항상 약간 소외감을 느낀다고 했다. 여동생이 그저 가족으로서의 의무감으로 초대한다고 생각했기 때문이다. 결국 친구의 권유로 그는 여동생에게 직접적으로 물어보기로 했다. 왜 자신을 매년 초대하느냐고. 그랬더니 여동생은 "오빠를 사랑하니까 그렇지, 이 바보!"라고 답했다는 것이다. 다음해 크리스마스에 그는 여동생 가족과 정말 근사한 시간을 보냈다. 그러자 여동생은 "오빠가 즐거워하는 모습을 보는 게 정말 좋네. 나도 오빠가 매년 의무감으로 우리집에 오는 줄 알았거든" 하고 말했다고 한다.

　비슷한 상황이 많이 발생한다. 거리에서 아는 이가 나를 무시하고 지나친 줄 알았지만 그저 나를 못 본 것이었다든가, 상사가 비판적 어조로 말했지만 사실은 아니었다든가 하는. 또, 당신이 친구들에게 몇 주간이나 전화를 안 한 걸 깨달았지만, 알고 보면 그 친구들도 당신에게 전화하는 걸 까먹었을 수도 있다. 이런 모든 상황들에서 당신은 최악의 경우를 가정하고 혼자 우울해할 수도, 아니면 전혀 다른 해석을 내릴 수도 있다. 그러므로 스스로에게 너그러워져 최선의 해석을 내려 보는 건 어떨까? 당신은 잃을 것이 없는 일이다. 게다가 당신의 자신감은 커져만 갈 것이다.

우리는 본성상 예상한 것만 보려고 한다.

The Rules of

LIVING
WELL

3장. 회복력

모든 일이 자신이 원하는 대로 흐를 수는 없다. 삶에는 우리가 컨트롤할 수 없는 부침이 생기기 마련이다. 예를 들어, 보일러가 망가지거나, 직장동료가 잘못된 수치를 알려주거나, 기차가 늦게 왔거나, 가게에 마침 우유가 떨어졌거나 등등. 이런 건 사소한 일들이다. 자주 있지는 않지만 더 심각한 일들도 있다. 질병, 정리해고, 사별, 중요한 금전적 문제 등 수없이 많다.

스스로를 돌보려 할 때, 이런 일들이 생기는 걸 막을 수는 없다. 그러니 이런 일들에 '내가 어떻게 반응할 것인가'에 집중해야 한다. 그 일들이 우리의 하루, 혹은 일주일, 한 달을 넘어 일 년을 괴롭히게 내버려둘 것인가? 아니면, 그 일들에 주도권을 갖고 당당히 맞설 것인가? 정말 안 좋은 일이라도 어떤 이들은 그야말로 피폐해지는 반면, 어떤 이들은 잠시 슬퍼하고 애통해하다, 이에 맞서 싸운다. 그러고 나서 다시 삶을 즐기는 것이다.

이는 모두 얼마나 회복력을 지니느냐의 문제다. 우리의 본래 성격이 어떤지는 중요하지 않다. 언제든지 자신의 회복력을 증가시키고 다시 일어설 수 있으니까. 물론 일부 사람들은 그 시작점이 타인보다 더 유리할 수도 있긴 하다. 하지만 이 장에서 다룰 원칙들을 통해 우리는 더 강한 회복력, 그리고 운명에 맞서는 법을 배울 수 있을 것이다. 전보다 훨씬 더 빠르고 강하게 삶의 정점으로 올라서는 법도 함께 말이다.

스스로
주체가 되어라

17

때로 운명은 우리에게 가혹하게 군다. 그건 그야말로 운명이니 우리가 할 수 있는 일은 없다. 변덕스러운 운명이 우리를 택하면, 그저 견뎌내야 하는 것이다. 인간의 자유의지란 애초에 없다고 주장하는 신앙 체계들도 성행한다. 그저 개인은 운명의 희생양이라고 말이다. 이 말은 어쩌면 맞을 수도, 아닐 수도 있다. 하지만 문제는 희생양이 되는 기분이 썩 즐겁지 않다는 것이다. 무기력한 느낌에다가, 다음에는 또 어떤 나쁜 일이 생기지 않을까 전전긍긍한다. 그런데도 아무런 대책도 세울 수 없다.

철학자들 역시 인간의 삶이 자유의지에 의한 것인지, 운명에 달린 것인지를 결론내지 못했다. 과학자들도 마찬가지다. 그럼에도 과학자들이 수긍하는 한 가지가 있다면 바로 자신의 손으로 상황을 컨트롤한다고 '믿는' 이들이 더 행복한 경향이 있다는 것이다. 컨트롤할 수 없다고 믿는 부류에 비해서 말이다. 만약 당신이 나쁜 상황에서 현실적인 대응책으로 맞섰다면 그 성공 여부에 상관없이 어쨌든 기분이 좋아지지 않겠는가. 한 예로, 시한부 및 위독한 환자들은 극단적인 식단이나 석연치 않은 요법 등을 통해 병마와 싸우려고 한다. 결과가 달라지지는 않더라도, 여하튼 환자들은 노력을 했기에 자신이 더 강해졌다고 느끼는 것이다. 그런 기분은 긍정적이라고밖에 할 수 없다.

주체적으로 컨트롤을 하면 힘의 감각이 생겨난다. 스스로를 가련한 피해자라고 생각하면 느끼기 힘든 감각이다. 이런 강한 힘의 감각이 장착되면 더 행복한 기분이 되고, 시련에도 더 잘 대처할 수 있다. 일단 직접 컨트롤을 하면 상황을 바꿀 수도 있다. 하지만 중요한 건 '컨트롤한다는 감각'이 당신의 기분을 좋게 만든다는 것이다. 당신이 실제로 결과를 변화시키는지 여부와는 상관없이 말이다.

1960년대와 1970년대에는 '피해자victim'라는 단어를 잘 쓰지 않았다. 사람들이 싫어하는 일은 늘 일어났고, 어떤 이들은 하지 말아야 할 짓들을 서슴지 않았으니까. 하지만 당시에 팽배했던 태도는 그저 그런 사건들을 맞닥뜨려도 툭툭 털고 이겨내는 것이었다. 심각한 범죄의 목표가 되지 않은 이상, 스스로를 '피해자'로 보는 관점은 흔치 않았다.

우리 부모님도 스스로를 '전쟁 피해자war victims'라고 생각해보신 적이 없으셨다. 그저 전쟁 시기에 살아가신 것뿐이라고. 물론, 공포와 상실감, 손상 및 파괴와 늘 함께였지만 말이다. 그럼에도 부모님은 이겨내셨다.

요즘 사람들은 스스로를 '피해자'로 보도록 권유받는다. 50년 전에는 '피해자'로 분류되기 힘든 범죄와 재난의 피해자로 말이다. 말이라는 건 이토록 중요하다. 이때, '피해자'라는 단어를 쓰는 포인트는 범죄행위에의 어떠한 연루나 공모의 가능성도 배제하려는 것이다. 물론 이건 좋은 의도다. 하지만 그 반대에 대해 생각해보는 것도 의미 있다. 즉, '피해자'라는 단어에는 사건 이후 상황에서의 주도권을 뺏으려는 느낌이 녹아 있다. 그 때문에 '피해자'라는 단어 대신 '생존자survivor'라는 단어가 쓰이기도 한다. 그러면 상황에 좀 더 주도권을 갖는 느낌이 내포되기 때문이다. 물론 중요한 건 어떤 단어가 쓰였는가보다는 대상자가 어떻게 느끼는지겠지만 말이다. 하지만 언어는 역시 상황의 관점을 결정하는 중요한 도구가 아닐 수 없다.

그러니, 운명이 혹은 타인이 당신에게 가혹하게 굴 때 이를 명심하라. 즉, 사건으로부터 회복하는 데 당신이 주도권을 쥔다고 믿을수록 더 빠른 회복력을 지니게 될 것이라는 얘기다. 그러면 최악의 순간으로부터 더 빨리 자신을 추스르고 삶을 계속 이어나갈 수 있다. 또, 다시 행복도 찾게 될 것이다. 사건 당시에는 피해자였는지 모르지만, 그렇다고 그 이후의 대응에서도 무기력함만을 보일 필요는 없지 않은가.

"
주체적으로 컨트롤을 하게 되면,
힘의 감각이 생겨난다.
"

18

당신은
혼자가 아니다

회복력을 내면으로부터만 생겨나는 것이라 생각하기 쉽다. 조용하고 강인한 내면의 힘이 고통이나 트라우마를 한결 회복하기 쉽게 해주기 때문이다. 그러나 모든 회복력이 내면으로부터만 오는 것은 아니다. 사실, 우리는 모든 것을 혼자 해결하는 슈퍼 히어로가 될 필요는 없다. 우리의 힘 중 상당부분이 외부로부터 오는 것이기 때문이다. 그 외부의 힘에 언제 의존할지를 아는 게 필요할 뿐이다.

가장 독립적이고 자족하는 부류의 사람들조차 때로는 외부의 도움을 필요로 한다. 어떤 이들은 정말 자주 도움을 필요로 하고 말이다. 이 양극단의 사람들 간에는 스펙트럼이 존재하며, 우리가 원할 때 필요한 도움을 받을 수만 있다면 어디에 속하더라도 괜찮다. 내가 '필요한 도움'이라고 말한 것을 주목하기 바란다. 필요치 않은 도움은 도움이 되지 않을 뿐더러 '도움'이라고도 할 수 없다. 예를 들면, 오지랖 넓은 충고 같은 것이다. 이런 도움은 짜증만 유발시킬 뿐이다.

앞서 나는 항상 컨트롤을 할 수 있어야 한다고 했다. 그 컨트롤 중에는 '누구에게 도움을 청할 것인가'를 능동적으로 결정하는 것도 포함된다. 우리에겐 '도움을 청할 사람들로 이뤄진 네트워크'가 필요하다. 아무리 강인하고 자신만만한 사람이라도 이런 네트워크를 갖고 있다. 이런 네트워크는 당연히 스스로 구축해야 한다. 그것도 다분히 의도적으로. 그렇기에 항상 대화의 중심이 되려 하는 징징거리는 친구, 또 당신의 말을 주변에 가십거리로 전락시킬 친구 등은 포함해서는 안 된다. 당신이 쇼핑을 부탁할 때나 아이 돌봄을 부탁할 때 유용하다면 모를까. 하지만 이들은 당신이 얘기를 털어놓을 좋은 상대는 아니다.

어떤 이들은 소수의 친한 친구들에게만 의지한다. 또, 어떤 이들은 도움 받을 인맥이 무척 넓다. 당신이 어려울 때 기분을 북돋아주고 문제에 잘 대처하도록 도울 이들을 파악해야 한다. 그래야 당신이 원할 때, 필요한 도움을 얻을 수 있다. 지인들은 각자 잘하는 분야도 다를 것이다. 어떤 이들은 당신이 하는 말을 잘 들어주고, 어떤 이들은 당신에게 실용적인 도움을 준다. 당신의 가족들을 잘 아는 친구들은 가정 문제가 생겼을 때 도움이 된다. 아이들을 잘 돌보는 친구라면, 당신이 야근할 때나 자녀의 학교 문제로 조언을 구할 때 큰 도움을 줄 것이다.

지인들에게 징징대거나 많은 걸 요구하라고 권하는 건 아니다. 우리 모두 그런 부류의 사람들을 알지 않는가. 그저 가끔은 지인과 수다를 떠는 것만으로도 당신은 기분이 나아지고, 지인도 이를 흥미롭게 받아들일 수 있다. 지인들에게 무리하게 부탁할 필요는 없는 것이다. 게다가 사람들은 남을 돕는 기분을 좋아한다. 본인들의 자존감 향상에 도움이 되기 때문이다. 그러니, 지인들에게 가끔 도움을 청하는 건 괜찮은 일이다. 물론 정말 드문 상황이나 큰 재난이 닥쳤을 때는 지인들에게 많은 부탁을 할 수도 있다. 그건 가끔 일어나는 일이다. '내가 너무 도와달라고 징징거리는 건가?'라고 당신이 생각하는 것 자체가 그렇지 않다는 증거이다. 내 경험상, 지나치게 요구가 많은 사람들은 다행히 자신에 대해 잘 깨닫지 못하는 것 같았다. 만약 그래도 걱정이 되면, 당신이 재빨리 해볼 테스트가 두 가지 있다. 첫 번째는 '만약 상대방이 도움 주기를 거절하더라도 우아하게 받아들일 수 있는가?'를 자문하는 것이다. 만약 답이 '그렇다'라면, 잘 하고 있는 것이다. 두 번째는 '내가 도움의 대가로 상대방에게 베풀고 싶은 정도보다 그 사람으로부터 더 많은 도움을 예상하는가?'를 자문하는 것이다. 만약 '나는 도움을 받는 만큼 앞으로 똑같이 베풀 수 있다'가 답이라면, 역시 아무 문제없을 것이다.

한편, 당신도 타인의 네트워크의 일부분이 될 수 있다. 따라서 도움을 청하든지 도움에 응답하든지 간에 모두가 공평하게 보람차며 행복해지는 기분을 맛볼 수 있는 것이다.

> 66
> 모든 것을 혼자 해결하는 슈퍼 히어로가 될 필요는 없다.
> 99

강철과 같은
유연성을 지녀라

19

공학 용어로 '탄성 물질resilient material'이란 압력을 받고도 원래의 형태로 되돌아가는 물질을 말한다. 이 때문에 강철steel이 철iorn보다 건축 시공에서 자주 이용되는 것이다. 한 예로 강철은 거센 바람 속에서도 유연성을 잃지 않으며 부러지지 않고 다시 원상태를 회복한다.

우리에게도 강철과 비슷한 유연성이 필요하다. 스트레스를 받은 후에도 본래의 모습으로 돌아가는 유연성 말이다. 그러려면 남에게 베풀기도 하고, 또 남과 타협할 것을 미리 생각하고 행동할 필요가 있다. 시련을 이겨내고 유유히 반대편으로 걸어 나오도록 때에 따라 규칙도 수정해야 한다. 우리 대부분은 어떤 특정 분야에 이런 유연한 대처를 더잘하는 경향이 있다. 하지만 유연성을 가능한 한 넓게 발휘해야 한다. 예를 들어, 나에게 지금 당장 출판을 위해 책 내용 편집을 하라면 흔쾌히 찬성할 것이다. 반면, 만약 보트를 타기로 했던 약속이 막바지에 어긋나면 나는 좀 더 유연성을 발휘하려는 의식적 노력을 해야 할 것이다.

이번에는 만약 당신이 전문 음악인이 되기로 결심했다고 가정해보자. 그런데 먹고살 만큼의 충분한 일거리가 주어지지 않는다. 이때 유연성이 없이 대처하면 어떻게 될까? 아주 운 좋은 일이 생기지 않는 이상 입에 겨우 풀칠만 하면서 오랫동안 비참하게 살지 모른다. 하지만 유연한 대처를 한다고 음악을 포기해야 된다는 건 아니다. 상식적으로 현재로서는 성공할 수 없을 때, 독불장군처럼 음악만 파고들 필요는 없다는 것이다. 음악 쪽이 당신이 꿈꿨던 대로 정확히 실현되지 않으면 엄청난 상실감을 맛볼 테니까. 그러니 꿈을 수정할 필요가 있다. 그리고 그 꿈을 계속 간직해나가면 된다. 예를 들어, 연주로 돈을 벌게 아니라 음악 선생님이 되어 돈을 버는 것이다. 혹은 봉급 조건이 훨씬 나은 다른 직장을 찾고, 음악은 돈을 버는 목적 없이 이어 나간다. 그러면 음악 쪽으로는 비슷한 결과가 나올지라도, 삶에서 성공하고 있다는 생각에 훨씬 행복해질 것이다. 게다가 당신이 꿈꾸던 꿈의 직업은 운이 좋다면 언젠가 불쑥 다가올 수도 있지 않은가.

그러므로 우리는 언제 유연성이 부족해지는지를 깨닫고 약간의 융통성을 키워나가는 접근법을 써야 한다. 아마 당신은 어떤 부분에서 스스로가 완고해지는지 이미 알고 있을 것이다. 이를 인정하고, 또 다른 어떤 부분에서 융통성이 부족한지 찾아보라. 자신의 유연성 부족을 찾아내는 것은 이를 극복하는 데 큰 역할을 한다. 예를 들어, 상사가 당신의 책상을 마음대로 옮길 때 같은 작은 일에서인지, 아니면 집을 장만

하는 등의 큰일에서 유연성이 부족해지는지를 찾는 것이다. 가끔은 자신의 고집을 사수하는 게 좋은 일일 수도 있다. 따라서 나는 유연성이 항상 옳다고 말하지는 않겠다. 하지만 당신이 건강하고 행복한 삶을 사는 게 목표 아닌가. 그런 삶의 큰 부분은 바로 유연성이 필요한 때를 깨닫는 것에 달렸다.

인간관계의 회복력을 위해서도 유연성이 필요하다는 걸 이미 깨달았을지 모르겠다. 서로에게 융통성을 발휘하지 못하는 부부는 평생 같이 살기 힘들다. 또, 자녀를 유연하게 대하지 않는 부모도 자녀와의 관계가 힘들어지게 된다. 가족관계든 친구관계든 약간의 유연함을 발휘하는 게 결국은 모두를 행복하게 하는 길이다. 사실, 나도 일하는 동안 내 책상에 고양이가 올라가지 말아야 한다는 규칙을 좀 느슨히 하고 있다. 결과적으로 나도 고양이도 삶의 스트레스가 훨씬 덜해진 듯하다.

66

남에게 베풀기도 하고,
또 남과 타협할 것을 미리 생각하고 행동할 필요가 있다.
때에 따라 규칙도 수정해야 한다.

99

20

과거로의
스위치를 꺼라

한번 일어난 일은 이미 끝난 것이다. 그 결과가 때로는 끔찍하고, 부끄러우며, 당신을 좌절하게 만들 수 있다. 트라우마를 일으키거나, 삶을 송두리째 변화시킬 수도 있다. 그래도 이미 일어난 일이므로 이를 바꿀 수 없다. 그럼에도 마음속으로는 그 장면을 회상하고 또 회상할 것이다. 그리고 '상황이 이런저런 식으로 전개됐어야 했는데'를 생각한다. 또, 정확히 어느 지점부터 문제가 생기기 시작했는지도 너무 잘 안다. 하지만 그럼에도 당신이 바꿀 수 있는 일은 없다.

이럴 때, 당신은 행복하다고 느끼는가? 당연히 아닐 것이다. 물론 미묘한 경계선이 존재하기는 한다. 과거에서 배울 게 있다면, 회상하는 것도 도움이 된다. 하지만 그런 회상은 이성적인 행위일 뿐 감정적인 행위와는 관련이 없다. 더욱이, 회상으로부터 더이상 별다른 가치를 얻지 못한다면, 이제는 과거의 일에 연연하는 것을 멈출 때다. 과거로부터 떠나 현재와 미래로 돌아올 시간인 것이다.

어떤 이들은 감기에 걸리면 자신이 얼마나 힘든지를 주변 사람들에게 알리고 싶어 한다. 아마도 동정이나 관심을 원해서일 것이다. 그건 남들로부터 응당 주어지는 것이긴 하다. 하지만 문제는 다른 사람들에게 앓는 소리를 할 때마다 스스로 내가 지금 얼마나 힘든 기분인지를 상기하게 된다는 것이다. 반대로 누군가가 아파 보인다며 말을 걸면 괜찮다고 고집하는 이들도 있다. 이들은 정말로 병세에 훨씬 더 잘 대처하는 것처럼 보인다. 왜냐하면 이들은 바꿀 수 없는 부분을 받아들이고, 삶의 다른 부분에 집중하기 때문이다.

이는 감기 정도의 증상에서는 쉬운 일이다. 하지만 막 사업을 개시한 상태라든가, 심한 사고를 당했다거나 하면 훨씬 힘든 상황이 된다. 그럼에도 원칙은 똑같다. 즉, 바꿀 수 없는 과거의 일을 과도하게 생각하면 기분이 훨씬 나빠진다는 것이다. 반면, 과거의 일이 당신에게 미치는 영향을 이해하고, 받아들이며, 미래를 내다보면, 기분은 그다지 나쁘지 않을 거라는 것이다.

자꾸 과거를 회상하고 싶은 유혹이 드는 대목은 바로 '과거에 ~했다면 어땠을까?' 하는 가정이다. 예를 들어, '그때 그 도로를 건너지 않았다면 어땠을까?'라거나, '그때 그 큰 주문 건에 대해서 선불금을 받았다면 어땠을까?', 또 '그때 그 사람이 쓰러질 때, 내가 곁에 있었다면 어땠을까?' 등이다. 즉, 안타까운 사건이나 사고, 재난, 죽음 등이 일어난 후에 드는 특정한 내용의 생각인 것이다. 이런 생각을 한다고 달라지는 건 없음을 우리는 안다. 그런데도 왜 이런 생각을 떨칠 수가 없을까?

한번 설명을 해보겠다. 이런 생각이 드는 이유는, 우리의 마음이 트라우마가 발생하지 않은 가상세계를 건설하려는 노력을 하기 때문이다. 문제의 사건은 우리가 대응하기에는 너무 거대하게 느껴진다. 따라서 그 사건으로부터 회피할 구석이 필요한 것이다. 이러한 이유를 인지하면, '~했다면'이라는 가정을 덜 하게 된다. 사실 이런 가정은, 결국 우리가 아무것도 바꿀 수 없기에 아무 소용이 없지 않은가. 더욱이 이런 가정은 온갖 후회와 죄책감, 자기비난 등으로 이어지게 된다. 이건 자신에게 공평하지도, 도움이 되지도 않는 현상이다.

그러니, 당신의 뇌가 과거로 회귀하려는 경향에 스위치를 끄기 바란다. 과거에 일어난 일을 받아들이고, 현재에 남은 것으로 살아가야 한다. 현재에 아무리 머무르기 싫더라도, 과거를 벗어나는 게 훨씬 낫다. 과거에 머무른 채 얼마나 당신이 불행한지에 골몰하는 것보다는 말이다. 당신의 슬픔이나 분노, 걱정을 부인할 필요는 없다. 하지만 그럼에도 앞을 내다봐야 한다. 그리고 현재 아직도 당신에게 남아있는 것을 십분 활용해야 하는 것이다.

> 과거의 일을 받아들이고 미래를 내다보면
> 기분이 그다지 나쁘지 않게 된다.

일상의 스트레스에 대비하라 21

누구나 시련을 겪을 때 도움이 필요하다. 그런데 그런 어려운 시기에 가장 큰 회복력을 보이는 이들은 스스로를 도울 준비가 돼있는 사람들이다. 쐐기풀에 찔렸을 때 열까지 세면 고통이 가라앉는다는 말을 들어봤는가? 하지만 이보다 더 큰 시련 앞에서는 아무리 혼잣말로 열까지 센들 소용이 없을 것이다. 더 강력한 대처 시나리오가 필요하다.

우선, 자신에 대해 이해하고, 시련 속에서 자신이 무엇을 필요로 하는지를 이해해야 한다. 예를 들어, 그 시련이란 직장에서의 스트레스 받는 하루일 수도, 자녀가 큰 수술을 해야 함을 방금 깨달은 상황일 수도 있다. 무엇이 당신에게 도움이 될까? 당신은 친구들 무리에 둘러싸여 있을 때 좀 더 기분을 잘 추스르는 편인가? 아니면 중요한 한 사람의 위로가 더 효과적인가? 어떤 이들은 하루, 심지어 일주일 동안을 외부와 차단한 채 홀로 생각할 시간을 갖기도 한다. 직장 업무가 너무 과중하면 주말 동안만이라도 그런 시간을 보내보라. 상황이 여러 가지로 심각하면 아예 며칠 휴가를 갖거나 멀리 여행을 가는 것이 정말 도움이 된다.

다시 말하지만, 자신에 대해 이해하고, 무엇이 자신에게 가장 효과적인지를 알아야 한다. 우선, 컨트롤 가능한 매일의 일상적 스트레스에서부터 연습을 시작해보라. 그날의 스트레스를 해소하는 데도 도움이 되지만 언젠가 다가올지 모를 큰 위기에 대비하는 데도 도움이 될 것이다. 당신이 좋아하는 스트레스 해소법은 무엇인가? 요가, 긴 시간의 목욕, 친구와의 수다, 달리기, 좋아하는 영화에 푹 빠지기 등등.

스트레스 해소법에는 두 가지 단계가 있다. 첫 번째 단계에서는 무엇이 당신의 스트레스 대처에 도움이 되는지를 이해한다. 그리고 두 번째 단계에서는 그 스트레스 해소 전략을 언제 사용할 것인지를 깨달아야 한다. 이 두 단계를 거치지 않으면, 큰 도움이 되지 않을 것이다. 왜냐하면, 당신의 마음이 이 특정 스트레스 해소법과 릴랙스하고 고요한 상태를 연관 짓는 법을 배워야만 하기 때문이다. 그래야만 그 해소법을 사용할 때 실제로 도움이 될 수 있다.

그런데 큰 위기가 닥친다면 어떨까? 물론 위의 일상적인 스트레스 해소법을 전부 사용해도 된다. 나름 다 도움이 될 것이다. 하지만 만약 배우자가 당신의 예금을 전부 도박하는 데 써서 날린 걸 방금 발견했다면? 그럴 때 기분 좋은 목욕이 과연 얼마나 도움이 되겠는가? 이럴 때는 당신이 정말로 필요한 게 뭔지를 잘 이해해야 한다. 그리고 가능한 모든 방법으로 스스로를 도울 준비가 돼있어야 한다. 모든 전략이 당면한 위기 자체를 해결해주진 못하지만, 위기에 더 잘 대처하도록 도와줄 수는 있다.

그렇다면 큰 위기 앞에서 당신이 필요한 건 무엇인지 생각해보라. 혼자만의 시간? 아니면 사람들에게 둘러싸여서 위로를 받는 것일까? 만약 어머니가 지척에 계시다면야 이 두 방법 중 아무거나 괜찮을까? 운동이 위기 대처를 더 원활하게 해줄 것인가? 아니면 회피나 명상이 도움이 될까? 상담사나 심리치료사와 대화를 나누는 건 어떨까? 어쩌면 하루 동안 비참한 심정으로 허우적대다가, 하룻밤 자고 나면 삶을 새롭게 시작할 수 있을지 모른다. 아니면 도움이 될 법한 장소에 가보는 건 어떨까? 산 위라든가 바닷가에 가보는 것이다. 혹은 군중 속에 익명으로 섞여 들어가보는 것도 좋다.

여기서 도움이 될 것 같으면서도 실은 해를 끼치는 전략들은 주의를 요한다. 예컨대 술이나 감당할 수 없는 쇼핑, 위안을 얻기 위한 폭식 등이다. 긍정적인 전략들뿐 아니라 이런 전략을 가장한 함정들에 대해서도 잘 파악하라. 감정적인 위기를 겪고 싶어 하는 사람은 아무도 없다. 하지만 이런 대처 전략들을 마련해놓지 않으면, 그 위기가 더욱 심화된다. 그런 일은 절대 피해야 하지 않겠는가.

> **66**
> 스트레스 해소 전략을 언제 사용할 것인지를 깨달아야 한다.
> 이 단계를 거치지 않으면, 큰 도움이 되지 않을 것이다.
> **99**

22 감정을 글로 풀어내라

수년간의 내 경험으로는 어떤 일이건 글로 쓰면 큰 도움이 된다. 글쎄, 언제인지 기억도 안 날 정도로 나는 오래전부터 그래왔다. 나만 이런 습관이 있는 건 아니다. 연구에 따르면, 자신의 감정을 글로 풀어내는 사람들은 나중에 스트레스에 덜 시달린다고 한다.

글쓰는 습관이 효과가 좋은 이유가 있다. 일단 감정적이 되면 머릿속에는 온갖 생각과 감정이 둥둥 떠다니는데, 이를 정확히 끄집어내지 않으면 그 실체를 전혀 이해하지 못한다. 그런데 이런 생각 및 감정들을 종이에 쓰면 떠다니던 것들이 가만히 한구석에 정착한다. 그제야 내가 제대로 들여다볼 수 있는 것이다.

'글로 풀어내기'는 앞서 살펴본 대처 전략의 하나이기도 하다. 슬픔과 스트레스, 트라우마와 재난에 대처하는 전략 말이다. 또, 갑작스런 위기에도 글쓰기를 활용할 수 있다. 나는 십대 이후 쭉 일기를 썼다, 안 썼다를 반복하며 살았다. 지금 와 돌이켜보면, 왜 그렇게 중간에 끊기는 일이 많았는지 명확히 알 것 같다. 삶이 평탄하게 흘러갈 때는 글로 쓸 생각조차 들지 않았던 것이다. 그럴 필요가 없었으니까. 오직 감정적으로 될 때에만 일기를 썼음을 깨닫는 데는 약간의 시간이 걸렸다.

내키지 않으면 일기장에 차곡차곡 글을 쓸 필요는 없다. 그저 기분을 종이에 써내려가고, 나중에 종이는 버리면 그만이다. 컴퓨터로 글을 썼다면 문서를 삭제하면 된다(혹은 음성메모로 내용을 녹음한 후 이를 저장 및 삭제해도 괜찮다). 내 한 친구는 끊임없이 시를 쓰는데, 재밌는 점은 격렬한 감정에 휩싸일 때만 뮤즈^{muse}(예술가에게 영감을 주는 여신)가 찾아온다는 것이다. 또 다른 친구 몇몇은 스프레드시트에 수입과 지출을 일일이 기록해서 돈 문제를 해결하려 한다. 이건 일기와는 다르다고 생각하겠지만 사실 그렇지 않다. 재정 관리일 뿐만 아니라 돈에 대한 걱정이나 감정들을 써서 옮기는 작업이다. 그리고 스스로 그런 감정들을 이해하고자 하는 시도이다.

남이 읽을 수 있을 정도의 글을 쓴다는 것은 큰 도움이 된다. 왜냐하면, 당신의 감정을 남에게 설명하려면 상당히 상세히 기록해야 하기 때문이다. 예를 들어, 친구에게 이메일이나 옛날 스타일의 편지를 쓰는 것은 스스로에게 자신의 감정을 표현해보는 무척 유용한 방법이다.

한편, 어떤 사람에게 화가 났을 때, 그 사람에게 편지를 쓰는 건 상황을 더욱 악화시킬 수도 있다. 사실, 스트레스의 원인이라고 생각하는 사람에게 편지를 쓰면 상당한 카타르시스를 느낄 수 있다. 그래서 이런 편지를 쓸 때 나의 규칙은 이메일에 쓰지 않고 직접 종이에 쓰는 것이다. 그래야 순간의 감정에 휘말려서 이메일의 '보내기'를 누르지 않을 테니까. 편지를 쓰면 적어도 하루는 앉아서 이 편지를 정말 부쳐도 되는지를 내내 고민한다. 그러면서 편지를 다시 읽어본다. 이때 내 앞에 몇 가지의 선택권이 있다. 편지를 부치는 것, 편집하는 것, 쓰레기통에 버리기, 그리고 친구에게 보여주고 의견을 묻기이다. 나는 거의 항상 쓰레기통에 버리는 선택을 한다. 이미 편지는 그 목적을 다한 데다가 나는 기분이 한결 나아져 있으니까. 아마 그 뒤에 문제의 인물에게 직접 말을 할 가능성이 크다. 편지 쓰기로 인해 내 사고는 정리되었고, 훨씬 침착해진 상태니 말이다.

또한, 여러 종류의 '할 일 목록'도 실용적인 목적을 넘어서는 효과를 지닌다. 압박을 느끼거나 불안할 때, 머릿속을 정리하는 데 도움이 되기 때문이다. 겉으로는 '속옷 정리하는 걸 잊지 말기'를 다짐하는 것 같아도, 실은 힘든 감정에 대처하는 수단이 될 수 있다. 또, 오로지 감성적인 목적의 목록도 있다. 예를 들어, 얼마 전 세상을 떠난 사람에 대해 기억하고 싶은 것들 목록이라든가, 누군가를 사랑하는 이유에 대한 목록, 반대로 누군가를 떠나야 할 이유에 대한 목록, 또 감정적으로 내린 결정의 장점과 단점 목록 등이다.

자신의 감정을 글로 풀어내는 사람들이
나중에 스트레스에 덜 시달린다.

자신에 대해
파악하라

23

　회복력을 갖추길 원한다면, 무엇이 자신에게 효과가 있는지를 알아야 한다. 또 반대로 무엇이 효과가 없는지를 아는 것도 그만큼 중요하다. 구체적으로 어떤 상황에서 무엇이 효과가 있는지, 또 그런 상황에 어떻게 대처할 것인지, 감정적인 어려움에는 어떻게 맞설 것인지를 아는 것도 필요하다. 자신을 더 잘 알면 알수록 스스로를 더 잘 돌볼 수 있기 때문이다. '자아의식self-awareness'이야말로 핵심이다.

　예를 들어, 당신이 알코올중독에서 막 회복되었다고 가정해보자. 당신은 그동안 온갖 술집을 피했던 게 현명한 선택이었음을 잘 안다. 스스로 삶을 더 힘들게 만들 필요는 없지 않겠는가? 이때의 술집들과 비슷하게, 당신이 끔찍이 싫어하는 감정의 도화선이 되는 대상들을 잘 알아둘 필요가 있다. 즉, 걱정, 슬픔, 분노, 좌절 등과 같은 감정들을 일으키는 것들을 피하거나, 최소한 축소시켜야 한다. 일상에서 한 예를 들자면, 나는 통신회사에 어떤 이유로든 전화를 거는 것에 스트레스를 받는다. 직원과 대화를 시작하기도 전에 약 20분을 기다려야 하기 때문이다. 따라서 정말 급한 일이 아니면 나는 날을 하루 따로 잡아서 통신회사에 전화한다. 물론 시간적 여유와 기다릴 인내심이 충분히 있을 때다.

내 친구의 예전 남자친구는 대화할 때 항상 그녀의 화를 돋우곤 했다. 특히 문자로 대화할 때 더 그렇다고 했다. 둘 사이에는 아이가 있었기에, 그녀가 전 남자친구를 피하는 건 불가능했다. 결국 그녀는 자신의 감정 동요를 최소화할 시간 및 대화 수단을 골라 그와 소통하기로 결심했다. 지친 상태에서 그와 문자로 대화를 하면 대화 후에 더 비참한 심정이 될 게 뻔했기 때문이다. 한편, 내 또 다른 한 친구는 특정 건축물을 지나칠 때마다 최근에 사망한 그녀의 오빠가 생각나 힘들어 했다. 물론 이건 긍정적인 것일 수 있다. 슬픔을 표출하는 건 카타르시스를 느낄 수 있는 일이니까. 하지만 이런 감정은 적당한 시간에 알맞은 사람들과 느껴야 할 종류의 감정이기도 하다. 이런 식의 전략은 자신의 행동이 감정에 어떤 영향을 미치는지를 숙고한 뒤에야 활용할 수 있다.

이런 전략을 세우는 가장 쉬운 방법은 기분이 나쁠 때를 포착하고 '왜 지금 기분이 나쁜가?'를 자문해보는 것이다. '왜 그게 나를 그렇게 화나게 했을까? 왜 저 사람의 목을 조르고 싶은 기분일까? 왜 이렇게 스트레스가 확 높아지는 느낌이지? 아, 내가 불안한 모양이네. 뭐 때문에 내가 이렇게 불안할까?' 하는 식으로. 이런 질문을 해보는 걸 기억했다면 의외로 그 답은 명백할지 모른다. 하지만 때로는 이런 질문을 하는 데 몇 시간, 심지어 몇 년이 걸리기도 한다(특히 가족관계 문제라면 질문을 찾느라 몇 년이나 걸리기도 한다. '왜 언니 앞에서는 이렇게 어색한 기분이 들까?'와 같은 식이다.)

그래도 잘 모르겠으면, 주위에 도움을 요청하라. 친구나 심리치료사 등을 통해 당신의 굵직한 문제들을 인지할 수 있도록 말이다. 동시에 스스로 당신이 언제 어떤 기분이 드는지를 잘 살피길 바란다. 그 의미를 아직은 완전히 이해하지 못하더라도 말이다.

하나 더 덧붙일 말이 있다. 나는 감정들을 정당화하거나 평가 및 합리화하라고 권하는 것은 아니다. 감정들을 이해하는 것은 무척 큰 도움이 되지만 그 감정들을 지나치게 논리적으로 해석하려고 할 필요는 없다. 그건 무의미하고 불필요하다. 감정이란 그저 말 그대로 감정일 뿐이니까.

> **❝**
> 기분이 나쁠 때를 포착하고
> '왜 지금 기분이 나쁘지?'라고 자문해보라.
> **❞**

24

느긋해져라

우리는 모두 실수를 한다. 때로는 끔찍하고 매우 무안한 실수도 저지른다. 그럴 맘이 아니었는데 누군가에게 소리치기도 하고, 하면 안될 말도 한다. 또, 생각 없고 이기적으로 굴어서 사람들을 실망시키기도 한다. 이런 일은 내게도 있었고, 당신에게도 있었다. 우리 모두에게 일어났던 일이다. 이런 일이 있은 후에는 물론 기분이 매우 끔찍했다. 그게 당연할 정도다.

그런가 하면, 가끔 우리는 사소한 잘못에 대해 자신을 꾸짖곤 한다. 예를 들어, 당신이 우유를 사다놓지 않아서 자녀들이 취침 전 마시는 우유를 못 마셨다든가 하는 일이다. 혹은, 당신이 작업물을 복사해놓겠다고 호언장담했지만 지키지 않아, 업무 마감시간이 임박해서 동료가 급히 복사해줄 때도 있다. 또, 약속에 늦었는데 어제 주유를 하지 않아서 마침 차의 연료가 다 떨어지는 일도 생긴다.

하지만 이런 크고 작은 실수들은 그야말로 사고일 뿐이다. 만약 의도해서 생긴 일이라면 기분이 그렇게 나쁘지는 않았을 것이다. 그렇지 않겠는가? 여하튼 어쩌면 사건이 일어나던 당시에 당신은 무의식적으로 '내가 잘못된 결정을 내리고 있네' 하고 깨달았을지 모른다. 혹은 '나중에 분명 후회할 것 같은데'라고 말이다. 하지만 당신은 절대 의식적으로 사건이 그렇게 귀결되게 내버려둔 것은 아니다.

당신은 진심으로 사과하고 잘못된 부분을 고치는 등 사태의 정상화를 위해 노력할 것이다. 그럴 때, '다음부터는 기회가 없어'라는 점을 머릿속에 메모해두기를 권한다. '우유 사는 것 정도야 나중에 기억하겠지'라고 대충 넘기지 말고, 쇼핑 목록을 작성할 때 '우유'라는 항목을 꼭 써라. 타인에게 뭔가 해주기로 약속했으면 이를 상기시키는 뭔가를 마련해놓아라. 또, 차에 기름 넣는 것도 미루지 말기 바란다.

이 정도면 당신은 실수를 만회하려고 최선을 다한 것 같다. 실질적인 면에서도 그렇고, 주위 사람들의 기분을 풀어주는 차원에서도 그렇다. 게다가 다음부터는 이런 일이 안 생기게 다짐도 하지 않았는가. 그럼, 이제 무엇을 더 하면 될까? 혹시 과거의 실수를 자책하면서 '나는 정말 못난 사람이야'라고 되뇌는 일일까? 그 실수를 마음속으로 무한반복하면서 '정말 바보 같은 짓이었어'라고 계속 생각해야 할까?

그건 절대 아니다. 왜 그런 짓을 하는가? 이미 당신은 상황을 개선시킬 모든 일을 다 했는데, 그런 자책이 무슨 도움이 되겠는가? 만약 그렇게 계속 자책을 한다면 상황을 더 악화시키는 것이나 다름없다. 큰 틀에서 보면 애초에 그렇게 심하지도 않은 실수였는데 말이다. 만약 이런 식으로 상황을 악화시킨다면, 이 사건으로부터 회복하기가 더 어려워진다. 그러니 과거의 실수는 그냥 넘겨버려라. 조금 여유를 갖고, 균형감각을 길러라. 즉, 느긋해지는 것이다. 이제는 할 일을 다 했으니, 그 사건은 끝났다. 다 끝난 과거의 일이다. 그러니 이제 털어버려라.

어떤 이들에게는 이 방법이 너무나 어렵다는 걸 잘 안다. 그러니 다음과 같은 점을 명심하기 바란다. 즉, 사건 후에 당신이 모든 수습을 했음에도 여전히 자책하는 건 당신이 했던 일(혹은 하지 않은 일) 때문이 아니라는 것이다. 오히려 그 이유는 바로 당신에게 '자책을 하고 싶은 내재적인 욕구'가 있기 때문이다. 이 핑계로 당신의 마음은 자책을 허용한다. 이런 자학과도 같은 성향에 나는 상당한 연민을 갖고 있다. 그 자학이 어디서 연유한 것인지를 이해하면, 당신에게 상당히 도움이 될 것이다. 또 다시 '자신을 이해하기'라는 주제로 되돌아온 것 같다. 마치 또 다른 퍼즐을 펼치는 것 같지 않은가? 물론 이제 당신은 서로 다른 퍼즐들을 구별하는 법을 잘 알겠지만.

66
만약 그 일이 의도해서 일어났다면,
기분이 그렇게 나쁘지는 않았을 것이다.
99

생각한다.
고로 존재한다

25

감정은 사고와는 당연히 다르다. 사고는 우리가 이성적인 선에서 이해 가능한, 의식적인 것들이다. 반면, 감정은 모호하고, 변덕스러우며, 우리의 컨트롤을 넘어서는 것들이다. 그래서 어떤 사고를 할지는 선택할 수 있지만 무엇을 느낄지는 선택할 수 없다. 그런데 과연 그럴까?

사고와 감정은 사뭇 다르긴 하지만, 이 둘이 완전히 분리된 것은 아니다. 우리의 사고와 감정은 서로 간에 영향을 준다. 또, 서로 연결되어 있으며, 상호참조cross-refer가 된다. 한 예로, 당신이 지금 화가 나 있다면, 과거에 당신을 화나게 했던 사람이나 상황에 대해 '생각할' 가능성이 높다. 또한, 가상의 분노의 대화를 머릿속에 떠올릴지도 모른다. 당신이 우울하다면 어떨까? '이 모든 게 무슨 소용이야', 혹은 '이럴수록 더 우울해지는 걸' 하고 '생각하기' 시작한다. 걱정스러운 기분이라면, 잘못될 법한 온갖 잡다한 일들에 대해 생각하기 시작하는 것이다. 불안한 기분을 정당화시킬 수 있는 온갖 나쁜 결과들을 말이다.

이런 경향을 반대로도 이용할 수 있다. 즉, 사고가 감정에 영향을 미치도록 하는 것이다. 예를 들어, 빠른 회전놀이 기구를 타기 직전이라든가, 프레젠테이션을 막 시작하려는 참이라고 상상해보라. 혹은 높은 사다리를 올라가기 전도 괜찮다. 무엇이든 당신을 불안하게 하는 일이면 된다. 그럴 때, 이렇게 속으로 혼잣말을 하지 않는가? '괜찮아. 완벽하게 안전하다니까. 저기 봐. 다른 많은 사람들도 다 하고 있잖아. 아마 시작하기만 하면 즐기게 될 걸?' 이런 의식적인 사고가 진짜로 불안을 가라앉힐 수 있다고 믿지 않는다면 왜 혼잣말을 하겠는가? 불안을 완전히 종식시키진 못하더라도, 충분히 도움이 된다.

우리는 싫어하는 특정 상황을 만났을 때 의식적으로 이런 혼잣말을 하는 경향이 있다. 그런데 어떤 사람은 항상 혼잣말을 하는 습관을 지니기도 한다. 이런 이들은 "유리컵에 물이 반이나 남았군" 하고 생각하는 긍정론자일 가능성이 높다. 모든 상황을 최선으로 생각하는 게 이들의 기본적인 상태인 셈이다. 이들은 의식적으로 긍정적이고 밝은 면만 보려고 한다. 누가 어떻게 지내냐고 물으면, 이들은 항상 "아주 잘 지내지요"라고 답할 것이다. 이들의 감정이 이런 대답을 기대하고, 이들은 또 감정을 긍정적인 멘트로 채우는 것이다.

이렇게 긍정적이려면 꼭 타고나야만 되는 건 아니다. 물론 일부 운 좋은 사람들은 본능적으로 이런 식의 사고를 한다. 하지만 우리 모두가 훈련을 통해 이렇게 될 수 있다. 이런 긍정적인 사고방식을 가지면, 일상의 어려움부터 큰 트라우마에 이르기까지 많은 어려움에 맞설 수 있다. 물론 모든 고통을 없애주지는 못하겠지만, 대처하기가 수월해지는 것이다.

이때 당신의 가장 큰 적은 자기연민이다. 당신이 연민의 대상이 될 자격이 있는가를 논하자는 건 아니다. 스스로 또는 다른 사람들로부터 당신이 어느 정도 연민을 받는다면 덜 비참해지는 것은 사실이다. 하지만 연민은 그 정도 얻는 것으로 됐다. '나는 너무 불쌍해'라는 생각은 가차 없이 떨쳐버려라. 그 대신 다른 좋은 생각들로 채워라. 기분 좋은 것들에 대한 생각, 또, '이만하길 다행이다'라는 생각들로 말이다. 자기연민에 발목이 잡히는 일은 없어야 한다.

결국, 사고를 활용하는 법을 배우면 지금보다 꾸준히 긍정적인 사고를 하는 사람이 될 수 있다. 그러다 만약 정말 어려운 난관을 만나면 훨씬 더 잘 극복하게 되는 것이다. 나는 60년간을 같이 살던 배우자가 숨을 거둔 뒤에도 잘 헤쳐 나가는 이들을 본 적이 있다. 이들은 그동안의 삶이 얼마나 행운이었는지, 지금도 얼마나 많은 걸 가지고 있는지에 생각을 집중했다. 물론 그래도 비참할 것이다. 하지만 자기연민에 빠졌다면 절대 불가능한 방식으로 위기를 극복하고 있는 것이다. 자기연민이 아무리 합리화 가능한 상황일지라도 말이다.

> **66**
> 우리의 사고와 감정은 사뭇 다르긴 하지만,
> 둘이 완전히 분리된 것은 아니다.
> **99**

26

어떤 상황에서든 유머를 찾아라

한 번쯤 정말 융통성 없는 사람과 전화통화를 해본 적이 있을 것이다. 너무나 꽉 막힌 나머지 소리라도 지르고 싶은 심정이다. 또 이런 상황을 상상해보자. 당신이 A지역에서 B지역으로 이동하려 하는데, 이미 약속시간에 너무 늦었다. 설상가상으로 심한 교통체증에 이제는 날씨까지 궂다. 당신은 땀을 뻘뻘 흘리는 후줄근한 차림새다. 그저 울고만 싶다. 한편, 이런 경우도 있다. 저녁을 요리하고 있는데 자녀 두 명이 동시에 짜증을 마구 내는 것이다. 때마침 만들던 음식은 다 타버리고, 필요했던 파스타 면도 떨어진 게 아닌가.

이런 속 타는 상황에서 소리 지르거나 울음을 터뜨리지 않고 어떻게 대응할 수 있을까? 아니면, 그저 어느 정도의 감정적 분출은 정당한 걸까? 내가 터득한 상황 대처법은 다름 아닌 '웃음'이다. 솔직히 사건 발생의 순간에 웃기란 쉬운 게 아니다. 그럴 때, 나는 그 사건을 후일 남에게 설명하는 상상을 한다. 가능한 한 재미있게 사건을 묘사해본다. "그리고 그다음에 무슨 일이 일어났는지 상상도 못할걸! 게다가 말이야……." 이런 식으로 말이다. 그럼 아무리 나쁜 상황도 후일 무척 재미있는 얘깃거리가 되곤 한다. 하지만 이왕이면 나중이 아니라 지금 당장 저녁을 먹으면서 대화한다고 상상해보라.

수년 전, 나는 한 단체에서 봉사활동을 했다. 내 임무는 실의에 빠진 사람들의 전화를 받고 얘기를 들어주는 것이었다. 그런데 한 가지 깨달은 게 있었다. 아무리 심각한 트라우마를 겪는 이들도 자신의 상황에 대해 웃고 나면 좀 더 잘 대처할 힘이 생겼다는 것이다. 내가 보기에 그 이유는 그렇게 웃는 동안 정신적으로 한 걸음 뒤로 물러서서 자신을 타인의 시선에서 바라볼 여유가 생겼기 때문이다. 바로 그런 거리감, 즉 객관적인 '자기관찰self-observation'이 그들에게 상황에 대처할 냉정함을 주는 것이었다. 후에, 나는 심리학자들이 이 현상을 '리프레이밍reframing'이라 칭한다는 걸 알게 되었다. 리프레이밍이란 특정 대상을 새로운 관점에서 바라보는 것이다. 결국, 자신의 상황을 웃어넘기면 상황 대처에 도움이 된다는 개념은 과학적인 근거로 뒷받침되는 셈이다.

우리는 모두 웃음이 묘약이라는 것을 안다. 웃음이라는 행위는 정말로 기분을 더 좋게 해준다. '자신을 보고 웃기'는 일반적인 유머의 좀 더 구체적인 부분집합subset이라 할 수 있다. 그리고 특히 그 안의 '리프레이밍'이라는 개념이 그토록 효과적인 것이다. 리프레이밍은 껄끄러운 사람들을 대할 때도 도움이 된다. 예를 들어, 상사가 당신을 얕보는 말로 당신을 화나게 하는 경향이 있다고 해보자. 이런 상황을 하나의 게임처럼 받아들여라. 즉, 상사가 하루에 얼마나 많이 빈정대는지를 세는 게임이라거나, '이번 주 최악의 빈정거림 상'을 머릿속으로 시상하는 게임을 말이다. 이런 게임이 힘든 상황에 유머와 '리프레이밍'을 더해주지 않겠는가. 물론 상사의 빈정거리는 말은 여전히 싫다. 하지만 '이번에는 저 사람이 종전의 기록을 깨지 않을까?' 하는 기대가 조금 싹틀지 모른다. 혹은 '정말로 최악의 빈정거림 한 번만 들어봤으면 좋겠네' 하고 바라게 될지도. 만약 같은 직급의 동료와 이런 게임으로 경쟁이라도 한다면 더 재미있지 않을까.

배우자나 친구, 형제들과 함께 그런 경쟁을 해보는 것도 좋다. 예를 들어, 비판을 일삼는 친척이나, 잘난 체하는 친구가 그 대상이다. 그리고 집에서 서로의 결과를 비교하는 시간을 갖는 것이다. "같이 부엌에 있을 때, 그 사람이 나한테 뭐라고 했는지 알면 깜짝 놀랄걸!"이라는 식으로 말이다. 이런 게임을 통해, 당신은 사람들을 대하는 데 필요한 냉정함을 되찾게 될 것이다. 그리고 파트너와 얘기를 나누는 데서 오는 재미도 쏠쏠하지 않겠는가.

> 66
> 자신의 어려운 상황에 대해,
> 지금 당장 저녁을 먹으며 대화한다고 상상해보라.
> 99

The Rules of
LIVING WELL

4장. 운동

사는 게 아무리 바빠도 운동할 시간을 마련하라. 운동을 하면 기분이 한결 나아질 뿐만 아니라 대처 능력도 좋아진다. 굳이 돈을 내고 등록한 헬스장에서 프레스나 상복부 운동, 달리기와 스쿼트 같은 것을 하라는 얘기가 아니다. 그렇게 해서 효과적이라면 괜찮지만, 효과를 보지 못해도 이상할 건 없다. 아예 처음부터 헬스장에 가지 않아도 괜찮다.

우리는 인생의 상당 시간을 뭔가 정형화된 운동에 바쳐야 한다는 강박에 사로잡히곤 한다. 물론 그것도 하나의 선택지인 것은 맞다. 하지만 자신에게 맞는 다른 여러 운동 방법도 존재한다. 그러니 굳이 당신이 형식에 맞출 필요는 없다. 또, 당신이 매일 아침식사 전에 달리기로도 모자라 퇴근 후 한 시간이나 헬스장에서 운동을 한다고 해도, 알아둬야 할 원칙들이 있다.

어떤 사람들은 달리기나 에어로빅, 바벨 들기 등을 전혀 즐기지 않는다. 또 어떤 이들은 자녀를 양육하고, 직장에 다니며, 집안일을 하고, 노부모를 돌보는 등의 바쁜 삶에서 전혀 운동할 시간을 내지 못하기도 한다. 그래도 괜찮다. 당신이 어떤 삶을 살든, 운동을 좋아하든 싫어하든 필요한 운동을 찾아서 할 수 있으니까. 그저 자신에게 잘 맞는 방법을 활용하면 된다. 이 장에서는 이와 관련된 원칙들에 대해 살펴보기로 하자.

이미 운동을 한 것처럼
생각하라

당신이 운동이라면 질색하는 친구 무리나 가족의 일원이라고 가정해 보자. 이들 중 많은 이들이 정상 체중에다 충분한 에너지를 지녔다. 단지 운동복을 입고 헬스장에 가거나, 운동 수업을 들을 생각이 없을 뿐이다. 하지만 달리기를 워낙 좋아하는 당신의 생각은 다르다. 그래서 하루에 한 시간을 꼬박 달리기에 매진한다. 그리고 '이 정도면 내 운동 레벨은 아주 훌륭하지'라고 생각하고 자신의 체력을 자신한다.

그러다가 당신이 다른 지역에 새로 직장을 얻게 되었고, 자연히 새 친구 및 동료들을 알게 됐다. 물론 하루에 한 시간 달리기는 계속 이어간다. 달리기를 좋아하니까. 새로운 친구 및 동료들 모두 달리기를 한다는데 이건 정말 반가운 소식이다. 그런데 이들 대부분이 피트니스 및 스피닝 수업을 듣거나, 헬스장에 가서 운동도 한다는 것이다. 당신은 이 중 아무

것도 하지 않고 오직 달리기만 할 뿐이다. 얼마 전까지만 해도 훌륭하다고 생각했던 당신의 운동 레벨에 대해 이제는 어떻게 느껴지는가?

사람들은 대개 자신의 운동 레벨을 주위 사람들의 레벨과 비교해서 측정하곤 한다. 물론 이해는 되지만, 이건 그리 정확한 측정은 아니다. 위에서 보듯, 정말 많은 운동을 한다고 자부하다가도 부족하게 느끼게 될 수 있기 때문이다. 실제로 운동량은 전혀 안 바뀌었는데도 말이다. 게다가 중요한 사실이 하나 있다. 여러 연구결과에 따르면, 실제의 운동량이 어떤 지와는 상관없이 스스로 운동량이 적다고 믿을수록 덜 건강한 경향이 있다는 것이다.

말하자면, 운동에 대한 당신의 태도는 거의 실제 운동만큼이나 중요하다는 것이다. 그렇다고 하루 종일 소파에서 빈둥대면서 '난 정말 건강해'라고 생각하라는 뜻은 아니다. 다만, 당신의 운동에 대해 긍정적으로 생각하는 게 무척 중요하다는 뜻이다. 그러니, 이미 성취한 운동에만 집중하라. 타깃으로 세워놓고 달성하지 못한 목표는 잊어버려라. 또, 주위 사람들이 어떻게 운동하는지도 신경 쓰지 말아야 한다. 그저 평범한 날에 당신이 일상적으로 하는 운동으로 만족하라. 헬스장 및 수영장, 운동 수업 등의 특수한 운동을 한 것도 포함해서. 만약 당신이 건강하고 나이에 비해 유연한 편이라면, 또 충분한 에너지가 있다면, 당신의 운동 상황은 아무 문제없는 것이다.

첫 번째 운동의 원칙은 너무 과민반응하지 말라는 것이다. '내가 정말 충분히 운동을 하고 있나?', 혹은 '이 운동이 정말 적절한 운동이 맞겠지?' 등에 대해 너무 스트레스 받거나 걱정하지 않아도 된다. 그런 질문은 비능률적일 뿐만 아니라 매우 불필요한 행동이다. 운동에 대한 측정법은 셀 수 없이 많아서 어떤 운동이 '충분한' 것인지를 짚어내기란 거의 불가능에 가깝다. 사실 많은 이들이 신체 건강 유지라는 목표 이상의 운동을 한다. 물론 그런 것도 즐기기만 한다면 아무 문제없다. 하지만 당신이 굳이 그런 이들에게 맞출 필요는 없다. 운동은 경쟁이 아니니까. 게다가 그들도 완벽하지는 않다. 어떤 이들은 유산소 체력은 잘 다졌지만 몸의 유연성이 부족할 수 있다. 또, 어떤 이들은 완벽한 근육을 갖췄지만 스태미나는 그저 그렇다. 아니면 워낙 파이를 많이 먹어서 하루에 15킬로미터 정도는 달려야 할지도 모르잖은가.

그러니, 주위 사람들의 운동은 무시해버려라. 당신이 느끼기에 기분 좋고, 즐거운 운동을 하면 그뿐이다. 그리고 긍정적인 면에 집중하라. 이런 긍정적인 태도만으로도 푸시업을 몇 번 더하는 것보다 운동에 훨씬 큰 차이를 만들 수 있을 테니까.

66

운동에 대한 당신의 태도는
거의 실제 운동만큼이나 중요하다.

99

28 운동을 피할 수는 없다

우리 어머니 세대 중에는 건강하게 80세 이상을 사신 분들이 많다. 그런데 이분들은 대개 운동을 하나의 목표로 여기지 않으셨다. 그저 일상적인 활동을 통해 건강을 유지하려고 하셨을 뿐이다. 산책도 즐거워서 다니셨을 뿐이지 체력단련으로 한 건 아니었다. 그렇다고 이분들이 무지하셨다는 건 아니다. 그들은 활동적인 행동이 건강에 도움이 된다는 걸 잘 알고 계셨다. 이분들은 벤치프레스니 스피닝 수업이니 에어로빅 따위를 들어본 적도 없으셨다. 그렇다면 이건 우리도 꼭 그렇게는 안 해도 된다든 증거가 아닐까.

우리 어머니가 자라시던 시기에는 직장에 걸어서 가거나 자전거를 타고 가는 경우가 훨씬 흔했다. 이건 당연했다. 차를 가진 이들이 그만큼 드물었으니까. 그뿐인가. 집안일도 훨씬 더 오래 걸렸다. 세탁기나 진공청소기, 식기세척기 등도 없었으니 말이다. 또, 다림질이 필요 없는 옷감으로 된 옷들도 없었다. 이에 더해, 정원 가꾸기, 친구들과 축구하기 등등 덕분에 많은 이들이 건강히 지낼 수 있었다. 군대나 학교에 있었다면 '스타 점프^{star jump}(근육의 수축과 팽창을 반복하는 동작의 점프)'나 런지 자세를 하는 운동시간도 가졌을 수 있다. 물론 대부분의 사람들은 삶 속에서 그런 운동까지 하지는 않았겠지만.

오늘날에도 상황이 크게 다른 건 아니다. 하지만 우리 대부분은 오늘날 신체적 활동을 최소화할 기회가 너무 많다. 더 많은 이들이 운전을 하고, 더 많은 가전기기들이 삶을 훨씬 편하게 해준다. 게다가 거의 우체국 갈 일도 없다. 은행에 터덜거리며 갈 일도 없고, 심지어 가게도 안 가도 된다. 너무나 많은 것들을 온라인으로 할 수 있다.

그래서인지 우리는 전 세대보다 훨씬 많은 여가시간을 갖는다. 그러니까 헬스장을 갈 시간도 있고, 나가서 달리기를 할 시간도 있는 게 아니겠는가. 물론 너무 많은 시간을 컴퓨터 앞에 앉아 있다 보면 활동량은 급격히 줄어든다. 그럼에도 침대로 자러 가는 게 아닌 이상, 운동을 완전히 피할 수는 없다. 예를 들어, 식기세척기에서 접시를 꺼내는 일이나, 자녀를 차의 카시트에 앉히는 일, 계단을 오르내리는 일 등도 운동이기 때문이다. 이 정도만 해도 건강하게 삶을 유지할 수 있다. 그 운동량이 문제이긴 해도 말이다.

하지만 굳이 건강 유지를 위해 이런 일을 할 필요가 없을지도 모른다. 실제로 많은 이들이 이런 일들을 하지 않기도 한다. 그렇다면 당신은 다른 여러 선택지가 있다. 그중 하나는 빈둥거리며 체력단련을 하지 않는 것이다. 권할 만한 사항은 아니지만 이것도 선택지의 하나이긴 하다. 만약 이러기 싫다면 피트니스나 헬스, 달리기, 자전거 등을 택하면 된다. 즉, 의도적인 체력단련 시간을 따로 마련하는 것이다.

마지막 세 번째 선택은 마치 우리 어머니 세대 사람들처럼 사는 것이다. 일단 바쁘게 살며, 차가 있어도 가능한 한 걷거나 자전거를 탄다. 그리고 저녁식사 시간 이전에는 많이 앉아 있지 않도록 노력하는 것이다. 그렇다고 식기세척기를 팔아 없애고, 청소기를 사용하지 말라는 뜻은 아니다. 다만 여가시간을 채울 유용한 활동을 찾도록 노력하라. 그야말로 '활동적인' 활동 말이다. 한 예로, 아이들을 공원에 데려가 캐치볼을 같이 할 수 있다. 아이들이 노는 동안 벤치에 앉아 핸드폰을 보지 않도록 주의하길 바란다. 아니면, 정원을 가꾸거나 크리켓을 해보는 것이다. 심지어 옷을 만들거나 요리를 하는 것도 괜찮다. 산책도 좋다. 만약 산책이 더 즐겁기를 바란다면, 개를 한 마리 기르는 것도 권할 만하다. 물론 이런 활동들이 러닝머신을 한 시간 뛰는 것보다 칼로리를 더 많이 소모시키는 건 아니다. 하지만 이런 활동들로 몸을 부지런히 움직일 수 있고, 간식 먹는 것을 피할 수는 있지 않은가. 게다가, 이런 활동들은 생산적이고, 당신에게 긍정적 기분을 불어넣기까지 할 것이다.

저녁식사 시간 이전에는 많이 앉아 있지 않도록 노력하자.

'운동'은
불편한 단어가 아니다

29

어떤 이들은 이유 없이 운동을 끔찍이 싫어한다. 이 사실을 인정하지 않고 운동에 대한 원칙들을 나열하려니 마음이 편치 않다. 아무튼 이들은 운동을 싫어하고, 운동 후에 보람을 느끼지도 않는다. 또, 새로운 운동 습관을 들이려 해도 곧 흐지부지되고 만다. 동기가 부족하기 때문이다. 당신도 이런 사람일 수 있다. 하지만 이 장의 운동에 관한 원칙들은 당신을 위한 것이다. 여전히 당신은 건강을 유지하기 위해 스스로에게 맞는 원칙을 찾아야 한다. 사실, 이런 경우에는 어떤 운동법을 어떻게 하라고 권하는 건 비현실적이다. 왜냐면 성공하지 못할 게 빤하니까. 당신은 운동을 하고 싶어 할 뿐 어떻게 하는 건지조차 모르는 것이다. 물론 나는 그런 당신을 이해한다.

어떤 이들은 운동에 대해 평균보다 더 긍정적 혹은 부정적 태도를 지닌다. 이런 태도에는 유전적인 요인들뿐 아니라 환경적 요인들도 작용한다. 예를 들어, 비만인 사람들은 운동에 대해 부정적인 태도를 가질 확률이 높다. 반면, 자신이 삶을 컨트롤한다고 굳게 믿는 이들은 운동에 대해서도 긍정적인 태도를 지닐 확률이 높다.

만약 운동에 대한 당신의 생각이 대체로 부정적이라면 어떨까? 예를 들어, '운동은 너무 어렵고, 노력이 많이 들어'라거나 '운동에 시간이 너무 많이 들 뿐 아니라, 불편하고, 어쩐지 창피해'라고 생각하는 것이다. 그렇다면 아마 당신은 운동을 재미있고 사회적인, 스트레스를 푸는 수단으로 보는 사람들을 부러워할 것이다. 그럴 땐, 당신이 '재미있고, 사회적이며, 릴랙스한 행동'이라 여기는 걸 찾아서 운동 대신 하면 된다. 다만 이를 실행할 때 활동적이 되도록 노력하면 된다. '운동'이라는 말만 들어도 꺼려지면 이를 운동이라 생각하지 않으면 되는 것이다.

한 예로, 춤추기를 들 수 있다. 댄스 수업을 듣거나, 클럽 및 디스코텍에 가보라. 이건 운동이 아니라 재미있는 일이지 않은가. 아니면 운동이 필요한 개를 한 마리 기르는 것이다. 운동이 필요한 건 개지 당신이 아니지 않은가. 당신은 단지 개와 같이 있는 게 재미있어서 밖에 나가는 것이다. 산책이 필요한 건 당신이 아닌 개니까.

나의 경우, 이 책을 집필하면서 각 장의 끝을 신호 삼아 휴식을 취한다. 내가 좋아하는 음악을 틀어놓고 꼭 3분 동안만 춤을 춘다. 고른 곡이 아무리 길다 해도 말이다. 이러면 재미있을 뿐만 아니라 일의 진전이 실감나는 듯하다.

만약 당신의 불만이 전통적인 개념의 '운동'이 지루하다는 거라면 다른 활동적인 행동을 찾아 최대 3분까지만 해보라. 그런 행동의 시그널이 될 법한 것들은 많다. 예를 들어 TV 광고라든가, 주전자물이 끓기를 기다리는 시간이라든가, 이를 닦는 시간 등등. 물론 이런 시간들은 원래 지루하다. 그러니 약간의 활동을 더한다면 더 지루해지지는 않을 뿐더러 시간도 좀 더 빨리 갈 것이다. 만약 자신과의 경쟁을 즐긴다면 주전자물이 끓을 동안 몇 번이나 계단을 오르내릴 수 있는지 확인해보라. 혹은 점프를 해 천장에 몇 번 닿을 수 있는지를 세는 것이다. 만약 이것도 지루해지면 게임의 내용을 바꾸면 된다. 내 경우는, TV 광고 시간만 되면 일어나서 몸을 움직이려고 한다. 예를 들어, 식기세척기에서 그릇을 꺼낸다거나 세탁기에 옷을 집어넣는 것이다. 아니면 뭔가를 정리한다. 너무 TV를 많이 봐서 이런 집안일들을 다 해버리면 그다음엔 뭘 할까? 다음 광고 시간이 될 때까지 공을 떨어뜨리지 않고 있을 수 있는지 시험한다. 이처럼 지루한 2~3분간의 자투리 시간을 찾아내서 앉아서 하지 않는, 활동적인 일을 하도록 노력하라.

이런 모든 활동들을 하고 나서도 운동한다는 생각 없이 뭔가를 더 열심히 하고 싶다면, 평소에 걷기를 좀 더 빠르게 해보길 바란다.

이건 운동이 아니라 재미있는 일이지 않은가!

30

외모가
중요한 게 아니다

내가 반복적으로 깨달은 게 있다. 많은 이들이 운동을 하는 이유를 '살을 빼기 위해서' 혹은 '허벅지를 단단하게 만들려고', 또 '식스팩을 만들고 싶어서'라고 말한다는 사실이다. 이들 중 일부는 그 목표를 이루기도 한다. 그런데 문제는 따로 있다. 바로 성공한 이들조차 거기서 만족하지 못한다는 것이다. 체중 감량 목표치에 도달하면 오히려 살을 더 빼고 싶어 한다. 또, 다른 특정 부위의 살을 빼고 싶어 하거나 근육을 더 멋지게 키우고 싶어 하기도 한다. 혹은 셀룰라이트를 없애고 싶어 한다.

하지만 '외모 자신감'은 실제 외모가 어떻게 보이는가의 문제가 아니다. 바로 당신의 자신감이 얼마나 큰가에 달렸다. 게다가 지금 당신의 체격이나 체형이 맘에 들지 않는다면 운동으로 목표를 성취한 뒤에도 맘에 들지 않을 가능성이 높다. 물론, 그 목표를 성취하기까지의 운동 과정은 건강에 큰 도움이 된다. 그러니, 운동 자체를 문제 삼는 건 아니다. 다만 내 말은 단지 몇 킬로그램을 뺐다고 해서 외모에 대해 기적처럼 만족하지는 않을 거라는 점이다. 운동 시작 전부터 매우 만족하지 않은 이상 말이다. 글쎄, 감량 목표치에 다다르면 얼마 동안은 희열을 느끼긴 할 것이다. 하지만 머지않아 이런 의문들을 품는 것이다. '내 어깨가 이렇게 좁은지 몰랐는걸.' 혹은 '무릎은 왜 이렇게 튀어 나왔을까? 그리고 팔꿈치 살은 왜 또 이렇게 처진 거야?'

외모에 자신감이 없다면 외모가 아니라 자신감을 키워야 한다. 그래야 진정한 평화가 찾아올 테니까. 물론 그러기 쉽다는 건 아니다. 하지만 근본적인 원인을 찾아 고치는 것이 반복적인 증상만 치료하는 것보다는 낫지 않겠는가. 자신의 외모를 편안하게 받아들이면 그저 건강과 재미를 위해서 운동할 수 있다. 원하는 외모 변화가 생기든 안 생기든 상관없다.

앞서 살펴본 자신감에 대한 원칙들이 기억날 것이다. 만약 외모에 불만이 있다면 그 원칙들부터 다시 살펴보라. 남들과 비교하며 자신을 부정적으로 보지 말아야 한다. 예를 들어, 스스로의 외모에 대한 평가를 하거나, 타인의 운동량이 어떨 거라는 추측을 할 때 말이다. 사실, 당신은 타인의 사정을 잘 모른다. 남들이 헬스장 밖에서 뭘 하는지는 모르지 않는가. 마라톤을 할 수도 있지만 초콜릿을 쌓아놓고 먹는지도 모를 일이다. 그래도 굳이 남을 살피고 싶은가? 그렇다면 전형적으로 근사한 외모의 소유자가 아닌 멋지면서도 자신감 넘치는 사람 한두 명을 롤모델로 삼아라. 모델이 된 듯한 기분을 느끼려고 꼭 모델처럼 생길 필요가 없다는 메시지를 얻게 될 테니까. 또, 자기 내면의 대화를 잘 들어보기 바란다. 스스로에게 '난 정말 매력 있어'라고 말하는가, 아니면 자신의 외모를 흠잡기 바쁜가? 혹시 거울 앞에서 이렇게 생각하는 건 아닐까? '어휴, 내 머리꼴 좀 봐. 배는 왜 이렇게 나왔대. 거기다 팔꿈치 살이 늘어나기까지……' 혹은 반대로 이렇게 생각하고 있는가? '오늘 진짜 괜찮아 보이는 걸!' 그 차이점은 외모에만 달린 건 아니다. 바로 사고방식의 문제다. 그리고 사고가 당신의 기분에 큰 영향을 미치는 것이다.

나는 지금 당장 거울 앞에 서서 온갖 좋은 점들을 찾아낼 수 있다(적어도 내 생각에는 그렇다). 물론 단점들도 찾아낼 수 있다. 또, 가끔 장점과 단점을 몇 초 간격으로 찾아낼 때도 있다. 그러면 기분이 금세 달라지고, 내가 나를 보는 시선에도 큰 차이가 생긴다. 실제로 거울 속의 내 모습은 전혀 변한 게 없는데도 말이다. 한번 시도해보라. 내면의 대화가 얼마나 당신의 자신감에 중요한지를 깨닫게 될 테니까.

> 66
> 외모 자신감은 실제 외모가 어떻게 보이는가의 문제가 아니다.
> 바로 당신의 자신감이 얼마나 큰가에 달렸다.
> 99

습관이란
좋은 것이다

31

새로운 무언가를 시도하려면 노력이 필요하다. 그런데 때로는 그 '노력'과 '변화' 앞에서 조금 두려운 마음이 들 수 있다. 당신이 활동적이 되고자 할 때 이런 마음은 걸림돌이 된다. 예를 들어, 동네 배드민턴 모임에 들어가는 건 무척 좋은 일이다. 그런데 이런 걱정들이 앞설지 모른다. '사람들과 잘 어울릴 수 있을까?' '나보다 실력이 훨씬 좋으면 어쩌지?', 혹은 '내가 정말 감당할 수 있을까?' '흠…… 이번 주는 무척 바빴지. 그럼 아예 다음 주에 시작하면 어떨까?' 그러다 보면 쭉 그 상태로 몇 달을 그냥 보낼 수 있다. 그동안 필요 없다는 이유로 다른 운동은 아예 손도 대지 않은 채 말이다. 어차피 앞으로 언젠가 정기적으로 배드민턴을 칠 예정이 아닌가.

이와 달리, 당신은 항상 새로운 걸 시작하고 변화를 즐기는 사람인지도 모른다. 만약 그렇다면 이번 원칙보다는 다음 몇몇 원칙들이 더 도움이 될 것이다. 그러나 우리 중 상당수가 무의식적으로 새로운 일의 시작을 밀어내는 경향이 있다. 또, 뭔가를 미루고 변화를 회피하는 핑계를 스스로에게 대기도 한다.

당신이 현재 낮에는 계속 책상에 앉아 있다가 저녁 내내 소파에 눌러앉는 생활을 하고 있다고 해보자. 게다가 운동은 전혀 하지 않는다. 그렇다면 이제는 변화를 주는 게 현명하다. 큰 변화를 주는 게 두렵다면, 이제는 두려움에 맞서 싸울 게 아니라 이를 인정할 때다.

습관은 우리의 친구다. 더 빨리 운동을 당신의 일과에 집어넣을수록 더 바람직하다. 그러니 조금의 변화만 요하는 쉬운 일들을 찾기 바란다. 이런 일들은 금방 습관으로 굳을 수 있다. 어떤 일이 습관이 되면 자신이 그 일을 하고 있다는 의식조차 없어져버린다. 그야말로 매일의 일상에 젖어들게 되는 것이다.

그럼 꽤나 쉽게 습관화할 수 있는 운동들을 살펴보기로 하자. 우선 에스컬레이터를 탈 때 가만히 있지 말고 걸어서 오르내리는 게 있다. 또, 가게나 지하철역 등과 멀리 떨어져서 주차하는 것도 한 방법이다. 친구와 만날 때는 커피숍 대신 가벼운 산책을 해보라. 내 경우, 외출 준비를 하고 차를 타러 나오는 아이들을 기다리느라 복도에서 보낸 시간만 따져도 족히 몇 달은 될 것이다. 바로 이런 자투리 시간이 '손으로 발바닥을 몇 번 터치할 수 있는지', '혹은 몇 곡까지 맞춰서 춤을 출 수 있는지'를 시험해볼 기회이지 않은가.

이런 쉬운 습관부터 들이고 나면 이제는 다른 습관으로 옮겨갈 차례다. 달리기, 헬스장 가기, 혹은 배드민턴 모임에 가입하기 등등. 하지만 이런 행동들도 습관으로 만들어야 오래가는 것임을 명심하라. 만약 당신이 주로 바쁜 시간대에 배드민턴 경기에 참석하려면 너무 많은 노력이 든다. 게다가 몇 주마다 한두 번 참석하는 것은 습관으로 굳어지기 힘들다. 그러니 배드민턴을 좋아하는 아주 강한 동기가 있지 않은 이상, 차라리 오래 자주 할 쉬운 운동을 택하는 게 낫다. 또, 매일 퇴근 후 15분 동안 헬스장에서 운동하는 것이 일주일에 한 번 한 시간 운동하는 것보다 훨씬 낫다.

'새로운 습관에 완전히 익숙해지기까지 얼마나 시간이 걸리는가'에 대한 연구가 지금까지 많이 있었다. 하지만 그것들은 대부분 조금 모호했다. 왜냐하면 각각의 습관에 따라 달랐기 때문이다. 당연하겠지만, 오래 걸리고 불편한 일을 하도록 스스로를 훈련시키는 데는 시간이 더 오래 걸린다. 빠르게 할 수 있는 단순한 일, 하고 있는지도 까먹을 정도의 일에 비하면 말이다. 또한, 매일의 습관은 일주일에 한 번 하는 행동에 비해 조절하기도 훨씬 쉽다. 일반적으로 볼 때, 새로 들인 습관이 자연스럽게 느껴지려면 약 한 달이 걸린다고 한다. 그리고 두세 달 뒤면 아예 일상으로 젖어들게 되는 것이다.

> 66
> 조금의 변화만 요하는 쉬운 일들을 찾기 바란다.
> 이런 일들은 금방 습관으로 굳을 수 있다.
> 99

32

운동의 주체는
바로 나다

어떤 이들은 습관에 관한 한 선천적인 이유 때문에 특히 주의해야 한다. 즉, 약간 강박적이거나 경쟁적인 성격을 가지고 있다면 한번 굳어버린 습관을 깨트리기가 꽤나 힘들 수 있다는 것이다. 감자를 삶는 동안 그 자리에서 달리기를 하는 가벼운 습관 정도라면 괜찮다. 하지만 습관이 우리의 삶을 지배하게 내버려두면 안 된다. 스스로 자신의 삶을 주도해야 한다.

나는 약간 특이한 상황에 처한 한 사람을 안다. 그는 만보기로 자신이 하루에 얼마나 걷는지를 알면 건강에 도움이 될 거라고 생각했다. 하지만 그는 그리 건강한 편은 아니어서 하루에 3천 보를 목표로 삼고 걷기를 시작했다. 얼마 지나지 않아 그는 목표를 5천 보로 올렸고, 그다음엔 1만 보를 걷기 시작했다. 하루에 만 보 걷기란 정말 훌륭한 운동이었다. 그런데 만약 하루에 만 보를 '꼭 걸어야만' 한다면 어떨까? 이 목표가 당신을 지배할지도 모른다. 그건 별로 좋은 느낌이 아닐 것이다. 하지만 이 친구는 그의 남은 삶을 '하루에 만 보 걷기' 위주로 꾸리기로 결심했다. 기록을 깨고 싶지 않았던 것이다. 글쎄, 그렇게 해서 그는 확실히 좀 더 건강해졌지만, 동시에 덜 행복해졌을 것이다. 이 기록을 지키느라 삶의 다른 모든 일들이 방해를 받았기 때문이다.

한 가지 질문을 해보겠다. 갑자기 일이 생겨서 당신은 지금 늦게까지 꼼짝없이 회사 책상에 붙어 있다. 퇴근을 하고 집에 오니 저녁 아홉 시 반이다. 당신은 녹초가 됐지만 웬걸, 아직 2천 보밖에 걷지 않은 것이다. 이때, 객관적인 관찰자라면 "오늘은 특별한 날이었으니까 이번 한 번 만은 쉬는 게 어때요? 괜히 밖에 나가서 동네를 여섯 바퀴나 돌 필요는 없잖아요"라고 말할 것이다. 그리고 이 관찰자의 말이 옳은 듯하다.

이때, 당신이라면 어떻게 하겠는가? 이 예는 운동에 있어 누가 주도권을 갖는지를 깨달을 좋은 예이다. 당신인가, 아니면 만보기인가? 이성적으로 보면, 하루 정도 2천 보로 마무리한다고 당신의 건강이 어떤 뚜렷한 영향을 받는 것은 아니다. 이럴 때, 당신은 이성적으로 굴 수 있겠는가? 즉, 가끔 상황에 따라 습관을 깨트릴 수 있는가? 그 습관이 만보 걷기든, 매주 화요일에 헬스장을 가는 것이든, 축구 연습을 빼먹지 않는 것이든 간에 말이다. 만약에 절대 그러지 못하겠다면, 당신이 운동의 주도권을 가진 게 아니다. 대개 당신과 만보기(혹은 다른 무엇이든)는 사이가 좋지만, 의견 불일치가 발생하면 당신이 주도권을 가져야 하는 것이다. 걷기 트레이너인 만보기에게 누가 주인인지 가르쳐야 하지 않겠는가.

이렇게 습관과의 주도권 싸움에 자주 빠지는 이들이 있다. 사실, 우리도 그런 상황에 많이 처한다. 이럴 때는 더 깊은 함정에 빠지지 않도록 스스로 멈출 줄 알아야 한다. 혹은 몇 주마다 한 번씩 일부러 기록을 깨트리는 규칙을 세우는 것도 좋다. 너무 습관에 얽매이지 않도록 말이다. 또한, 계속 자신과 싸워나가면서 기록을 늘리는 종류의 운동에 대해서도 경계를 해야 한다. 예를 들면 좀 더 많은 걸음, 좀 더 무거운 역기, 좀 더 긴 운동시간 등을 요하는 운동이다. 새로운 운동을 시작할 때 가볍게 시작해서 점점 강도를 늘리는 건 괜찮다. 하지만 아예 특정 레벨을 정해서 그 레벨에 도달하면 더이상 기록을 늘리지 마라. 그 후에는 그저 운동의 흐름에 몸을 맡기는 것이다. 또한, 특정 목표 달성까지 너무 구체적인 시간 프레임을 들이대지 말아야 한다. 스스로 정한 운동 체계의 노예가 되는 건 비참한 일이 아닌가.

그렇게 하다가 반대쪽 극단으로 빠질 수 있지 않느냐고 물을지 모르겠다. 사실 그렇다. 너무 많이 스스로를 봐주다가 아예 거의 운동을 안 하게 될 수 있다. 하지만 그런 경우, 나는 당사자가 처음부터 이 운동을 별로 안 좋아했다는 증거로 보겠다. 따라서 운동을 피할 핑계를 찾지 않아도 되는, 즐거운 운동으로 대체해야 할 것이다.

> ❝
> 누가 운동의 주도권을 갖는가?
> 당신인가, 아니면 만보기인가?
> ❞

운동량을 제한하라

33

어떤 것이 당신에게 좋다고 해서 그걸 더 많이 하는 게 반드시 좋은 건 아니다. 이를테면 운동은 매일 하는 게 좋다. 하지만 운동을 더 많이 한다고 꼭 더 나은 건 아니다. 음식도 우리에게 좋지만, 너무 많은 양의 음식은 온갖 부작용만 일으킬 뿐이다. 운동이라고 다르겠는가.

나는 의사가 아니니 정확히 어느 정도가 과도한 운동량인지를 정확히 짚어내지는 않겠다. 이 문제는 너무 다양한 요소에 영향을 받기 때문이다. 그렇더라도 대략 하루에 두어 시간 정도의 집중 운동 이상은 오히려 비능률적이라고 말할 수 있다. 우리 대부분은 이보다 더 적은 운동량만 필요로 한다. 물론 몇 살인지, 어떤 종류의 운동을 하는지가 당신에게 적합한 운동량에 영향을 미친다. 또, 앞으로 어떤 일을 하면서 삶을 보낼 것인지도 상관이 있다. 즉, 책상에서 업무를 보는지, 벌

목꾼인지, 운동선수인지, 어린아이들의 뒤를 하루 종일 쫓는 일인지 등 등. 또, 여가시간에는 무엇을 하며 보내는지도 관련이 있다.

우리 중 상당수가 운동에 '꽂히기' 매우 쉽다. 심지어 법정에서는 운동을 '중독'이나 '정신장애'로도 구분할 수 있는지에 대해 논의 중이다. 이를 어떻게 정의하든 과도한 운동이 바람직한 상태는 아니다. 또, 당신을 행복하게 만들지도 못한다. 이런 상태는 불안감, 피로, 감정기복, 부상, 리비도libido(성본능) 감퇴 등 당신이 피하고 싶은 여러 증상들이 수반되기 때문이다.

사람들이 과도한 운동에 몰입하는 데는 여러 가지 이유가 있을 수 있다. 종종 여러 이유가 한 번에 적용되기도 한다. 섭식장애와 연관이 있기도 하고, 어쩌면 운동 트레이너가 당신에게 운동에 대한 압박을 느끼게 해서인지도 모른다. 혹은 운동을 할 때 분출되는 엔도르핀 때문에, 더 많은 운동을 해서 엔도르핀으로 보상받으려는 것일 수도 있다. 아니면, 주변 사람들이 모두 운동을 너무 열심히 해서, 뒤처지지 않으려고 운동에 몰입하는 것일지도.

그 이유야 어쨌든, 과도한 운동은 운동을 적게 하는 것만큼이나 건강에 해롭다. 과도한 운동에 따라오는 스트레스, 불안감, 우울감, 감정기복 등 때문에 더욱 그렇다. 그러니, 운동을 할 때 너무 과도한 수준으로 흘러서 건강을 해치지 않도록 몇 가지 기본 규칙들을 세워야 한다. 스스로 맞춤형 규칙들을 만들어도 좋겠지만, 일단 나는 다음과 같은 예를 들겠다.

· 몸이 아프다고 느끼면 운동을 하지 마라.

· 스트레스를 많이 받거나 불안할 때는 운동을 하지 마라(가벼운 스트레스 상황에서는 운동이 도움이 되지만).

· 하루에 최대 두 시간 이상은 운동하지 않는 게 좋다.

· 운동을 마치고 다음 운동을 시작하는 시간 간격이 최소 여섯 시간은 되어야 한다.

· 매주 하루 정도는 운동을 쉬어라

· 전날 여섯 시간 미만의 수면을 취했다면 운동을 하지 마라

위의 맨 마지막 항목인 수면에 대한 것은 개인차가 있다. 자신이 건강한 수면습관을 어떻게 정의하는지에 달렸다. 과도한 운동의 부작용 중 하나가 수면 패턴을 어그러뜨릴 수 있다는 것이다. 전날 수면의 질이 별로일 때 항상 휴식을 취하는 편이라면 그런 부작용을 막을 수 있다.

> 과도한 운동은
> 마치 운동을 적게 하는 것만큼이나 건강에 해롭다.

The Rules of
LIVING
WELL

5장. 릴랙스

즐거운 인생을 위해서는 삶에 반드시 '릴랙스'를 위한 공간을 마련해 두어야 한다. 이 바쁜 세상에서는 릴랙스가 좀처럼 만나기 힘든 상품처럼 느껴지는 시간들이 많다. 그래서 더욱 릴랙스하는 시간을 최대로 활용하는 게 중요하다.

릴랙스는 우리의 일상에서 다가올 한바탕의 문제들에 맞설 힘을 재충전하는 일이다. 예를 들어, 직장 업무, 고지서, 통근, 자녀 문제, 쇼핑, 학교, 부모 돌봄, 사회관계, 운동 등등. 릴랙스를 잘하면 오히려 이런 일들을 즐길 수도 있다(아, 물론 고지서는 아니겠지만). 또, 일을 보는 동안 불안하고 초조하며 불행한 대신에 당신이 원하던 에너지를 발산할 수 있게 해준다.

따라서 당신의 삶이 얼마나 바쁜지에 상관없이 반드시 릴랙스할 방법을 찾아야 한다. 그래야 행복을 유지할 수 있다. 또, 당신의 남은 삶도 좀 더 꾸려나가기 쉽고 즐거워질 것이다. 게다가 릴랙스하면 주변 사람들도 당신에 대한 걱정을 하지 않아도 된다. 스트레스 받는 당신을 목격하거나, 당신을 대하기 어려운 사람으로 여길 일이 없으니까. 따라서 그들의 삶도 좀 더 즐거워진다. 사실, 전혀 릴랙스하지 않는 이들은 재미가 없다. 그러니 당신이 평범한 일상 속에 릴랙스를 하는 건 주위 사람들에게도 도움이 되는 일이다.

나만의 공간을
찾아라

34

내 아들이 세상에서 제일 좋아하는 장소이자 가장 행복한 장소라 여기는 곳은 바로 아이슬란드의 스코가포스Skógafoss 폭포 바로 앞이다. 그것도 폭포에 최대한 근접한 장소이다. 여길 가본 사람이라면 아마 이곳이 지구에서 가장 아름다운 장소 중 하나라는 걸 알 것이다. 내 아들이 이곳을 특히 더 좋아하는 이유는 또 있다. 폭포에 가까이 다가서면 몸의 온갖 감각에 도전이 되기 때문이다. 일단 소음이 두 귀를 가득 채우고, 폭포의 형태가 시야 전체를 뒤덮는다. 또, 폭포의 물은 살갗에 온통 튀겨대는데, 이 때문에 결국 모두가 그 자리에서 밀려나게 된다. 상황이 이러니 스트레스나 걱정이나 분노를 느낄 틈이 없다. 결과적으로는 정말 완벽하게 릴랙스할 수 있는 장소인 셈이다. 그저 이곳이 너무 먼 곳이라서 안타까울 뿐이다. 아들은 이 폭포에 단 두 번밖에 가보지 못했다. 물론 집에서 더 가까운 다른 폭포들도 있긴 하지만.

이와 비슷하게, 나는 정원 가꾸기를 하며 모든 감각이 철저하게 몰입되는 경험을 했다는 몇몇 사람들을 안다. 정원 가꾸는 데 온통 마음이 가 있는 동안, 이들은 정신적인 릴랙스를 한다. 또, 어떤 이들은 좋은 책 읽기, 수영, 그림 그리기, 요가, 아이들과 놀기 등을 하며 이런 경험을 맛본다. 매일의 수고로움에서 당신을 벗어나게 해줄, 좋아하는 일이나 가고 싶은 곳이 있는가? 그렇다면 이미 릴랙스하기에 좋은 조건을 지닌 셈이다.

만약 그런 일이나 장소가 없다면 새로 찾아보는 게 좋다. 아이슬란드는 별로 이상적이지 못하다. 왜냐하면 당신이 정한 장소에 쉽게 갈 수 있어야 하기 때문이다. 원할 때마다 일상적으로. 주로 하루의 끝에서 우리는 몸과 마음을 편하게 할 여유를 얻지 않는가. 그러니, 이런 상황에 적절한 장소를 찾아서 마음에 새겨두기를 바란다. 그리고 필요할 때마다 이용하면 된다. '오늘 정말 힘든 하루였어. 그곳에 가서 내 기차 모형 세트나 만지작거릴까봐' 하는 식으로.

아이슬란드에 재빨리 다녀올 시간적 여유가 없을 때를 대비해, 평소 '행복의 장소'를 몇 군데 마련해두는 건 가치 있는 일이다. 어쩌면 당신은 주말에 갈 훌륭한 야외 장소를 알고 있을지 모른다. 하지만 만약 화요일에 릴랙스할 여유가 생긴다면? 또, 달리기 하러 나가는 것도 정말 좋은 릴랙스 방법이지만, 혼자 자녀들을 돌보는 상황이라면 이것도 만만치 않다.

이처럼, 우리는 하루 24시간 내내 '릴랙스'할 선택권을 가진 건 아니다. 힘든 업무 미팅 중간에 벌떡 일어서서 "지금 낚시하러 갈 건데, 좀 있다가 돌아올게요"라고 할 수는 없지 않는가. 하지만 하루의 일과 끝에 릴랙스를 돕는 무언가를 마련하는 건 좋은 일이다. 업무 미팅 중간에 상상해볼 그런 대상 말이다. 예를 들어, '집에 가면 욕조에 아주 몸을 푹 담가야지'와 같은 정도면 주말의 낚시여행 때까지 당신을 버티게 해줄 것이다.

물론 즉흥적인 행동들도 충분히 할 수 있다. 그러나 릴랙스하고 싶을 때를 인식하고, 실제로 가능한 특정 행동(그리고 대체용 시나리오들도)을 마음에 담아두면, 이를 긴장의 순간에 스트레스 해소 수단으로 이용할 수 있다. 그리고 하루의 끝에 시간적 여유가 생기자마자 릴랙스 모드로 들어가는 것이다.

> 66
> 당신이 정한 릴랙스를 위한 장소에 쉽게 갈 수 있어야 한다.
> 원할 때마다 일상적으로.
> 99

35

빠르게 릴랙스하라

 2주간의 휴가는 릴랙스를 위한 정말 좋은 기회이다. 그런 기회가 다시 돌아오기까지 몇 달이나 걸릴지 모른다. 그런데 정작 휴가를 맞으면 스트레스가 너무 쌓인 나머지 2주라는 긴 시간이 효과가 있을까 말까다. 스트레스는 쉽게 축적된다. 그리고 스트레스 상황에 대처하는 방법은 내부의 압력을 계속 분출해버리는 것뿐이다. 스트레스를 적은 양만 풀더라도 이를 자주 반복하면 아주 큰 차이가 생긴다. 또, 아주 짧은 시간 내에 릴랙스하는 전략을 가진 이들은 전반적인 스트레스 레벨을 잘 컨트롤할 수 있다.

 예를 들어, 직장에서 화장실에 가는 5분간의 휴식 시간 동안에도 스트레스를 풀 무언가가 필요하다. 또 자녀들이 소리를 지르고 있는 상황에서 조용한 곳으로 갈 수 없을 때도 마찬가지다. 사실, 마음을 차분히 가라앉힐 수 있는 기술을 서너 개 정도 익히는 게 좋다. 그중 하나라도 효과가 있을 확률이 높기 때문이다.

말 그대로 '일부터 열까지 세기'도 아무것도 안 하는 것 보다는 낫다. '일부터 백까지 세기'는 더욱 효과가 있다. 숫자 세기는 딱히 다른 집중 대상이 없을 때, 딱 적당한 정도의 집중력만 요하기 때문이다. 숫자 세기에 능숙해졌다면, 이제는 숫자를 세 개씩 묶어서 거꾸로 세어보라. 한편, 단순한 숨쉬기 운동도 하나의 릴랙스 방법이다. 코로 숨을 들이마시고 입으로 내보내는 것을 세 번 반복하라. 여기에 당신에게 맞는 사항을 첨가해서 변형으로 시행해도 된다. 또한 열두 번 정도 어깨를 풀어주거나, 시간이 있다면 약 5분간 간단한 스도쿠^{sudoku} 게임을 하는 것도 좋다(이것도 다른 생각을 전혀 못하게 하니까). 또, 요가의 스트레치 동작을 해도 좋고, 유튜브에서 고양이 동영상을 시청해도 좋다. 아니면 눈을 감고 아이슬란드의 폭포를 눈에 그려보는 것도 괜찮다(당신을 행복하게 할 어떤 장소도 환영이다).

하지만 다음과 같은 수단들은 포함시키면 안 된다. 담배, 술, 초콜릿, 카페인 등등. 자신만의 릴랙스를 해야지, 이런 물질들이 자동으로 당신을 릴랙스하게 해줄 거라고 생각하면 안 된다. 이런 물질에 기대면 기껏해야 '나는 아무것도 문제없어'라는 착각을 하게 될 뿐이다. 게다가 심해지면 힘든 시간 동안 의존의 길로 빠지게 된다. 물론 위에 언급한 물질들을 절대 섭취하지 말라는 건 아니다. 다만, 스트레스 해소용으로 이용하지 말라는 것이다.

때로 스트레스의 근원이 직장 동료이거나 당신을 힘들게 하는 가족

구성원일 수도 있다. 그럴 때엔 배우자나 가장 친한 친구에게 문자로 최근에 있었던 사건에 대한 넋두리를 해보라. 아니면 핸드폰 앱을 이용해 그 사건에 대해 써보는 것이다. 그러면 그 사건 자체가 하나의 일화로 정리될 수 있고, 당신이 느꼈던 좌절을 극복하는 데도 도움이 된다. 문제의 그 사람이 같이 있던 장소에서 나간 후에 얼굴을 찡그려보라. 그런 사소한 일조차도 당신의 기분을 낮게 만들 것이다. 물론 이 행동은 유치하긴 하다. 그래도 여전히 도움이 된다(다른 사람들이 있을 때는 하지 않길 바란다. 내가 얼마나 유치한지 남들에게 광고하고 싶지는 않을 테니까).

아무튼 이런 짧은 순간의 릴랙스는 당신이 오직 5분 정도의 시간밖에 없을 때 유용하다. 그 결과, 세상에 아무 고민 없는 듯 완전히 행복해지지는 않을 것이다. 이런 짧은 릴랙스의 목표는 스트레스 레벨을 낮추는 것이지 스트레스를 완전히 제거하는 것은 아니니까. 당신이 타고난 릴랙스의 귀재가 아니고서야 말이다. 스트레스를 제거하기 알맞은 때는 따로 있다. 예를 들어 일과 후 집에 가서, 혹은 자녀들이 잠자리에 들고 난 후, 또 큰 시험이나 프로젝트나 전시회가 끝난 후 등이다.

> **"**
> 짧은 순간의 릴랙스는
> 당신이 오직 5분 정도의 시간밖에 없을 때 유용하다.
> **"**

릴랙스하도록
마음을 훈련시켜라

36

인간의 마음이란 신기한 것이다. 신경경로는 많이 사용하고 강화시킬수록 더 강해진다. 음식을 보거나 냄새를 맡으면 침을 흘리는 것처럼, 우리의 마음도 특정 대상들에 반응해서 릴랙스되도록 훈련시킬 수 있는 것이다.

눈을 감고 깊게 숨을 들이마셔서 릴랙스하면 어떤 일이 벌어질까?? 또, 카드게임을 하거나 5분간 산책하면서 릴랙스한다면? 우리의 마음은 그런 행동의 신호를 받을 때마다 릴랙스할 것이다. 마음이 그런 행동들과 릴랙스를 연관 짓도록 훈련시키면, 마음은 그런 신호를 받자 마자 단번에 알아차리고 우리가 그런 행동을 시작하자마자 재빨리 릴랙스 모드로 들어가는 것이다.

생각해보면, 애초에 스트레스를 많이 받지 않은 상태에서는 그런 행동들에 반응하여 마음이 릴랙스하기가 훨씬 수월하다. 물론 애초에 스트레스를 안 받은 상태에서 스트레스를 줄인다는 전략은 좀 의심스럽다. 하지만 생각해보라. 만약 마라톤을 위해 당신의 몸을 단련하는 중이라면 일단 몇 킬로미터 정도 뛰어본 뒤에 목표치를 높이지 않겠는가. 마음이 릴랙스하도록 훈련할 때도 같은 식이다. 우선 릴랙스하기 쉬운 상태에서부터 시작하는 것이다. 그러면 정말로 스트레스 상황에 처했을 때도 마음에서 동일한 특정 행동들과 릴랙스를 연관 지을 수 있는 것이다.

그러니 지금 당장 스트레스 상태가 아니라고 해서 이번 원칙을 그냥 넘겨버리지 말기 바란다. 사실 지금 스트레스가 없다면 가장 좋은 타이밍이다. 지금이야말로 이런 기술을 익혀서, 정말로 그 기술이 필요한 상황이 올 때 활용할 수 있을 테니까. 게다가 스트레스를 받는 건 시간문제다. 안타깝게도 우리 모두 삶에서 스트레스 받는 일을 겪기 마련이다. 가끔은 그 일이 장기간으로 연장되기도 한다. 스트레스의 원인은 여러 가지다. 가족 중 한 명이 심각하게 아플 수도 있고, 직장의 자리가 불안할 수도 있다. 또, 연인과의 관계가 어그러지기도 하고, 대출금 상환이 힘들어질 수도 있다. 나의 불안과 두려움을 컨트롤할 모든 수단들이 소중해지는 그런 때가 오는 것이다. 몇 주, 심지어 몇 달 동안.

그런 어려운 시간이 왔을 때, 가능한 한 많은 시간을 릴랙스에 쓸 수 있다면 정말 좋을 것이다. 휴가나 야외 캠핑, 친구들과의 즐거운 저녁, 헬스장에서의 시간 등등. 모두가 그 역할을 한다. 하지만 하루 동안의 여러 짧은 릴랙스들은 계속해서 당신의 스트레스를 잘게 조각내어 컨트롤 가능한 정도의 레벨로 만들 것이다. 그래서 좀 더 본격적인 릴랙스 시간 전에 당신이 일상을 버티게 돕는 것이다. 물론 마음이 훈련이 돼 있을 때만 빠른 릴랙스가 가능하다. 당신이 마음먹은 순간, 바로 릴랙스 모드로 들어가는 것이다.

어떤 일을 하기 앞서 빠르게 릴랙스할 필요가 있을 때도 이런 방법이 효과가 있다. 예를 들어, 당신이 정기적으로 특정 스포츠 경기를 하는데, 경기 직전에 불안감이 든다고 생각해보라. 혹은 프레젠테이션을 앞두고 무척 떨려서 시작 전에 마음을 가다듬을 빠른 비법을 원한다고 해보자. 이런 순간들에는 릴랙스 모드로 들어가기 위해 몇 분이나 쓸 여유가 없다. 그러니, 마음이 신호를 받자 마자 자동으로 릴랙스 모드로 들어가기를 원하지 않겠는가.

66

하루 동안의 여러 짧은 릴랙스들은
계속해서 스트레스를 잘게 조각내어
컨트롤 가능한 정도의 레벨로 만들어준다.

99

37

휴식시간을
계획하라

내가 열여덟 살 때 친한 친구 둘이 있었다. 이 친구들은 고등학교를 졸업하고 대학에 진학하기 전까지 한 해를 쉬기로 결심했다. 그러고는 여덟 달 동안 일을 하고 나머지 넉 달은 기차를 타고 유럽여행을 하기로 했다. 그들은 유럽의 모든 나라를 가보기로 야심찬 계획을 짰다. 그리고 몇 달간이나 최선의 여행길을 찾기 위해 조사도 했다. 또, 어디서 잘지, 어디를 꼭 구경할지도 탐색했다. 그렇게 매주 몇 시간씩 대망의 여행 계획을 짠 것이다. 주위 사람들에게 얼마나 멋진 여행이 될지를 자랑하는 일도 잊지 않았다. 그러다 별안간, 여행 시작 한 달 전에 이들은 모든 계획을 취소해버렸다. 주변의 모두가 도대체 왜인지 이유를 물었다. 그랬더니 그들은 계획을 짜는 데 너무나 즐거운 시간을 보낸 까닭에 실제 여행이 기대에 못 미칠 게 뻔해서 취소해버렸다는 것이었다.

인생에서 정말 힘든 시기를 보냈을 무렵, 나는 1년에 두 번 정도 주말에 혼자 1박 여행을 가서 휴식을 취했다. 그런데 문제는 24시간 만에 집에 돌아오면 여행에서 느꼈던 릴랙스한 느낌이 전부 사라져버렸다는 것이다. 그러면 나는 '애초에 왜 여행에 신경썼담?' 하고 의아해했다. 결국 그 후 몇 번의 주말여행 계획이 막바지에 무산되자, 나는 여행을 완전히 포기해버렸다. 그런데 아이러니하게도, 그제야 나는 주말 1박 여행의 소중함을 다시 깨닫기 시작했다. 하지만 내가 처음에 느꼈던 식은 아니었다. 그 소중함이라는 건 온전히 여행 전의 시간에 해당하는 것이었으니까. 물론, 여행의 릴랙스한 기분이 금방 사라져버리는 건 사실이었다. 하지만 나는 주말을 기다리는 동안 얻은 큰 즐거움을 간과하고 있었던 것이다.

휴가가 다가온다는 사실만으로도 우리는 릴랙스할 수 있다. 이미 다 겪어본 일이니 잘 알고 있을 것이다. '휴가를 기다리는 것'의 중요성을 과소평가해서는 안 된다. 휴가를 기다리는 시간을 감사히 여기고, 만끽하며, 즐겨야 한다. 이렇게 휴가를 기대하면, 릴랙스 효과가 한층 커질 수 있다. 게다가 혹시 모를 실망감에도 더 잘 대비할 수 있다. 휴가를 간절히 원할수록 실제 휴가가 기대에 못 미치면 실망하기가 쉽다. 그런데 기대 자체를 즐기면, 휴가에서 어떤 일이 생기더라도 만족감을 느끼기가 훨씬 쉽다. 해변에서 릴랙스하거나, 장작불 앞에서 몸을 웅크리고 있는 노곤한 느낌을 상상해보라. 산 중턱에서 하늘을 올려다보는 느낌도. 이 모든 게 실현될 때가 오고 있다면 기대가 두 배가 되지 않겠는가. 그러니 그 기대감을 전부 만끽해보라. 실제 휴가에서 어떤 문제가 생기더라도 이런 즐거움을 앗아가지는 못할 것이다.

어떤 이들은 여행을 떠나기 전에 하나씩 모든 걸 다 점검한다. 또, 여행지에 가서 할 모든 일들에 대해 조사도 빼놓지 않는다. 반면, 어떤 이들은 뜻밖의 즐거움을 위해 모든 걸 우연과 자발성에 맡긴다. '과도하게 준비하는' 사람이 아니더라도 기대감을 못 느끼라는 법은 없다. 그저 다른 방식으로 기대감을 즐기면 된다. 예를 들면, 여행 계획서를 짜는 대신 최대한 여행지에 대해 시각화를 해보는 것이다. 여행지에 대해 상상하는 것은 관광 코스를 짜는 것만큼이나 즐거운 일이니까. 그러니, 여행에 많은 돈을 들이는 만큼 즐거움을 만끽하지 않을 이유가 없다. 심지어 여행 직전에 여행이 취소되는 일이 생기더라도.

66

휴가를 기다리는 시간을
감사히 여기고, 만끽하며, 즐겨라.

99

릴랙스도
노력이 필요하다

38

어떤 이들은 '휴가 중에도 릴랙스하지 말 것'이라는 원칙을 고수하는 듯하다. 당신이 그런 부류의 사람이라 가정해보자. 당신은 해변에서 휴식을 취하거나 식구들과 외식을 하러 나가서도 줄곧 이메일을 체크한다. 이럴 거면 휴가 후 릴랙스한 기분이 안 들어도 누구도 탓하면 안된다. 하지만 가족들은 정확히 그게 누구 탓인지 잘 안다. 가족들도 이미 당신 때문에 휴가를 망쳤으니까. 왜 그런 민폐를 끼치는가?

나홀로 여행이라면 그런 행동은 선택의 문제일 것이다. 하지만 당신에게 해줄 말이 있다. 스스로에게 휴가를 즐기고 릴랙스하기를 허락지 않으면 완전히 돈만 낭비하는 거라고 말이다. 타인과 함께라면 그런 이기적인 행동은 용납되지 않는다. 그나마 당신이 댈 유일한 핑계라면 "가족이나 친구들이 나 때문에 그렇게 시무룩할지를 몰랐지" 정도다.

이제는 내가 이렇게 설명한 이상 더이상은 핑계를 대지 말기 바란다.

휴가지에서조차 '내가 없으면 좀처럼 직장이 돌아가질 않아'라고 생각하는 이들 중 정말로 그런 사람들은 극소수다. 그러니 그렇게 행동할 필요가 있을까? "하지만 상사가 그렇게 하기를 기대하는 걸"이라고도 말하지 않기 바란다. 만약 정말 상사가 그런다면 그건 당신이 상사를 그런 식으로 길들여서다. 근로계약서에 '24시간 통화 대기가 가능한 곳에만 휴가를 갈 것'이라는 조항이 있고, 당신이 그 조항을 받아들였다면 모를까. 대부분은 휴가 중에는 직장의 레이더망을 벗어나도 되는 것이다. 만약에 정말로 직장에서 뭐라고 탓하면 등산 혹은 스쿠버 다이빙을 갔었노라고 말하면 되지 않겠는가. 심지어 "잠수함을 타러 갔어요"라고 한들 뭐라 하겠는가. 직장에 큰 위기가 닥쳐서 상사가 당신과 짧게 통화를 원한다고 치자. 하지만 그런 일은 열두 번의 휴가 중 한 번 일어날까 말까다. 매 휴가마다 꾸준히 일어나는 일이 아니다. 심지어 당신이 상사일지라도 마찬가지다. 그러니, 휴가지에서 부재중이 되도록 미리 계획을 세워라. 부재중에 당신의 권한을 위임할 사람을 찾고, 당신의 휴가에 맞춰 업무가 진행되도록 모든 스케줄을 잡아두는 것이다. 그래야 휴가지에서 핸드폰이나 이메일에 내내 매달리지 않을 수 있다. 만약 당신이 병원에 가게 됐다고 생각해보라. 당신 없이도 직장은 잘 돌아갈 것이다. 하물며 휴가는 미리 계획된 것이니 훨씬 일이 순조롭게 진행되지 않겠는가.

또한, '왜 내가 휴가 중에도 직장 사람들과 통화하길 원하지?'라고 자문해보기 바란다. 스스로에게 솔직해야 한다. 분명 이유가 있을 것이다. 당신이 중요한 사람처럼 느껴져서인가? 아니면 사무실이 당신 없이도 잘 돌아가는 걸 깨닫는 게 곤란해서인가? 아니면 남이 당신에게 의존하는 게 좋아서일까? 일을 하지 않을 때는 자신의 정체성을 잃는 것 같아서인가? 그러나 이 모든 이유가 당신의 가족 및 지인의 휴가도 함께 망치는 걸 정당화하진 않는다. 위의 이유들은 그저 분석해서 본질을 파악해야 할 당신의 감정들일 뿐이다. 누구나 휴가는 갖는다. 게다가 당신의 부서는 당신 없이 1, 2주를 조금 쉬엄쉬엄 일해도 상사가 갑자기 당신이 필요하다고 느끼진 않을 것이다. 당신이 미리 계획만 잘 짜둔다면 말이다. '왜 나는 휴가에도 일을 하고 싶은가'의 근본적 원인을 깨달아야 한다. 그렇지 않으면 제대로 릴랙스를 만끽하지 못할 수 있으니까.

그래도 직장을 신경 써야겠다면 밤에 한번 핸드폰을 켜보는 정도로 하길 바란다. 반드시 답해야 되는 게 아니면 신경 쓰지 마라. 자동 문자 기능을 켜서 당신에게 연락이 닿지 않는다는 걸 사람들에게 알리는 것도 좋다. 그래도 여전히 직장일을 떼어놓지 못하겠다면 차라리 북극이나 아마존 정글, 바닷속으로 휴가를 가는 건 어떨까? 사람들이 당신이 핸드폰 신호음을 못 들을 게 뻔하다고 생각할 그런 곳으로 말이다. 아니면 적어도 상사에게 당신이 그런 곳으로 휴가를 간다고 말해두는 것이다.

> **❝**
> 휴가 중에 직장을 신경 써야겠다면,
> 밤에 한번 핸드폰을 켜보는 정도로 해둬라.
> **❞**

39

현재에
집중하라

우리를 스트레스 받고 불안하게 만드는 많은 부분이 미래에 대한 것들이다. 예를 들어, '미팅이 어떻게 진행될까?' '만약 정말 그런 일이 생기면 어떡하지?' 혹은 '내가 이걸 실패하면 어쩌나?'와 같은 걱정을 하는 것이다. 어느 선까지는 이런 걱정들도 유용하다. 그런 걱정들 덕분에 미래에 대한 경계를 하고, 계획을 짜며, 함정을 예견할 수 있기 때문이다. 하지만 그럼에도 이런 과정들로 인해 스트레스가 많이 쌓이는 건 어쩔 수 없다.

한편, 과거에 대한 걱정들도 있다. '다른 결정을 내렸어야 했나?' '왜 그런 일이 생겼담?' '이런 점은 변하지 않았으면 좋았을 텐데' 등등. 이런 걱정들은 우리에게 반복된 실수를 하지 않게끔 도와준다. 가끔 그런 걱정들로 인해 후회와 죄책감, 좌절감이 들기도 하지만 말이다. 사실,

미래와 과거를 생각하지 않으며 사는 것은 불가능하다. 게다가 이는 상당부분 우리에게 도움이 될 뿐만 아니라 우리를 인간답게 만들어주는 것이기도 하다.

그럼에도 불구하고 과거와 미래는 불안감으로 가득할 수 있다. 물론, 행복한 추억이나 즐거운 기대감을 통해 우리는 릴랙스하기도 한다. 하지만 우리 대부분은 과거와 미래를 떠올리며 걱정을 하게 되어 있다. 그러니 왜 좀 더 현재에 집중하지 않는가? 현재는 지나가는 찰나이기 때문에, 걱정이 없는 구석도 얼마든지 찾을 수 있다. 24시간 내내 걱정이 없을 순 없지만 직면한 문제나 걱정이 없는 시간을 매일 찾도록 노력하라. 그리고 그 시간 동안 공원 벤치에 앉아 있거나 달리기를 하는 것이다. 아니면 가장 좋아하는 의자에 차 한 잔을 들고 편안히 앉아보라.

이 정도면 훌륭한 시작이다. 이제는 한 단계 더 높은 차원으로 들어갈 필요가 있다. 목표는 바로 객관적인 관찰자의 입장에서 완전히 현재에 집중하는 것이다. 예를 들어, '지금 저 멀리 기차가 지나가고 있네'라든가 '머리가 귓바퀴를 부드럽게 스치고 있어.' 또, '요리하는 냄새가 나는군'과 같이 말이다. 당신의 생각을 바로 지금 이 자리에서 일어나는 일에 대한 것으로 추려내는 것이다. 그러면 스스로를 릴랙스할 수밖에 없게 된다. 당신을 긴장하게 만드는 다른 모든 것들에 대해 잊어버리기 때문이다.

이를 실제로 행하는 건 그리 녹록치 않다. 하지만 다른 모든 일들처럼 연습이 핵심이다. 이를 매일 연습하면 아마 점점 더 쉬워진다는 걸 깨달을 것이다. 이 연습은 앞서 살펴본 '빠르게 릴랙스 하기'와 맞닿아 있다. 몇 분간의 짧은 휴식을 취할 때마다 릴랙스 모드로 들어가기 위해 마음을 훈련시키는 기술 말이다.

그런데 이 연습을 하면 특히 시작 단계에서 걱정과 불안이 슬금슬금 마음속에 침투하는 게 느껴질 것이다. 그래도 계속해서 연습하면 금방 다시 현재에 집중할 수 있게 된다. 다만 그 요령을 익히는 데 시간이 좀 걸릴 뿐이다. 당신이 객관적인 관찰자임을 기억하라. 자신의 생각이 물 흐르듯 흐르는 것을 당신은 지켜볼 뿐이다. '아, 이것 봐. 여기에 다음 주의 프레젠테이션에 대한 스트레스가 쌓여 있네.' 혹은 '어휴, 내가 다시 엄마에 대해서 걱정하는 꼴 좀 보라지' 등등. 이런 관찰은 당신을 불안과 두려움으로부터 거리를 두게 하는 효과가 있다. 그러다 이런 생각들을 한꺼번에 제거시키면, 이제 몇 분 동안 당신은 릴랙스의 효과를 만끽할 수 있게 되는 것이다.

당신은 객관적인 관찰자로,
자신의 생각이 물 흐르듯 흐르는 것을 지켜볼 뿐이다.

총체적으로
릴랙스하라

많은 사람들이 릴랙스가 아주 적은 신체적 에너지만 필요로 한다고 생각한다. 물론 그런 종류의 릴랙스도 있다. 그런데 릴랙스하기에 앞서, 우리의 어느 부분에 진정 릴랙스가 필요한지를 생각해봐야 한다. 윙크 40번, 햇살 속에 편안히 앉아 있기, 부드러운 동작의 요가 등은 분명 우리 몸을 릴랙스시킨다. 하지만 신체의 어느 부분이 그런 릴랙스를 필요로 하는가?

당신이 여기저기 다니느라 지쳤다고 해보자. 혹은, 하루 종일 서 있었다거나, 무척 활동적이고 바쁜 직업을 지녔다고 말이다. 그러면 당신은 확실히 몸을 릴랙스하길 원할 것이다. 한편, 하루 종일 책상 앞에 앉아 있거나, 통신회사를 상대로 여러 통의 전화를 하느라 짜증이 났다거나, 굉장히 까다로운 리포트를 써야 했다고 생각해보라. 아마도 마음의 평정을 되찾고 싶을 것이다. 이는 신체적이 아닌 정신적 릴랙스이다.

혹은, 어쩌면 당신은 감정적인 휴식을 원할지도 모른다. 대하기 힘든 직장 동료나, 병상에 계신 부모님, 까다로운 자녀 등과의 관계가 원인일 때 말이다. 이런 때는 신체적인 릴랙스가 도움은 될 수 있지만, 정말로 치료가 필요한 감정적인 부분에는 상당히 간접적으로 영향을 미칠 뿐이다.

그러므로 '왜 내가 릴랙스를 원하는가'를 생각하고, 정말로 긴장의 원천에 직접적으로 작용할 릴랙스 방법을 찾아야 한다. 내 개인적으로는 감정적으로 지쳤을 때, 가장 먼저 나를 웃게 만들 뭐라도 찾는다. 상쾌한 산책이나 낮잠, 따뜻한 목욕 등도 모두 도움이 되지만, 내게는 웃음이 특효이다. 좋아하는 TV 프로그램이나 나를 웃게 하는 사람과의 통화 등을 택하는 것이다. 심지어 현재 나의 스트레스 상황을 재미있는 일화로 만들어 내 머릿속에 저장하기도 한다. 남을 웃길 때 써먹을 수 있도록 말이다.

또, 정신적으로 과도한 피로를 느끼면 굳이 신체적으로는 릴랙스하지 않더라도 나는 잠시 머리의 전원을 꺼둘 수 있는 무언가를 찾는다. 이를테면 태블릿 기기를 가지고 놀거나 삼류 소설을 읽거나 달리기를 하러 나가는 것이다. 또는 아무런 생각을 하지 않아도 되는 영화를 본다. 물론, 목욕탕의 따뜻한 물에 몸 담그기, 요가, 의자에 발 올려놓고 차 한 잔 마시기, 낮잠 등도 모두 내 릴랙스 방법에 포함된다. 나는 주로 달리기를 하고 난 후에 그런 릴랙스를 하곤 한다.

당신의 릴랙스 시간을 최대한 이용하고 싶다면, '왜 나는 릴랙스를 원하는가'를 깨닫기 바란다. 항상 '나는 너무 피곤해, 낮잠을 자야겠어'라고만 생각하면, 당연히 효과는 있겠지만 더 나은 릴랙스는 될 수 없다. 앞으로 살면서 심신과 영혼이 너무 지쳐서 주어진 시간 내에 가능한 모든 걸 총동원해서 릴랙스하고 싶은 날도 올 것이다. 이런 때에도 지친 심신과 상한 감정 너머로 '당신의 릴랙스 이유'를 한번 떠올려보라. 그런 힘든 상황에서야말로 당신에겐 릴랙스가 필요하고, 가능한 모든 방식으로 릴랙스를 할 자격이 있으니 말이다.

> ❝
> 당신의 긴장의 원천에
> 직접적으로 작용할 릴랙스 방법을 찾아야 한다.
> ❞

41

취미를
점검하라

어떤 사람들은 '변화가 휴식만큼이나 좋다'고 말한다. 실제로 웅크리고 있던 자신의 내부에서 벗어나는 것은 분위기를 바꾸고 휴식을 취할수 있는 좋은 방법이다. 예를 들어, 집에서 어린아이와 노는 것은 사무실에서의 스트레스를 날릴 해독제로 작용한다. 개를 데리고 산책을 하거나 동네 축구팀에서 연습을 하는 것도 마찬가지다.

만약 당신이 스트레스와 긴장, 불안에 취약하다면 분위기를 바꿀 어떤 활동을 정기적으로 해보는 것도 좋다. 그런 활동이 하나 이상이면 더 좋다. 이미 많은 취미와 활동을 하고 있을지 모르겠다. 그런데 그런 활동들이 정말 당신을 릴랙스하게 하는가? 나는 아마추어 연극에 푹 빠져 있는 한 친구를 안다. 그녀는 연극을 너무나도 사랑하지만, 연극을 하다 보면 프리마돈나를 대할 때의 어려움부터 대사를 외워야 하는 압박감까지 나름대로의 스트레스가 생긴다고 했다. 물론 연극을 즐기려면 이 정도는 감내해야 했다. 그렇다고 연극이 릴랙스하게 하는 활동은 전혀 아니었다. 그녀는 여전히 휴식을 위해 쉽고 재미있는, 단순한 취미가 한두 개 필요했던 것이다.

당신의 취미들을 한번 생각해보라. 그리고 삶이 복잡해질 때, 어떤 취미가 당신을 진정 릴랙스하게 하는지 떠올려보라. 정직하게 답해야 한다. 이 책의 원칙들은 당신이 스스로를 돕지 않으면 무용지물이다. 당신이 좋아하는 취미를 그만두라고 하는 것은 아니니 안심하길 바란다. 그런데 생각해보면 왜 당신이 필라테스 수업, 뜨개질, 마을 방범대 활동 등의 취미를 그만두지 못하는지 의아하지 않은가. 더이상 아무 즐거움이나 릴랙스도 주지 않는데 말이다.

만약 정말로 당신의 취미가 즐겁지 않다는 걸 깨달았다면, 그 취미를 버리는 게 좋다. 그 자리를 다른 즐거운 취미로 채워야 한다. '주위 사람들을 실망시킬 텐데'라고 걱정하지 않아도 된다. 당신의 자리를 이어나갈 누군가가 분명 있을 것이다. 게다가 내일 당장 그만둔다는 통보를 할 것도 아니지 않은가. 그저 몇 주간만 그 취미를 쉬어보고 기분이 어떤지를 살펴보는 것이다. 당신에게는 취미를 그만둘 선택권이 있다. 더이상 아무 즐거움도 얻지 못하는 취미를 이어나가는 건 어리석은 일이다. 아무리 옛날엔 즐거웠다고 해도,

지금도 당신이 하는 취미가 즐겁다면 계속 이어나가면 된다. 내 말은 신경 쓰지 말기 바란다. 당신을 즐겁게 하는 그 어떤 것이라도 가치가 있다. 그렇지 않고, 그 취미가 즐겁기만 하고 딱히 릴랙스한 효과를

주지 않으면? 그러면 당신을 휴식으로 이끌 다른 활동을 찾아 밸런스를 맞추면 된다. 자, 어떤 취미가 마음에 드는가?

이제, 당신이 상당히 자주 할 수 있는 새로운 취미를 찾아보라. 만약에 당신이 어린 자녀들이 있는 한 부모 가정의 가장이라면 취미활동 동안 자녀를 맡길 곳을 찾아야 하는 취미는 삼가는 게 좋다. 그런 활동은 자주 할 수 없을 테니까 말이다. 그 취미가 너무 하고 싶다면 참가하되, 집에 있어야만 하는 저녁에는 대체 활동을 찾아야 한다. 그리고 자신에게 진정 필요한 릴랙스가 뭔지 잘 생각해보라.

당신의 긴장과 불안의 분출구가 될 수 있는 게 무엇인지 진지하게 생각해볼 때이다. 하나의 취미를 선택했다가 취소하고 다른 걸 시도해봐도 괜찮다. 만약 당신이 원하는 효과를 그 취미로부터 못 얻었다면 말이다. 우리는 모두 다르며, 한 사람에게 좋은 효과를 주는 취미가 또 다른 이에겐 안 맞을 수 있다. 그러니 친구가 살사댄스 수업에 등록하라고 압력을 주어도 무시해버려라. 혹은 브릿지 게임에 네 명을 채우려고 억지로 들어가거나, 로터리 클럽의 회계 담당이 되거나 할 필요는 없다. 당신을 위한 취미니까 당신이 선택해야만 하는 것이다.

> 66
>
> 우리는 모두 다르며, 한 사람에게 좋은 효과를 주는 취미가
> 또 다른 이에겐 안 맞을 수 있다.
>
> 99

숙면을
취하라

42

잠을 제대로 자지 않으면 릴랙스한 기분을 느낄 수가 없다. 하지만 너무 많은 이들이 불필요한 수면 습관을 지니고 산다. 말하자면, 반복적으로 질 낮은 수면을 취하는 것이다. 그리고 그런 수면이 오래 쌓이면 언짢은 기분부터 당뇨병과 심장병에 이르기까지 온갖 문제를 야기할 수 있다.

수면에 대한 연구는 매우 많아서 이 분야를 무시하는 건 현명치 못하다. 다른 더 심각한 질병들과 마찬가지로, 수면 부족은 우리의 뇌를 흐릿하게 하며 감기와 기침에 더 취약하게 만든다(반면, 숙면은 체내 면역체계를 강화시킨다). 뿐만 아니라, 더 배고픈 기분이 들게 해서 살이 찔 수도 있고, 심지어 리비도도 감소한다. 이 중 어떤 증상을 원하는가? 나쁜수면 습관을 들이면, 이런 증상들을 스스로 허락하는 것과 다름없다.

주말에 늦잠을 자는 건 매우 기분 좋은 일일지 모른다. 하지만 건강 지표에는 그다지 좋지 않다. 매일 정기적으로 적절한 양의 수면을 취해야 한다. 물론, 이런 모든 충고를 다 따라도 여전히 잠을 자는 데 애를 먹는 사람들도 있다. 많은 이들이 제대로 수면 습관을 들일 생각을 하지 않은 채 그저 끙끙대고 있는 것이다.

여기서 내가 수면 기법에 대한 지침을 얘기하려는 건 아니다. 많은 수면 기법들이 나와 있으니, 그건 스스로 찾아보길 권한다. 내가 관심 있는 부분은 왜 그렇게 많은 이들이 부적절한 수면 습관을 들이는가 하는 점이다. 그런 이들은 나쁜 습관을 고칠 생각은 않고 얼마나 자신이 피곤한가에 대한 불평만 늘어놓는다. 적절한 수면 습관을 얼마간 시도했음에도 실패한 사람이 아니면 짜증을 내거나 불평을 할 자격이 없다는 법이라도 있어야 하는 거 아닌지 모르겠다.

즉, 많은 사람들에게 질 낮은 수면에 대한 불평이 수면 문제의 반을 차지한다. 그리고 그런 불평은 사람들의 동정을 사기 마련이다. 또, 제대로 기능하지 못하는 데에 대한 변명거리가 된다. 혹은 남들에 얼마나 자신이 바쁜 사람인지를 과시할 수단인지도 모른다(바쁘면, 중요한 사람이니까). 아니면 그렇게 혹사당했으니 동정을 받아 마땅하다고 선전하는 것이다. 너무 가혹하게 들렸다면 미안하다. 그러나 전부는 아니더라도, 대부분의 사람들이 불평하는 수면 부족의 뒤에는 위와 비슷한 사연들이 있다. 그리고 이들은 수면 습관을 고치는 데 실패한 것이다.

사람들은 대개 이런 점들을 계산적으로 의식하지는 않는다. 하지만 아무리 그들의 질 낮은 수면이 남들의 동정이나 찬사를 산다고 해도,

역시 그 부작용을 감당할 가치는 없다. 그러는 건 비논리적이고, 아둔하며, 비상식적인 일이다. 주변의 관심은 받지 못할지라도, 숙면을 잘 취하면 당신은 훨씬 행복해질 것이다.

그러니 더 나은 수면을 위한 지침서를 읽고, 책 속의 충고를 따르기 바란다. 그런데도 굳이 밤새 많은 양의 일을 하겠다거나, 늦게까지 전화기를 붙잡고 있겠다고 고집하는 이들이 있을 것이다. 생체 시계가 따라야 할 습관을 일부러 피하는 것이다. 아예 수면에 대한 충고를 무시해버리기도 한다. 그럴 거라면, 최소한 남들에게 수면 부족에 대한 불평을 하지는 말기 바란다.

> 66
>
> 주변의 관심은 받지 못할지라도,
> 숙면을 잘 취하면 당신은 훨씬 행복해질 것이다.
>
> 99

43

햇살을 만끽하라

윗세대들은 '상쾌한 공기'의 효능을 굳게 믿었다. 그런데 세월이 흐르면서 그 믿음이 점차 줄어드는 것 같다. 요즘은 많은 이들이 햇살이 쨍쨍한 휴일이 아니면 집밖으로도 잘 나가지 않는다. 그러나 상쾌한 공기는 당장의 기분전환 이상의 큰 효과를 지닌다. 당신이 농부나 나무의사(나무 치료 전문가)라면 이 원칙을 그냥 넘겨도 좋다. 혹은 정기적으로 여가시간의 많은 부분을 정원 가꾸기에 할애해도 마찬가지다. 하지만 우리 대부분은 상쾌한 공기를 더 마실 필요가 있다.

사실 나는 운이 좋았다. 시골에 살고 있기 때문이다. 그러나 당신이 공기가 덜 깨끗한 도시에 산다 해도 사무실을 비롯한 직장 내 공기보다는 바깥공기가 훨씬 더 깨끗하다. 교통체증이 심각한 시간만 피한다면 말이다. 또한, 주말이나 저녁에 도시를 벗어날 수 있다면 건강에 도움이 될 것이다. 야외에 나가 딱히 할 게 없다 해도, 말 그대로 멋진 야외에 있다는 것 하나만으로도 당신에게 큰 도움이 된다. 야외에서 운동을 한다면 금상첨화이다. 가벼운 산책도 좋고, 자전거 타기에 열중해도 좋다. 이렇게 하면 소중한 산소가 폐로 더 많이 들어갈 테니까. 한편, 만약 집에 정원이나 마당이 있다면 집 안에서 운동하는 것보다 나와서 하는 게 훨씬 좋다. 그러니 특히 제자리에서 하는 운동, 팔굽혀 펴기나 역기 들기, 댄스 등을 하려면 정원이나 마당을 활용하라.

그저 당신에게 고루한 충고나 하려는 건 아니다. 다양한 방법의 다양한 연구결과들이 '상쾌한 공기를 마시면 기분이 좋아진다'는 사실을 뒷받침하고 있다. 그러니 건강을 챙기려면 일과에 밖에서 보내는 시간을 꼭 집어넣길 바란다. 굳이 해가 쨍쨍한 날만 기다릴 필요는 없다.

하루에 단 몇 분간 맑은 공기를 들이마시는 것만으로도 수면의 질이 향상될 수 있고(더이상 어젯밤의 수면 부족을 불평할 필요가 없게 된다), 면역 체계를 강화시키며 몸의 에너지 레벨을 높일 수 있다. 그뿐이 아니다. 당신의 체내 시스템에서 산소 레벨을 증가시키고, 이는 곧 세로토닌의 증가로 이어진다. 세로토닌은 행복한 기분이 들게 하는, 릴랙스를 돕는 호르몬이다. 또한 연구결과에 따르면, 자연환경에서 식물과 꽃의 향기를 들이마시면 그 또한 세로토닌 수치를 향상시킨다고 한다. 물론 집에 가는 길에 꽃다발을 사 가는 것도 꽃향기를 맡을 한 방법이다. 하지만 숲속이나 정원, 해변이나 공원에서 시간을 보내는 게 훨씬 더 나은 방법이다.

또한 비타민D의 효능도 있다. 우리의 몸은 햇볕의 UVB광선(중파장

자외선 광선)으로부터 비타민D를 합성한다. 비타민D에는 여러 효능이 있지만, 무엇보다 우리의 뼈와 치아, 면역체계에 도움을 준다. 이 UVB 광선을 얻으려면 꼭 밖에 나가야만 한다. UVB광선이 유리를 통과하지 못하기 때문이다. 따라서 창문가에 앉아 있어도 소용이 없다. 영국의 우중충한 기후 때문에 영국인들은 대략 1년에 6개월 동안만 햇살을 받는다. 그로부터 1년에 필요한 모든 비타민D를 합성해내야 하는 것이다. 그런 뒤, 해가 잘 들지 않는 기간에는 비타민D를 계란과 생선 지방, 붉은 육류로부터 얻는다. 하지만 그렇다 해도 밖에 나가 얻을 수 있는 여러 건강상의 이점을 포기하지 않기 바란다.

'나쁜 날씨란 없다. 그저 잘못 고른 옷이 있을 뿐이다'라는 말이 있다. 야외에 나감으로써 얻는 혜택은 흐리거나 비 오는 날씨, 심지어 눈이 오거나 강풍이 불 때도 얻을 수 있다. 그러니 화창한 날씨에만 야외에 나가는 부류가 될 필요는 없다. 스카프를 두르고 장갑을 끼고 밖에 나가보는 것이다. 차디찬 북극에 사는 이들도 매일 하는 일이 아닌가. 날씨에 맞는 옷만 갖춰 입었다면 아무런 문제가 없다.

> 66
>
> 멋진 야외에 있다는 것 하나만으로도
> 당신에게 큰 도움이 된다.
> 야외에 나가 딱히 할 게 없다 해도.
>
> 99

스트레스를
받지 마라

44

　　오래전 나는 어떤 사람으로부터 마치 번개가 치듯 강렬한 가르침을
받은 적이 있다. 그 후 몇십 년 동안 여느 사람들처럼 때때로 여러 문제
들로 스트레스를 받고 좌절도 하면서 지냈다. 그런 내게 그 옛날의 가
르침은 새삼 놀라움으로 다가왔다. 당신도 놀랄지 모른다. 그 가르침이
란 바로 내가 받았던 스트레스들은 사실은 선택권이 주어진 문제라는
것이었다. 애초에 스트레스를 받을 필요가 없었다. 그저 그 당면한 문
제의 전원을 꺼버리면 그만인 것이다.

　　물론 나도 처음엔 이런 가르침을 믿지 않았다. 교통체증과 까다로
운 동료들, 시험과 면접, 컴퓨터 오작동 등에 스트레스를 받으며 얼마
나 수많은 세월을 보냈던가. 또, 샤워는 내가 쓰기만 하면 뜨거운 물이
안 나오는 일도 잦았다. 그런데 이 모두가 시간과 감정 낭비였다. 애초

에 스트레스를 받을 필요가 없었다. 그 사실을 누가 내게 더 일찍 설명해줬더라면 좋았을 뻔했다.

그렇다고 그런 가르침이 내 인생을 송두리째 바꿔놓았다고 말하진 않겠다. 하지만 전보다 훨씬 차분해졌고, 그 사실이 내 일상에 즐거움을 더한다. 이 모든 게 누군가 내게 '스트레스 받을 필요가 없다'라고 가르쳐줬기 때문이다. 스트레스를 받는 것은 나의 선택이고, 따라서 반대로 스트레스를 받지 않도록 선택할 수도 있는 것이라고.

뭐랄까, 이 가르침은 내게 일상 속의 놀라운 통찰과도 같았다. 여태까지 받은 스트레스가 나의 선택에 의한 것이었다니. 교통체증이 심하면 심한 것일 뿐이다. 그게 다였다. 어차피 내가 할 수 있는 일은 하나도 없잖은가. 하지만 내가 선택할 수 있는 건 있다. 교통체증 속에 갇혀서 끌탕을 하든가, 아니면 교통체증 속에 갇힌 채 고요히 있는 것이다. 물론 이 중에서 어떤 게 더 바람직한지를 맞춘다고 상이 있는 건 아니지만.

이런 일상 속의 짜증을 느끼면 우리는 내면의 대화를 시작한다. '완전 짜증나는군. 또 늦게 생겼잖아?' 혹은, '지금 내가 할 일이 얼마나 많은데! 하루를 다 낭비하겠는 걸' 등등. 그러나 이런 좌절 섞인 생각이 쌓여가도 도로 사정은 조금도 나아지지 않는다. 그러니 애초에 이런 생각을 왜 하는가? 그저 이런 생각을 던져버려라. 라디오를 켜고 노래를 따라 부르든지, 아예 다른 생각을 하는 게 낫다.

스트레스와 좌절을 둘러싼 언어는 부정적이고 도움이 안 된다. 우리가 다른 선택권이 있다는 것을 미처 깨닫지 못하는 큰 이유가 바로 이것이다. 예를 들어, 우리는 '교통체증 때문에 스트레스 받네'라든지, '동

156

료가 나를 진저리나게 만들잖아'라고 말하곤 한다. 여기서 상황을 컨트롤하는 주체는 '교통체증'과 '내 동료'다. 이들이 우리를 좌절하게 만드는 것이다. 그리고 우리는, 말하자면 피해자가 된다. 하지만 아무도 당신이 교통체증 때문에 스스로 좌절을 선택한다는 점을 지적해주지 않는다. 또, 동료가 당신을 들들 볶도록 허락하는 건 바로 당신이라고 말하지 않는다. 아무도 말해주지 않으니, 위의 상황들에서 우리가 스트레스를 받는 게 당연할까?

물론, 정말로 불안장애를 안고 있는 사람들은 이 원칙을 지킨다고 문제가 단번에 해결되지는 않을 것이다. 하지만 그렇게 불안하지는 않지만 알 수 없는 이유로 계속 스트레스를 받고 살고 싶다면, 그렇게 하라. 스트레스가 문제가 되지 않는다면, 축하할 일이다. 나는 그저 당신을 돕고 싶을 뿐이다. 당신도 나처럼 간헐적으로 스트레스를 받으며 평생 살아왔고, 이제 그 스트레스에 마침표를 찍고 싶을 테니까.

이 원칙을 나는 차 고장, 이사 등 모든 상황들에 적용해보았고, 이런 제법 큰 상황에도 효과가 있었다. 다만, 가끔 내가 정말로 사랑하는 이의 지병 문제 때문에 불안할 때는 별 소용이 없었다. 이런 건 사소한 문제가 아니니까. 물론, 이 원칙 덕분에 약간의 스트레스는 관리 할 수 있었지만 말이다.

> 66
> 이런 좌절 섞인 생각이 쌓여가도 도로 사정은 조금도 나아지지
> 않는다. 그러니 애초에 이런 생각을 왜 하는가?
> 99

The Rules of

LIVING
WELL

6장. 음식

음식 같은 삶의 필수 요소를 우리는 너무 쉽게 생각하는 경향이 있다. 특히 음식에 대한 선택이 다양하고, 너무나도 많은 양의 음식이 제공되는 오늘의 세계에서는 더욱 그렇다. 삶의 기초가 되는 물이나 공기에 대해 사람들이 이런 불평을 하는 걸 못 들어봤을 것이다. "나는 심각한 물 문제를 겪고 있어." "정확한 양의 공기를 들이마시기가 어찌나 힘든지 몰라" 등등. 그러나 음식은 우리의 삶에서 특별한 위치를 차지한다. 그리고 음식은 우리의 정신과 깊게 연결되어 있다. 우리가 먹는 음식은 우리의 감정을 드러낼 뿐만 아니라, 우리의 성장과정, 스스로를 보는 관점 등도 드러낸다.

음식에 한 가지 문제점이 있다면, 바로 맛이 너무 좋다는 것이다. 쌀쌀한 오후에 따뜻한 버터 바른 빵 한 장의 유혹을 벗어나기란 어려운 일이다. 반면, 우리가 숨 쉬는 공기는 그다지 눈에 띄지 않는다. 여하튼, 빵 한 장을 먹으면 또 한 장을 더 먹거나 같이 먹을 다른 음식이 생각나기 마련이다. 나는 공기는 필요 이상으로 더 마시겠다고 욕심을 부린 적이 없다. 하지만 음식은 필요한 양 이상을 원하는 경우가 많았다.

당연히, 너무 많은 양의 음식은 건강에 해롭다. 너무 적은 양도 마찬가지다. 또, '나쁜' 음식을 먹어도 건강을 해친다. 이처럼 우리와 음식 간의 관계는 복잡 미묘하다. 그리고 많은 이들이 그 관계를 어려워한다. 심지어 음식이 우리가 건강하고 즐겁게 사는 데 방해가 된다고 느끼기도 한다. 당신이 때로 음식과 씨름한다면, 음식에 관한 원칙들을 이해하는 게 중요하다. 그래야 음식이 삶 속에서 긍정적인 영향을 발휘하며, 당신을 행복하고 건강하게 만들어줄 수 있기 때문이다.

식습관이
나를 대변한다

45

우선, '음식을 대하는 태도'가 왜 중요한지부터 짚고 넘어가자. 일단, 뭘 먹는지는 우리의 신체적 건강에 큰 영향을 미친다. 게다가 요즘에는 뭘 먹는지에 따라 기분도 영향을 받는다는 과학적 연구결과들이 많이 나와 있다. 즉, 좋은 음식을 먹는 습관은 정말로 우리를 더 행복하게 해준다는 것이다.

이 책은 건강식단 지침서가 물론 아니다. 그런 지침서들이라면 시중에 많이 나와 있으며, 그 핵심은 항상 같다. 즉, 거의 자연적인, 가공되지 않은 음식들로 이뤄진 균형 잡힌 식사를 할 것. 그리고 과일과 채소를 충분히 섭취하고, 단백질과 탄수화물도 같이 먹으라는 것이다. 뭐든지 너무 과식하면 안 된다는 말도 빠지지 않는다. 식은 죽 먹기이지 않은가. 사실 젊은이들은 이런 충고를 받아들이기 쉽지 않다. 하지만 나이

가 들어감에 따라 심장병이나 당뇨병, 고혈압 등의 병의 위험에 노출될
수록 '좀 더 일찍 좋은 식습관을 기를 것을' 하고 후회하게 될지 모른다.

최근에는 기분과 음식 간에 연결성이 있다는 명확한 근거까지 발표
됐다. 좋은 식사 습관이 정신건강을 증진시키고, 우울함을 감소시키며,
에너지를 제공한다는 것을 밝히는 연구들이 점점 더 늘어나는 추세다.
먹기만 하면 5분 동안 기분이 좋아진다는 초콜릿바에 대해서 말하려
는 건 아니다. 또, 특수한 음식이나 마법의 식재료, 고상한 다이어트 요
법에 대해서 읊으려는 것도 아니다. 그저 우리가 항상 좋은 음식이라고
여기는 것들을 먹으라는 말을 하려는 것이다. 또, 항상 나쁜 음식이라
고 여기는 것은 먹지 말자는 것이다. 예를 들어, 가공식품, 기름을 많이
넣은 음식, 탄산음료, 설탕이 많이 들어간 음식 등등. 당신이 이미 모두
잘 아는 음식들이지 않은가.

또한, 음식을 규칙적으로 섭취하는 것도 도움이 된다. 체내 혈당이
떨어지면 피곤하고 우울해질 것이다. '행그리hangry(hungry+angry)' 상태
가 되기도 한다. 이는 잘 알려진, 기분과 음식 섭취 간의 상관관계이다.
한편, 물도 충분히 마셔야 한다. 물이 이상적이지만, 꼭 물일 필요는 없
다. 설탕이 잔뜩 들어간 단 음료만 아니면 괜찮다.

올바른 음식 섭취에는 여러 방법이 있다. 왕도가 있는 건 아니다. 예
를 들어, 지중해식 식단을 취할 수도 있고, 일본식 식단을 취할 수도 있
다. 또, 채식주의자나 비건vegan(엄격한 채식주의자)이 될 수도 있고, 아닐
수도 있다. 다만 연구에 따르면 너무 과도한 붉은 육류는 우울증 및 불
안 증세를 야기할 수 있다고 한다. 또 너무 적은 양의 육류도 같은 문제

를 일으킨다. 그러니, 만약 채식주의자나 비건이 되어서 행복하다면 그걸로 된 것이다. 그렇지 않다면, 다시 생각해볼 문제다. 필요한 영양소를 따로 보충하고 있는지 확인해야 한다. 이건 스스로를 돌보는 문제다. 당신이 최대한 행복하고, 건강하며, 에너지가 넘치려면 다른 이들이 "이건 먹고, 이건 먹지 마세요"라고 말하게 두지 말라. 좋은 음식 목록의 음식들을 취하고, 나쁜 음식 목록의 음식들을 피하라. 아주 간단하지 않은가.

이 원칙이 너무 단순하다고 생각되면(아마 당신 생각이 맞을 것이다), 축하한다. 사실, 전 세계 인구의 90퍼센트 정도가 부적절한 식습관을 지닌다고 한다. 이 원칙이 시간낭비였다고 생각되면, 당신은 이미 세계 상위 10퍼센트 안에 드는 셈이다. 정말 잘하고 있다.

66

올바른 음식 섭취에는 여러 방법이 있다.
왕도가 있는 건 아니다.

99

46

음식에 대해
너무 까다롭게 굴지 마라

나는 서인도의 도미니카 섬에서 친환경적 숙박시설을 운영하는 어느 부부를 알고 있다. 도미니카 섬은 사람의 손이 비교적 덜 탄 곳으로, 토착민인 카리브인들이 수세기 동안 살아왔던 방식을 그대로 고수하며 살고 있다. 부부의 숙박시설에는 카리브 여성 한 명이 부엌일을 도와주고 있었다. 하루는 아내가 요리를 한 뒤 이 카리브 여성을 부엌으로 불렀다. 그러고는 음식을 맛보고 의견을 말해달라고 청했다. 여성은 기꺼이 맛을 보았지만, 그게 맛있는지 아닌지는 말하지 않았다. 그리고 이렇게 말했단다. "이건 그냥 음식인 걸요. 음식을 맛볼 수 있다는 게 기쁠 뿐이에요."

나는 이 말을 들은 뒤로 잊은 적이 없다. 세계 대부분의 곳에서 음식을 얼마나 당연시 여기고 있는가에 대한 깨달음이 불현듯 밀려왔다.

"나는 이런 건 안 먹어요"라든가 "그걸 먹으면 복부 팽만이 돼서요", 혹은 "나는 저녁 여섯 시 이후에는 치즈는 손도 안 댄다고요"라고 말하는 게 얼마나 흔한가. 굶지 않고 음식을 먹을 수 있는 데서 오는 즐거움은 대체 어디 간 걸까?

음식에 선호도를 가지면 안 된다고 말하는 건 아니다. 선호도를 가질 정도로 운만 좋다면 말이다. 하지만 그것은 전 세계적으로 많은 이들이 가질 여력조차 없는 사치이기도 하다. 그 개념조차 생소할 정도로 말이다. 물론 심한 땅콩 알레르기 같은 원인이라면 음식을 가리는 게 이해가 간다. 그러나 많은 경우, 사람들은 음식 선호에 대한 참을성이 너무 부족하다. 한마디로 무척 까다로운 것이다. 부끄럽지만, 나도 이런 면이 있다. 개인적으로 쓴 잎사귀를 넣은 샐러드를 싫어해서, 식사에 나오면 접시 끝에 밀어놓고는 한다. 그렇더라도 이런 행위가 사치라는 걸 기억하려고 노력한다. 다음 생에는 쓴 샐러드 잎도 감사히 먹을 수 있을까.

채식주의와 비건주의^{veganism}(동물에 관한 모든 상품들을 거부하는 주의)도 말하자면 선진국들의 사치인 셈이다. 물론 채식주의는 훌륭한 식단이다. 사람에게뿐 아니라 환경에도 도움이 된다. 게다가 채식주의를 택하는 것은 개인의 자유다. 하지만 그런 선택을 할 수 있다는 게 특권이라는 걸 잊어서는 안 된다. 이건 관점의 문제다. 당신 앞에 놓인 선택을 하되, 남들이 글루텐^{gluten}(불용성 단백질)이 포함된 빵을 먹는다고 하늘이 무너지는 건 아니라는 걸 인정해야 한다. 글루텐이 포함된 빵이 비건이 아닌 이들의 세상을 단결시키는 힘인지도 모르잖은가.

사실, 내 지인들 중 가장 쉽고 건강하며 행복한 식단을 지니는 이들은 바로 소박한 식사를 즐기는 이들이다. 물론 이들도 스스로를 위해 사지 않은 특이한 식품들도 가끔 먹을 것이다. 어쨌든 이들은 별 호들갑 없이 웬만한 음식을 다 먹는다. 음식에 대해 까다롭게 굴거나, 유행을 타는 게 위험한 건 자신의 불만을 음식 탓으로 돌리거나 변명할 수 있기 때문이다. 그런 태도는 좀 더 자신의 내면으로 들어가 자신의 문제에 집중하고 이기적으로 굴도록 부추긴다. 하지만 그러면 절대 행복해질 수 없다. 그저 삶을 살면서 주어지는 음식을 먹는 게 훨씬 더 낫다 (내가 어렸을 때 그랬듯이).

이렇게 말하면 어떤 사람들은 심기가 불편할 것이다. 하지만 당신이 이 책을 선택한 건 효과적인 원칙을 배우기 위함이지, 자신의 평소 주장을 지지받으려는 건 아니잖은가. 불편하다면 미안하지만, 자신에 대해 너무 집중하는 건 결국 당신을 덜 행복하게 만든다. 그건 우리가 원하는 길이 아니다. 그러니, 자신에게 맞지 않거나 싫어하거나 믿지 않는 음식을 피하라. 그리고 그 사실에 대해 남들에게 말하지 말라. 남들이 당신의 식습관을 알 필요는 없으니까. 그리고 자신의 식단에 너무 집착하지 않기를 바란다.

음식에 대해 까다롭게 굴거나 유행을 타는 게 위험한 건
자신의 불만을 음식 탓으로 돌릴 수 있기 때문이다.

음식과의 관계를
돈독히 하라

47

　내가 아는 사람들 중에는 특수한 식단을 따르느라 평범한 음식은 아예 손도 대지 않는 이들이 몇 있다. 어쩌면 이런 이들은 우주인이 먹는다는, 필수 영양분을 우리 몸에 공급하도록 제조된 가루음식을 시도할지도 모른다. 아니면 밀크셰이크만 마시는 극단의 다이어트를 할지도 모른다. 여하튼 내가 보기에 이들이 하나같이 힘들어하는 건 바로 '평범한 음식과의 관계 끊기'라는 원칙이었다.

　글쎄, 우리는 모두 평생 동안 음식과 긴밀한 관계를 맺는다. 그게 건강한 음식이든 아니든 말이다. 그 관계를 완전히 끊어낸다는 건 무척이나 어렵다. 평범한 음식을 끊은 이들 중 그나마 가장 잘 지내는 이들은, 딱히 직접 먹지 않는다고 해도 어떻게든 그 음식과 관계를 이어나가는 이들이었다. 예를 들어, 부모가 자녀를 위해 계속 평범한 음식을 요리해주는 경우다. 부모는 만든 음식을 같이 나눠 먹지는 않지만 언제나 자녀를 위해 음식을 만든다. 사람과 평범한 음식 간의 관계가 얼마나 중요한지를 새삼 깨닫게 하는, 흥미로운 예가 아닐 수 없다.

당신의 식습관이 별로 만족스럽지 않은가? 예컨대 너무 많이 혹은 적게 먹는다고 느끼거나, 나쁜 음식을 먹는다거나, 잘못된 시간대에 먹는다거나 등등. 그렇다면 그건 당신이 음식과의 관계에 만족하지 못함을 나타낸다. 모든 관계가 그렇듯, 그런 경우 그 관계를 만족스러운 상태로 돌려놓아야 한다. 사실, 우리 모두는 음식과 완벽하게 좋은 관계를 갖고 태어난다. 배가 고프면 먹고, 아닐 땐 먹지 않는다. 하지만 우리가 잘 기억도 나지 않는 삶의 초기 단계에서부터 그 관계는 점점 더 발전하고 복잡해져간다. 이건 우리의 환경과 반응하기 때문이다. 음식이 부족한 환경일 수도 있고, 맛있지만 건강에 나쁜 음식이 너무 많이 주어질 수도 있다. 부모님이 음식에 대해 어떤 태도를 취하는지, 우리가 어떻게 먹기를 바라는지도 영향을 미친다.

우리 중 일부에게는 이 모든 요소들이 더해져 건강하지 못한 음식과의 관계로 발전한다. 복잡하고 모순된 요소들이 관계의 저변에 깔려, 더이상 '배가 고프면 먹는다'는 단순한 진리에 맞지 않는 상태인 것이다. 그렇게 되면, 음식과의 관계가 우리에게 바람직하지 않은 양상으로 우리의 사고와 삶을 지배한다.

음식과의 관계를 필요 이상으로 복잡하게 만드는 건 좋지 않다. 우리는 하루에도 몇 번씩이나 음식과의 만남을 하지 않는가. 그 관계가 단순할수록 건강한 식단을 유지하기가 쉽다. 그 결과 우리도 건강해지는 것이다.

이미 음식과의 관계가 망가졌다면 다시 올바르게 되돌리기란 쉽지 않다. 여느 관계처럼 말이다. 하지만 그 첫 번째 단계는 바로 그 관계 자체가 문제의 핵심이라는 걸 인정하는 것이다. 당신이 불안할 때 먹는 것, 와인 한 잔으로 긴장을 푸는 것, 비스킷을 하나만 먹고 끝내지 못하는 것, 식사가 늦어질 때 소리 지르는 것 등은 문제의 핵심이 아니라 증상들일 뿐이다.

그러니, 음식과의 관계 개선에 노력을 집중해야 한다. 더이상 비스킷을 다 먹지 않고 남기려고 애쓰지 않아도 된다. 관계에 집중을 하면 나머지는 저절로 해결될 테니까. 어떤 이들에게 이는 평생의 도전과제가 될 수 있다. 또, 심각한 섭식장애가 있는 이들은 전문가의 도움을 필요로 할 것이다. 여하튼 목표는 단순하고, 복잡하지 않은 음식과의 관계, 즉 아기 시절에 가졌던 그 관계를 되찾는 것이다.

66
우리 모두는 음식과 완벽하게 좋은 관계를 갖고 태어난다.
99

48
나의 식습관 문제를
이해하라

부부가 식사 후에 누가 설거지를 할지를 두고 싸우는 경우가 많다. 이 경우, 꼭 누구 차례인지에 대해 다투는 건 아니다. 그 저변에 깔린 진짜 문제가 있다. 예를 들어, 둘 중 한 명이 항상 희생하고 있다는 느낌 같은 것이다. 대개 관계상의 다툼은 이런 식으로 전개된다. 뭔가가 마음속 깊이 담아둔 불만에 방아쇠를 당기는 일이 생기고, 어떤 대상(설거지)에 대해 말다툼을 한다. 하지만 진짜 문제(착취당하는 기분)는 따로 있는 것이다.

이런 비슷한 일이, 당신과 음식과의 관계에서도 생긴다. 당신이 비스킷 한 봉지를 먹을 때, 배고픔이 그 원인은 아니다. 그보다 훨씬 심오한 문제가 있는 것이다. 저변에 도사리는 그 이유는 다양할 수 있다. 위안을 얻고 싶어서, 지루해서, 낮은 자존감을 유지하려고 등등. 당신의 경우는 어떤 이유인지 내가 알 수는 없다. 이건 스스로 찾아내야 할 문제다. 그리고 그 이유를 찾기 전까지 당신은 비스킷을 그만 먹으려고 애를 쓸 것이다.

나는 가끔 비만 연구에 대한 기사 등을 읽으면서 답답해할 때가 있다. 이런 연구들은 주로 사람들이 건강을 해칠 정도로 음식을 먹는 이유를 배가 고파서라고 가정하기 때문이다. 따라서 연구는 사람들이 언제 포만감을 느끼는지를 깨닫도록 돕거나, 식사 전의 배고픈 느낌이 정상임을 일깨워주는 데 그 핵심이 맞춰져 있다. 물론 이런 연구들도 일리가 있다. 하지만 나는 수백만의 사람들이 과식을 하는 건 배고픈 느낌과는 전혀 상관이 없다고 확신한다. 그 이유가 느낌인 것은 맞다. 다만 배고픔보다는 훨씬 더 복잡한 느낌인 것이다.

가끔 당면한 문제는 생각보다 노골적이다. 어떤 이들은 금연을 시작한 뒤로 비스킷을 먹기 시작한다. 손으로 담배 피우는 것을 대신할 무언가가 필요하기 때문이다. 만약 문제가 크다면 시정해야겠지만, 사실 이런 경우는 고치기 쉽다. 하지만 가끔 문제는 어린 시절로 거슬러 올라갈 만큼 훨씬 더 심오할 수 있다. 어린 시절의 트라우마에서 시작된 것일 수도 있고, 어린 시절에 가족이 음식을 대하는 태도가 불량해서일 수도 있다.

여하튼 우리 모두는 여러 문제들을 안고 산다. 물론 그 문제들 모두가 음식을 대하는 태도에 반영되지는 않는다. 하지만 많은 경우, 그런 것도 사실이다. 전후세대인 나의 세대는 음식에 대해 모호한 메시지를 받고 컸다. 우리 부모님들은 식량 부족 및 식량 배급의 시대를 보내서,

"식탁에 놓인 모든 것을 다 먹어야 한다"고 가르치셨다. 나는 십대가 돼서야 마음껏 먹을 수 있었다. 따라서 내 또래의 사람들은 여전히 음식을 다 먹어치우고는 체중에 대해 걱정하는 경향이 있다. 이건 누구의 잘못도 아니다. 그리고 여전히 많은 이들이 음식을 마음껏 먹도록 세뇌당해 있다. 동시에 과식하지 않으려고 집착하는 것이다.

이런 문제를 해결하려면, 당신의 마음속 깊숙한 곳에 자리한 '음식을 남기기 싫은 태도'의 원인을 이해해야 한다. 이런 태도는 배고프거나, 음식을 낭비하기 싫은 태도(어머니의 목소리가 들리는 기분이다)와는 관련 없을 수 있다. 오히려 어린 시절에 "음식을 다 먹어야 한다"고 세뇌당한 것 때문일 수 있다. 따라서 당신 스스로 음식 섭취를 줄이도록 재차 프로그램화해야 한다. 이를 인식하고 시정하지 않는 이상은 해결 불가능한 문제다.

> 66
>
> 당신이 비스킷 한 봉지를 먹을 때,
> 배고픔이 그 원인은 아니다.
>
> 99

음식에 대한
규칙을 지켜라

49

안타깝게도 어떤 이들은 음식과의 관계에서 매우 건강하지 않은 습관들을 지닌다. 그리고 그런 습관들에 영향을 주는 내면의 믿음이 있다. 그러면 음식과의 관계에서 우리가 가지기 쉬운, 건강하지 못한 패턴들에 대해 더 살펴보기로 하자.

첫 번째 패턴은 바로 앞서 다룬, '접시에 든 음식을 남기지 못하는 태도'이다. 당신이 50~60년대에 자란 세대가 아니라도 상관없다. 또, 서구 세계에 살지 않아도 마찬가지다. 아주 어려서부터 '접시에 담긴 건 남기지 말아야 한다'는 가르침을 받아왔을 것이다. 학교에서도 한입도 남기지 말고 다 먹어야 자리를 뜰 수 있다고 가르치곤 한다. 내가 다섯 살 때 교장선생님께서는 이렇게 말씀하셨다. "접시에 담긴 음식은 남기지 말아요. 세계 곳곳에서 굶고 있는 아이들을 생각해봐요." 당시 나는 왜 내가 접시에 담긴 걸 다 먹는 게 굶주린 아이들을 돕는 길인지 의아해했다. 뭔가를 더 남겨야 그 애들이 더 먹을 수 있는 게 아닐까(물론 지금은 교장선생님 말씀의 핵심이 '감사하는 태도를 지녀라'는 것임을 이해한다. 딱히 논리적인 말씀은 아니었던 것이다)?

인간의 심리란 재미있는 것이다. 어렸을 때 배운 규칙 중에서 지금 생각하면 일리가 있는 말인데도 당시에는 머릿속에 새기기 힘든 것들이 있다. 예를 들면, "식사 중간에는 간식을 먹지 말아라"라든가 "거리에서(혹은 차 안에서)는 음식을 먹지 말아라." 또, "식사 전에는 배고픈 게 좋다"와 같은 것들 말이다. 이런 별로 달갑지 않은 규칙들을 무시해버린 건 비단 나뿐만은 아닐 듯싶다.

어렸을 때 들은 말 중 이런 것도 당신을 놀라게 했을 것이다. "식사를 다 마치기 전까지 푸딩은 먹으면 안 돼요." 어린 당신의 무의식에는 '단 것은 매우 맛있지만 지루한 짠 음식을 먹기 전까진 먹을 수 없구나'로 해석됐을 것이다. 물론 단 간식이 본 식사보다 좋다고 생각하며 크는 건 바람직하진 않지만, 어쨌든 그런 규칙 아래에서는 위와 같은 생각을 했을 확률이 크다.

그런데 위 규칙에는 '식사 후에는 뭔가 단것을 먹는다'는 또 다른 규칙이 내포돼 있다. 이 규칙은 성인이 되어서도 깨기 힘들다. 식사 후에 뭔가 단것을 원하게 되는 것이다. 내 자녀에게 이 규칙을 물려주지 않을 유일한 방법은, 식후에 어떤 푸딩도 주지 않는 거였다. 과일만 빼고.

학교와 학부모가 조장하는 또 하나의 건강을 해치는 식습관이 있다. 바로 상이나 보상으로 아이에게 단것을 주는 것이다. 예를 들면, 경주에서 우승해서, 넘어져 무릎을 다쳐서, 아니면 숙제나 방청소를 마치거나 개를 산책시켜서 등등. 18년 동안이나 그런 생활을 하면, '오늘 너무 힘든 하루였어. 초콜릿이 필요해', 혹은 '그 프레젠테이션 때문에 너무 힘들었잖아. 단것 좀 먹어야지'라고 말하는 성인이 되는 것이다. 물론 가끔 건강하지 않은 간식을 먹는 게 잘못된 건 아니다. 문제는 이를 특정 행동과 연관짓는 것이다. 차라리 간혹 간식을 먹거나, 특별한 경우(휴일이나 크리스마스, 영화 관람)로 간식 먹는 걸 제한하는 게 훨씬 낫다. 그래야 간식을 적게 먹을 수 있다. 단, 간식을 너무 제한하면 오히려 간식을 더 원하게 될지도 모른다. 무척 까다로운 문제이지 않은가?

> 66
> 가끔 건강하지 않은 간식을 먹는 게 잘못된 건 아니다.
> 문제는 이를 특정 행동과 연관짓는 것이다.
> 99

50

다이어트를
하지 마라

몸무게가 너무 많이 나간다고 생각해 뭔가 조치를 취하고 싶다면 일반적으로 다이어트를 한다. 칼로리 섭취를 줄이면 체내에 축적된 칼로리를 대신 쓸 것 아닌가. 그러면 결과적으로 몸무게도 줄지 않을까? 하지만 현실은 그렇게 과학적이지 못하다.

시중에는 다양한 종류의 다이어트가 존재한다. 그 명칭에 굳이 '저칼로리'가 들어가지도 않는다. 대신 다른 이름으로 포장을 한다. 예를 들어, '고단백 다이어트'나 '저지방 다이어트', '간헐적 금식' 등으로 다양하다. 그래도 그 핵심은 늘 같다. 에너지를 적게 섭취해서 체내 에너지를 쓰게 만들자는 것이다. 이 중에는 그럴싸한 다이어트도 있지만 정말 위험한 다이어트도 있다. 물론 이 양극단 사이에도 여러 방법이 존재한다. 이처럼 다이어트 시장은 큰 산업이 아닐 수 없다.

여기서 나의 궁금증이 생긴다. 왜 그렇게 소수만 체중 감량에 성공하고 또 그 상태를 유지하는 것일까? 칼로리를 섭취하고 체내에서 칼로리를 태우는 문제일 뿐이라면 말이다. 다이어트에 지속적으로 매진하는 이들이 현저히 더 적어야 하지 않을까? 하지만 우리 모두가 알듯, 체중 감량을 한 후에 곧바로 하루에 초콜릿바를 다섯 개 먹으면 감량한 체중이 다시 는다. 우리는 바보가 아니지 않은가. 하지만 일부가 이 덫에 걸려드는 동안, 정말로 체중 감량을 유지하려고 노력하는 이들도 있다. 그러면 대체 어떻게 된 일일까?

　당신도 알다시피 나는 과학자가 아니다. 따라서 과학적인 세부사항으로 들어가지는 않겠다. 그래도 다음과 같은 내용은 안다. 예를 들어, 체중에는 유전자가 큰 역할을 담당한다거나, 여성보다는 남성이 체중을 감량하기 쉽다는 사실이다(너무 불공평하지 않은가). 또, 만약 다이어트를 하면 체내 신진대사가 재정비된다는 것도. 당신의 신장 및 활동 레벨에 맞는 건강한 칼로리 섭취가 하루에 2,000칼로리라고 가정해보자. 당신은 목표 체중에 도달할 때까지 하루 칼로리 섭취를 1,500으로 줄였다. 그러고는 체중 유지를 위해 다시 하루 권장량인 2,000칼로리를 섭취하기 시작했다. 연구에 따르면, 사람들의 기대와는 달리 이럴 때는 다이어트 전의 체중으로 되돌아간다고 한다. 왜냐하면 체내 신진대사가 하루에 1,500칼로리로 작동하도록 재설정되었기 때문이다. 그러니 다이어트 후에 권장량 2,000칼로리를 취하는 건 이제 너무 많은 것이다.

　글쎄, 다이어트 분야는 아직 새로운 연구 영역이라, 아마 이런 단순화된 결론에 어떤 과학자라도 얼굴을 찡그릴지 모르겠다. 하지만 나는 체중 감량이 그저 원하는 만큼 살을 빼는 것이라기보다 훨씬 더 복잡함을 지적하고 싶었다. 또, 감량 후에 예전 몸무게에 맞는 칼로리를 섭취해서는 안 된다는 것도 말이다.

여기서 핵심은 다이어트를 약간 한 뒤에 멈추는 것은 거의 효과가 없다는 것이다. 만약 영구적 효과를 원한다면 다이어트를 영구적으로 해야 한다. 그러니 거창한 다이어트를 하지 마라. 대신, 평소 음식 섭취량을 지속 가능한 정도로 줄이는 것이다. 이를 평생 유지하도록 현실적이 될 필요가 있다. 작은 점진적 변화들이 급격한 체중 감소를 일으키진 않지만 더 오래 지속 가능하다. 이제, 커피나 차에 넣는 설탕을 줄이는 것부터 시작하면 어떨까? 또, 외출 시나 손님을 맞을 때만 푸딩을 먹는 것이다. '다시는 푸딩을 먹지 않겠어'라고 다짐만 하는 것보다 훨씬 효과적일 테니까. 또, 배고플 때 쇼핑을 지양해서 단것들의 유혹에 덜 시달릴 수 있게 하라. 이런 작은 변화들을 감당 가능한 선에서 축적해가는 것이다. 장기적으로 유지 가능한 방법들을 생각하기 바란다.

66

영구적인 체중 감량 효과를 원한다면
다이어트를 영구적으로 해야 한다.

99

단것에
빠지지 마라

51

  이미 우리 중 상당수에겐 늦은 일이지만, 많은 연구결과들은 설탕이 마치 코카인처럼 중독적인 물질이라고 말하고 있다. 설탕과 코카인은 뇌에 비슷한 영향을 미치기 때문이다. 즉, 도파민 분비를 일으켜서 고조된 감정을 선사하는 것이다. 설탕을 더 먹을수록 뇌는 차츰 그 양에 적응한다. 그래서 뇌는 도파민이라는 보상을 받기 위해 더 많은 설탕을 요구하게 되는 것이다. 게다가 이렇게 뇌의 경로가 강화될 때마다 단것을 먹고 싶은 욕구는 더 강하게 자리 잡게 된다.

  그렇다고 헤로인을 설탕처럼 취급하라는 뜻은 아니다. 하지만 왜 당신이 단것을 원하는지에 대한 이해에 적합한 비유다. 당신이 단것을 사랑하는 많은 사람들 중 한 명이라면 말이다. 이제, 단것에 대한 좀 더 건강한 접근법이 필요하다. 단것을 원하는 욕구를 스스로 완전히 컨트롤할 수 있어야 한다. 뇌 속 화학작용의 꼭두각시가 돼서야 되겠는가.

과학적인 내용을 좀 더 말해보겠다. 정제된 설탕은 가게에 '설탕'이라고 쓰여 있는 봉지에 들었거나, 어쩌면 '꿀'이나 '메이플 시럽'에도 포함될 수 있다. 이 정제된 설탕은 건강에 더 나쁘고, 더 중독성이 강하다. 과일이나 우유에 포함된 천연 설탕에 비해서 말이다. 혹시 키위에 비해서 초콜릿을 더 원하게 되는 걸 느꼈을지 모르겠다. 그 이유가 바로 여기에 있다.

기분 내키는 대로 단것을 원하는 관계가 아니라 배고플 때만 음식을 먹는, 건강한 음식과의 관계를 추구하는가? 그렇다면 설탕을 천연재료로부터 얻는 게 매우 중요하다. 이건 전혀 잘못이 아니다. 사실 설탕은 섭취량만 적절하다면 그 자체로 나쁜 게 아니니까. 그리고 만약 천연 설탕을 고수한다면 더욱 더 그렇다. 만약 당신이 한 주에 케이크 한 조각만 먹고 그것으로 만족할 수 있다면, 축하할 일이다. 하지만 한 조각을 먹으면 세 조각을 먹고 싶고, 그러다가 케이크 한 판을 다 먹어치우게 된다. 그러니까 차라리 첫 조각을 아예 먹지 않는 편이 낫다.

이미 단것에 푹 빠져버린 상태인가? 그런데 당신은 아마 그렇게 많은 양의 설탕은 먹고 싶지 않을지 모른다. 그런 경우에는 대체 전략을 세워야 한다. 대체 전략을 여러 개 세우는 것도 좋다. 즉, 스스로 단것을 원하지 않게끔 하는 전략이다. 말하자면 새로운 뇌 연결경로를 마련해서 이전의 경로를 대체하는 것이다. 물론 처음부터 이런 전략이 성공하지 않는다고 자책할 필요는 없다. 이런 전략은 처음이 가장 힘드니까. 하지만 잘 견디면 점점 더 쉬워진다. 당신은 설탕 섭취 자체를 멈추려는 게 아니라 뇌의 설탕에 대한 반응을 컨트롤하려는 것임을 명심하라.

  그중 가장 간단한 전략은 배고플 때 단 간식 대신 설탕이 들어 있지 않은 식사를 먹는 것이다. 어쨌든 식사 사이에 너무 배고픈 상태가 되지 말아야 한다. 배고파서 간식에 손을 대게 되기 때문이다. 만약 굳이 먹을 필요가 없다면 차라리 주의를 환기시켜라. 산책을 가거나, 샤워를 하거나, 친구에게 전화를 거는 것이다. 이런 기분 전환 방법을 여러 개 마련해놓고 필요할 때 적절한 방법을 선택하라. 또한, 간식을 원하게 되는 계기를 인식하고, 이를 피해야 한다. 예를 들어, 피로나 스트레스, 배고플 때 쇼핑하기 같은 것들이다.

66

설탕 섭취 자체를 멈추려는 게 아니라,
뇌의 설탕에 대한 반응을 컨트롤하려는 것임을 명심하라.

99

52

음식은 나쁜 게 아니다

내가 어렸을 때 이모는 초콜릿을 권해 받으면 이렇게 말하곤 하셨다. "아니, 정말 이런 거 먹으면 안 되는데," 혹은 "어머나, 이런 건 못된 일인데." 난 그런 말을 들을 때마다 이렇게 생각했다. '정말 먹지 않아야 된다면 그냥 안 먹으면 될 거 아닌가?' 물론 예의 바른 나는 이런 생각을 말로 표현하지는 않았다. 하지만 이모는 거의 항상 초콜릿을 드셨다. 사실 이런 태도는 매우 흔한 거라서, 왜 내가 이모의 경우를 콕 집어 얘기하는지는 모르겠다. 아마도 어렸을 때라 이해를 못해서 이모의 그런 태도가 인상 깊었을 듯싶다.

음식은 좋거나 나쁘거나 못되거나 한 것이 아니다. 단것이나 기름진 음식도 마찬가지다. 음식은 그저 음식이다. 도덕적인 차원이 존재하지 않는다. 그러니 음식을 먹을 때 스스로에게 나쁜 짓을 한다거나 의지가 약하다거나 하는 혼잣말을 하는 건 삼가야 한다. 그러는 건 음식과 전혀 새롭고도 불필요한 관계를 창조하는 것이기 때문이다.

건강하지 않은 음식을 먹는다고 해서 꼭 나쁜 건 아니다. 그저 건강하지 않을 뿐이다. 게다가 당신의 건강이 아닌가. 남을 해치거나 하는 것도 아니잖은가. 하지만 당신은 이런 음식들을 피하고 싶을지 모른다. 그래서 초콜릿이나 도넛을 먹으면 금방 '저걸 먹지 않았어야 했는데'라고 자책할지도 모른다. 하지만 그렇다고 당신이 나쁜 사람이 되는 건 아니다. 나도 뒤돌아 생각하면 후회하는 일들이 정말 많다. 기차 대신에 버스를 탔다든지, 누가 부엌 바닥에 무언가를 흘리기 직전에 걸레로 닦았다든지, 실수로 이미 샀던 책을 또 샀다든지(이런 일이 너무 많아 놀랄 정도다) 하는 일들이다. 하지만 이런 실수들을 했다고 내가 죄인이 된 느낌은 들지 않았다. 그저 경험으로 여기는 일들이고, 그로부터 뭔가 배우려 노력할 뿐이다. 그러니, 만약 다음에 초콜릿을 먹겠냐고 누군가 권하면 먹든지 말든지 선택하면 그만이다. 자신을 비하할 기회로 삼을 필요는 없는 것이다.

여하튼 이런 예의 상당 부분은 우리가 쓰는 언어와 관련이 있다. 특히 머릿속에서 혼자 생각하는 말들 말이다. 사실, 어떤 영향을 주기 위해서 생각을 그대로 내뱉을 필요는 없다. 또, 당신이 당면한 상황에 얼마나 이성적으로 수긍하는지도 상관없다. 건강하지 못한 음식을 생각하며 '못된', '먹지 말아야', '유혹' '그러면 안 되는데' 등의 말을 쓴다는 건, 그게 당신의 마음속 깊숙한 믿음이라는 증거이다.

그러니, 이제 음식을 도덕적으로 중립적인 대상으로 보도록 훈련하

라. 음식을 대하는 태도도 도덕적으로 중립적이어야 한다. 물론 혼자서 쿠키 한 통을 몽땅 먹는 것은 딱히 권유할 만한 일은 아니다. 특히 자주 그렇게 먹고, 당신이 건강한 체중의 소유자가 아니라면 말이다. 하지만 그게 전부다. 그저 뒤돌아볼 때, 합리적으로 '다시 그러지 말도록 노력해야지' 하고 생각하면 그뿐이다.

음식에 대한 당신의 결정을 감정적이기보단 합리적인 관점에서 볼 필요가 있다. 그렇게 하면 음식과의 꼬인 관계를 풀어내는 게 훨씬 쉬워질 것이다. 어떤 이들에겐 이런 과정이 몇 년은 걸린다. 물론 그런 문제조차 인식 못 하고, 음식에 대한 언어 사용 및 내면의 대화에도 변화를 주지 않으면, 그런 과정을 시작할 일도 없겠지만 말이다.

> **66**
>
> 건강하지 않은 음식을 먹는다고 해서 나쁜 건 아니다.
> 그저 건강하지 않을 뿐.
>
> **99**

체중이
중요한 건 아니다

53

어떤 독자들은 음식에 관한 이번 장을 읽는 내내 '이건 분명 내 몸무게 문제야'라고 생각했을지도 모르겠다. 그러나 그렇지 않다. 당신이 충분히 건강체중이라도 음식에 관한 원칙들은 여전히 중요하다. 또, 당신이 스스로 건강체중이라고 느끼더라도 마찬가지다(실제 건강체중인 것과 건강체중이라고 느끼는 게 항상 같지는 않으니까). 여하튼 당신의 체중과는 관계없이 음식에 대해 신경 쓸 필요가 있다. 최대한 건강하고 에너지가 넘치는 삶을 살려면 말이다.

체중에 미치는 영향만 생각하고 먹을 음식을 선택하는 것은 잘못된 생각이다. 그 자체로 건강하지 못한 습관이며, 음식과의 관계를 망칠 수 있다. 음식에 대해 과한 분석을 할 필요는 없다. 모든 걸 넓은 시야에서 봐야 한다.

당연하겠지만, 남은 삶을 즐기려면 최대한 건강한 상태가 돼야 한다. 그리고 넓은 의미에서 당신의 체중이 건강한 편이라면, 크게 염려할 것은 없다. 하지만 많은 이들이 음식 때문에 스트레스 받는 건 건강 체중을 유지하고 싶어서가 아니다. 말 그대로 겉모습에 자신감을 얻고 싶은 것이다.

즉, 체중으로 인한 스트레스는 외모에 대한 스트레스로 변질될 수 있다. 체형에 대한 자신감이 부족하면 체중 탓으로 돌리기 쉽다. 변할 수 없는 다른 부분의 탓을 하는 것보다 나으니 말이다(많은 돈을 들여 고통스러운 수술을 감행하지 않는 이상). '몇 킬로그램만 빼면 모든 게 다 괜찮아질 거야'라고 스스로에게 말하는 게 훨씬 더 단순하지 않은가. 애초에 체중이 문제가 아니기 때문에, 그래봐야 별 차이 없다는 걸 인정하는 것보다 말이다.

지금의 체형이 맘에 들지 않는다면 아무리 살을 빼고, 바디빌딩을 하고, 수술을 감내하더라도 문제가 해결되지는 않는다. 진짜 문제는 체형이 아닌 당신의 마음속에 있기 때문이다. 미디어에서 말하는 '완벽한' 몸매가 아니더라도 얼마든지 자신의 몸매를 편안하게 느끼는 이들을 아마 많이 알고 있을 것이다. 영화배우나 팝스타일 수도 있고, 당신의 지인일 수도 있다. 이건 체중이나 다이어트 문제가 아니라 태도의 문제인 것이다.

물론 이게 쉬운 문제라고 말하는 건 아니다. 하지만 적어도, 진짜 문제를 시정해야 하지 않겠는가. 만약 당신의 체형에 대해 불만족이라면 '체형'이 아닌 '불만족' 부분을 고쳐야 한다. 내 체형의 문제가 아니라

내 사고의 문제임을 인정해야 하는 것이다.

현실은, 당신의 몸에 그렇게 관심을 가지는 이는 당신뿐이다. 당신의 배우자나 미래의 배우자도 당신 몸에 그 정도로 관심은 없다(만약 정말로 신경 쓴다면, 그런 배우자는 필요 없다). 아무도 당신의 엉덩이가 이상하게 생겼다거나, 무릎이 조금 튀어나와 보인다거나, 식스팩이 없다거나 하는 것을 신경 쓰지 않는다. 세상에는 엉덩이가 이상하게 생긴 사람들도, 무릎이 튀어나온 이들도 무수히 많다. 이들도 다 친구들과 연인들을 만들며 살아가지 않는가. 그러니, 무슨 문제가 될까? 오히려 당신의 태도를 정비하고, 몸에 그만 집착하는 편이 낫다.

> 66
> 내 체형의 문제가 아니라,
> 내 사고의 문제임을 인정해야 한다.
> 99

54

음식을
즐겨라

지금까지 나는 우리가 내면으로 소화해야 할 음식에 대한 몇몇 원칙을 제시했다. 하지만 사실 나는 당신이 이 원칙들에 대해 줄곧 생각하지 않길 바란다. 이 원칙들을 흡수하고 자신의 것으로 통합시킨 후 그냥 넘어가길 바라는 것이다. 물론 그렇게 간단한 문제가 아님을 안다. 하지만 음식에 대해 집착하지 않는 건 정말로 중요하다. 만약 당신이 '무엇을 얼마나 먹을지,' 그리고 '언제 어디서 먹을지'에 대해 문제 삼기 시작하면, 생각이 너무 많아지고 확대 해석하기 쉽다. 음식과의 건강한 관계를 유지하려면 경계선을 지키는 게 중요하다. 너무 심각하게 여기기 시작하면 끊임없이 음식에 대한 생각만 할 테니까.

앞서 언급했듯, 음식과 가장 건강한 관계를 맺는 이들이 일반적으로 가장 건강하기도 하다. 이들은 음식에 대해 크게 호들갑떨지 않는다(물론, 훈련 시에 엄격한 식단을 지키는 운동선수들은 제외하고). 이들은 대부분 배고플 때 건강한 음식을 먹고, 간식도 적당한 양만 먹는다.

음식에 관한 한 중용이 필수이다. 만약 '앞으로는 절대 초콜릿도, 과자도, 케이크도, 푸딩도 먹지 말아야지' 하고 다짐을 하면, 분명히 실패하게 되어 있다. 게다가, 때때로 그런 것들을 좀 먹은들 어떤가? 기분이 나쁘지 않고, 넓은 의미에서 건강체중이기만 하면 무슨 상관이겠는가? 심지어 당신이 과체중이라고 해도(혼자 생각하는 게 아니라 실제로) 이룰 수 없는 목표를 설정하는 건 무의미한 일이다. 앞서도 살펴봤듯, 성공적인 체중 감량은 오직 식습관의 영구적인 변화로만 가능하다. 따라서 비참한 기분 없이도 평생 유지할 변화를 주는 수밖에 없다. 그런 식습관에 도달하려면 약간의 시간이 필요하다. 이런 접근법이 하룻밤 새 급작스런 변화를 기대하는 것보다 훨씬 낫다. 어쨌든, 만약 제일 좋아하는 음식을 포기해야 한다면 문제가 될 게 뻔하다. 실현 가능할 리가 없으니까.

어떤 음식을 금지하는 순간, 그 음식과의 관계는 더 복잡해진다. 내가 만약 당신에게 "무슨 일을 해도 좋지만 절대 흰 북극곰은 생각하지 말아요"라고 말한다면, 당신의 머릿속에 어떤 이미지가 가장 먼저 떠오르겠는가? 마찬가지로, 만약 당신이 '절대 초콜릿은 먹지 말아야지'라고 생각하면, 어떤 음식을 가장 먼저 먹고 싶겠는가?

초콜릿은 가끔씩만 먹으면 전혀 문제될 것이 없다. 하루에 초콜릿바 열 개를 먹어치우는 게 아니라면 말이다. 그러니, 왜 영원히 초콜릿을 치워버리려고 하는가? 그 외에 당신이 특별히 좋아하는 다른 음식들도 마찬가지다. 맛있는 음식을 즐기는 것은 당연한 것이다. 당신이 이를 즐기지 말아야 할 이유는 없다. 릴랙스하며 좋아하는 음식을 먹는 것은 중요하다. 절제하는 게 건강에 더 좋은 음식은 그렇게 하면 될 뿐이다. 당신이 음식과의 편안하고 쉬운 관계를 유지하고 싶다면 말이다.

66

'절대 초콜릿은 먹지 말아야지'라고 생각하면,
어떤 음식을 가장 먼저 먹고 싶겠는가?

99

The Rules of
LIVING WELL

7장. 학습

인간은 태어나는 날부터 학습이 불가피하다. 그중에는 본능적인 학습도 있고, 당신이 좋든 싫든 떠밀려서 하는 학습도 있다. 타인이 당신에게 기대하는 학습을 하다 보면 뭔가를 배우는 그 자체의 즐거움을 잊어버리기 쉽다.

하나의 기술을 연마한다는 것(기초 단계라도), 혹은 당신이 매료된 분야의 전문가가 된다는 것은 당신의 흥미를 자극시킨다. 또, 본인의 능력에 흡족해하는 계기가 되기도 하고, 참 즐거움의 원천이 되기도 한다. 그러니 뭔가 새로운 것을 늘 배워서 자신감과 즐거움을 채우는 게 좋다.

때로 학습은 별다른 노력 없이도 이뤄진다. 어려서 집을 떠났을 때, 아무도 나를 위해 밥을 해주지 않음을 깨닫고 스스로 요리하는 법을 배웠던 게 기억난다. 첫 애가 태어났을 때는 또 얼마나 빨리 부모가 되는 법을 배웠는지 모른다. 이처럼 학습이란 딱히 수강을 하거나 새 기타를 장만하는 일 등에만 국한되는 건 아니다. 살면서 인생이 당신에게 감당하기 힘든 정도로 많은 배움을 던져줄 때도 올 것이다. 하지만 상대적으로 단조로운 일상이 펼쳐지는 때도 온다. 그럴 때야말로 바로 그림붓을 집어 들거나, 철도의 역사에 대해 제대로 파고들 때다. 혹은 독서모임에 가입하거나, 온라인 학위를 따기 위해 공부하는 것이다.

학습해야 할 것을 타인이 정하는 시기는 이제 지났다. 흥미를 끄는 건 뭐든지 배워볼 시간이다.

자신이 즐기는 것을
선택해 학습하라

55

학교에서 수학이나 역사, 혹은 당신이 싫어하는 주제를 억지로 배우게 했을 때 얼마나 비참한 기분이었는지 기억나는가? 집중하려 해도 힘들고, 학습에 시간이 너무 걸려서 고통스러웠을 것이다.

하지만 이제는 다르다. 이제부터는 자신을 위해 학습해보라. 지리나 체육 같은 지겨운 과목들에는 작별인사를 할 때다. 그리고 당신의 흥미를 끄는 과목을 선택하라. 무엇이든 괜찮다. 맥베스^{Macbeth}를 연구해도 좋고, 자기장^{magnetism}이나 우각호^{ox-bow lake}(하천의 일부가 막혀 형성된 호수)에 대해 공부해도 좋다. 혹은 동시에 뭔가 모호하고, 비학문적이며, 예상치 못했던 특이한 분야를 공부해도 된다. 이제 당신에게 선택권이 있으니, 아무 학습 주제라도 괜찮은 것이다.

학교 공부의 문제점은 당신이 문학이나 라틴어, 예술에 영 관심이 없었다는 것이다. 적어도 학교에서 가르치는 방식대로라면 관심이 없었다. 혹은 이런 과목들의 성적을 잘 받고 싶은 생각은 있었을지 몰라도, 배우는 과정 자체에는 관심이 없었을 것이다. 따라서 이런 과목들의 수업을 즐기지 않았을 뿐 아니라, 당신의 뇌도 이런 과목들을 배우도록 최적화되지 못했다.

학창시절의 내 친구 중 한 명은 프랑스어를 매우 힘들어 했다. 그래서 결국 끝에는 포기해버렸다. 그런데 그로부터 몇 년 뒤, 우연찮게 그녀는 프랑스에 가게 됐다. 그러자 그녀는 갑자기 프랑스어를 배워야겠다는 생각을 하게 됐단다. 그리고 정말 짧은 시간 내에 유창한 프랑스어를 하게 됐다. 학생시절 때와 같은 과목일 뿐인데, 다른 학습 스타일과 새로운 동기 부여가 큰 차이를 만들었던 것이다.

이제는 당신이 학습을 위한 최적의 마음가짐을 갖출 차례다. 이때 가장 중요한 것은 학습의 과정을 즐기는 일이다. 그러면 더 빨리, 더 잘 학습할 수 있다. 하지만 더 중요한 건, 만약 그러지 못했다고 해도 괜찮다는 점이다. 즐거움만 느끼면 된다. 당신의 수채화가 돈을 벌어들일 수 있을 정도로 훌륭하지 않으면 어떤가? 수채화를 그리기 이전보다 더 많은 것을 배웠으니 시간을 낭비한 건 아니다. 게다가 배우는 즐거움을 얻지 않았는가. 이 이상 뭐가 더 필요한가?

나는 많은 이들이 자신이 별로 즐기지 않는 것을 배우기로 결심하는 걸 보고 놀라곤 한다. 당신은 이게 당연하다고 생각할지 모른다. 하지만 오직 나만이 내가 배울 것을 택할 수 있다. 당신의 아버지가 당신이 DIY 기술을 더 연마해야 한다고 생각하거나, 당신의 배우자가 당신이 스페인어를 배워야 한다고 주장하는 것은 다 필요 없다. 혹은 친구들이 당신이 같이 살사댄스 수업을 들어야 한다고 생각하는 것도 마찬가지다. 내가 원하는 것을 배워야 하며, 내가 원하는 방식으로 배워야 한다. 수업을 들어도 좋고, 책을 읽거나, 온라인 강의를 들어도 좋다. 실수를 해도 상관없다. 내가 원하는 주제를 오직 나의 스타일로 배워야 하는 것이다. 나의 삶이니까.

물론 배우자의 말대로, 당신은 '스페인어가 정말 유용하겠는걸'이라고 생각할 수도 있다. 또, 당신의 상사가 권유한 새로운 자격증을 따려고 할지도 모른다. 그리고 이제 개를 기르기 시작했으니 개 훈련법을 배우는 것도 좋다. 하지만 이런 학습은 온전히 자신을 위한 학습은 아니다. 한편, 당신이 원하는 학습을 위한 시간도 마음대로 낼 수 있어야 한다. 또, 더이상 즐겁지 않아서 학습을 그만두는 것도 당신의 자유이다(그만두지 않더라도, 이는 중요한 원칙이다).

> **❝**
> 이제 당신에게 선택권이 있으니, 아무 학습 주제라도 괜찮다.
> **❞**

56

학습 동기를 찾아라

앞서 언급했듯, '배우는 즐거움'이 가장 크고도 중요한 동기이다. 동기가 없으면 학습이 힘들어질 수밖에 없다. 어떤 사람들, 또 어떤 학습에 있어서는 동기가 학습에 필요한 전부이기도 하다. 사실, 당신이 배우는 모든 게 학습을 계속 향상시키고, 더 잘 이해하도록 동기를 부여한다. 예를 들어, 요리를 별로 해본 적이 없는데 이제 요리를 잘하도록 배우고 싶다고 가정해보라. 요리를 하나씩 성공할 때마다 그 성공이 당신을 더욱더 요리에 매진하도록 하지 않겠는가.

한편, 당신이 만든 케이크가 부풀어 오르지 않고, 카레는 너무 묽으며, 푸딩도 흐느적거리고, 빵은 눅눅하다고 생각해보라. 이럴 때, 일반적으로는 동기가 더 많이 부여된 상태일수록 실망감을 떨쳐버리고, 제대로 음식을 만들 때까지 계속 시도할 가능성이 많다. 그래서 동기가 그렇게 중요한 것이다. 최초의 이상적인 열망이 식어버려도 계속 학습에 매진하도록 우리를 이끄는 게 바로 동기이니까. 누구나 처음엔 런던 마라톤을 우승하고, 자신의 그림이 전시회에 걸리고, 교수직을 제안 받는 것을 꿈꾸지 않는가.

또, 많은 이들에게는 타인이 학습 매진의 동기가 되기도 한다. 어떤 팀에 들어가서 학습을 하거나, 당신이 존경하는 사람으로부터 일대일 교습을 받는다면, 낙담을 해도 기운을 북돋아줄 누군가가 존재한다. 이런 학습이 당신에게 맞는다면, 타인과 함께하는 학습을 고려해보라. 어떤 이들에게는 타인이 큰 동기가 된 나머지 오히려 학습 내용 자체보다 더 의미가 커지기도 한다. 그것도 물론 괜찮다.

어떤 이들은 독학을 더 선호한다. 인류학을 배우든 피아노를 배우든 학습을 원하는 시간에 원하는 속도로 하는 자유를 원하는 것이다. 또, 배운 것을 남들 앞에 보이지 않아도 되는 것을 원한다. 어차피 만약 인류학을 공부한다면, 원하는 때에 이 과목에 당신만큼 관심 있는 이들 구하기란 쉽지 않아 보인다. 이런 경우, 타인이 항상 공부의 동기가 되지는 못할 것이다.

당신이 할 수 있는 가장 실용적인 한 가지 학습법은 스스로에게 현실적인 도전과제를 부여하는 것이다. 학습 계획을 세울 때 남들보다 진도가 느릴 수 있는 부분도 감안해야 한다. 또, 실수할 부분도 마찬가지다. 학습을 즐기는 게 가장 중요하니 스스로를 너무 다그치지 말아야 한다. 그러다가는 즐거움을 잃을 테니까. 배우자의 생일 3개월 전에 '케이크를 만들어야지'라고 다짐했다고 가정해보자. 3개월 동안 시행착오를 겪으며 자신의 실수를 웃어넘길 충분한 시간이 있다. 그러고 나서 3개월이 지나면 한 발 물러서서 학습의 산물인 케이크를 감상할 기회를 얻게 되는 것이다.

혹은 만약 당신이 이번 여름에 해외로 휴가를 가고 싶다고 해보자. 당신은 그곳에서 그 나라의 언어로 버티며 지내고 싶다. 적어도 기초적인 의사소통을 하는 것이다. 예를 들어, 박물관 입장권을 산다거나, 식사를 주문한다거나, 방향을 묻는 등등. 이런 건 즐기는 게 목적이니 너무 자신을 닦달할 필요는 없다. 목표 이상을 넘어설 수 있다면 멋진 일이지만, 삶이 바쁘면 학습이 원활히 진행되지 못해서 원하는 만큼 빨리 배울 수 없을 것이다. 이때 중요한 건, 중간에 지금까지의 학습 성취를 점검하는 시간을 갖는 일이다.

많은 이들에게는
타인이 학습에 계속 매진하게 하는 계기가 되기도 한다.

학습의
우선순위를 정하라

57

동기의 원천이 될 만한 것을 또 하나 소개하겠다(물론, 잘못하면 동기를 꺾어놓을 수도 있겠지만). 우리가 뭔가를 정식으로 배우면 대개는 일종의 자격증이나 증명서, 문서에 우리의 이름이나 성취에 대한 인정 내용 등을 적어준다. 많은 이들에겐 이런 문서들이 학습에 계속 매진하게 하는 타깃이 된다. 이런 자격증이나 상을 일단 손에 넣으면 우리는 무척 기분이 좋아진다. '그간의 노력이 헛되지 않았어'라고 생각하면서 말이다.

물론 이런 상황에 내가 반박을 하려는 건 아니다. 이런 자격증이 당신이 공부하는 데 목적의식을 심어준다면, 나쁠 리가 없다. 하지만 잠시 자격증 부분만 따로 떼어서 생각해보자.

사실, 교육 시스템 전체가 우리에게 배움의 목적은 '자격증을 따는 것'이라고 가르치고는 한다. 그러나 그게 꼭 사실이 아니라는 걸 우리 모두 잘 알고 있지 않은가? 학교를 떠나면, 자격증은 확실히 도움이 된다. 하지만 가장 중요한 것은 배움 그 자체이다. 역사 시험을 통과했다는 것이 역사를 잘 안다는 뜻은 아니지 않는가. 즉, 아직도 당신이 배우지 않은 역사 지식들이 많이 있다. 자격증이나 시험 점수 등은 '철저한 무지'에서부터 '완벽한 지식' 사이를 무작위로 표시하는 것에 지나지 않는다. 물론, 자격증도 나름의 실용성이 있고, 아마 당신은 자격증 획득이 동기부여가 된다고 느낄지 모른다. 이건 물론 좋은 점이다. 하지만 자격증 자체가 진정한 학습의 목적이 되지는 못한다.

자격증을 중시하는 접근법의 부작용은, 그 자격증을 따는 데 집착하기 쉽다는 것이다. 학교 및 직장에서의 공부라면 이런 게 중요할지 모르지만, 지금 우리가 논하는 공부는 나 자신만을 위한 것이다. 오직 내가 원해서 하는 학습이 아니던가. 만약 내가 자기만족을 위해 자동차 역학을 배우고 싶다고 해보자. 그렇다면 특정 과정을 마쳤다는 증명서가 왜 필요한가? 만약 내가 그 정도의 수준에 오를 필요성을 못 느꼈다면 어떨까?

또, 만약 내가 강의의 이론적인 부분에 흥미를 못 느낀다면 어떨까? 그저 지금 당장 자동차의 보닛을 열어 머리를 들이밀고 싶을 뿐이라면? 혹은, 반대로 배움을 계속하고 싶다면 어떨까? 그래서 그다음 레벨의 증명서를 따고 싶다면 말이다. 그런 것이 아니면, 그런 배움의 길에는 더이상 오르지 않을 것인가?

이런 문제들에서 옳고 그름이란 없다. 그저 이런 문제들에 대해 명확히 생각해보면 그만이다. 어떤 이들은 마라톤을 완주했다는 증명서를 원하기도 한다. 반면, 어떤 이들은 그저 달리기를 즐길 뿐, 얼마만큼의 거리를 뛰었는지조차 크게 개의치 않는다. 이들 중에는 한 번에 42킬로미터를 달릴 수 있지만 그 사실조차 모르고, 신경도 쓰지 않는 이들도 있다.

당신에게 중요한 건 무엇인가? 예를 들어, 스페인어에서 특정 증명서를 원하는가? 아니면 스페인을 방문했을 때 현지인과 약간의 대화를 할 정도를 원하는가? 또한, 배운 것에 대해 시험을 본다는 게 당신의 동기를 더 자극하는가? 아니면 압박으로 작용해서 배움의 즐거움마저 빼앗아가는가? 이 학습은 당신 자신을 위한 것이니, 뭐든지 당신이 원하는 대로 해야 한다. 타인의 말은 들을 필요 없다. 그리고 학습을 해나가면서 언제든지 그런 결정은 바꿀 수 있다. 고정된 결정은 아니니까. 결국, 당신이 학습에서 무엇을 원하는지에 달린 것이다.

> 66
> 가장 중요한 것은 배움 그 자체이다.
> 99

58

틀에 박힌 학습에서
탈피하라

새로운 기술이나 지식을 습득할 때, 다양성은 우리의 흥미를 자극한다. 배우는 과정에서 우리는 마음의 새로운 영역을 작동시키고, 새로운 신경경로를 창조한다. 동시에 학습능력을 확대한다. 따라서 판에 박힌 방식으로 학습하면 새로운 학습의 이점을 제대로 누리지 못하게 된다.

한 예로, 당신이 서핑을 배운다고 가정해보자. 당신은 서핑을 열심히 배웠다. 그리고 이를 너무 즐긴 나머지, 다음에는 '카이트서핑kite-surfing(서핑에 패러글라이딩을 접목시킨 스포츠)'을 배우기로 결심했다. 그 후에는 또 윈드서핑을 배우기로 했다. 만약 당신이 이런 서핑들을 즐긴다면, 이렇게 새로운 수상 스포츠에 계속 도전하는 것은 좋은 일이다. 재미를 느낀다는 것은 매우 바람직하니까.

하지만 전혀 새로운 과목을 배움에 추가하는 것이 학습 마인드를 확

202

장시키는 비결임을 알아야 한다. 예를 들어, 위의 경우에 서핑이 아니라 코바늘 뜨개질을 해보는 것이다. 아, 물론 놀랄 필요는 없다. 싫은데 억지로 코바늘 뜨개질을 배워야 한다는 뜻은 아니니까. 그러나 이 시점에서는 '새로운 서핑을 하나 더 배우기'가 '뜨개질하기'와 '컴퓨터 코드를 만들기'와는 전혀 다르다는 걸 알아야 한다. 물론 새로운 서핑을 배우는 것도 당신의 자유지만 뜨개질과 같은 새로운 기술을 익히는 편이 유익하다는 점도 알아두는 게 좋다. 바쁘다면 지금 당장 새로운 기술을 배우지 않아도 좋다. 그럼에도 '파라세일링parasailing(보트에 매달린 채 낙하산으로 하늘을 솟아오르는 스포츠)' 강의를 듣는 게 '새로운 기술 배우기'는 아니라는 걸 깨닫기 바란다.

나는 야간 강좌를 꾸준히 듣는 몇 사람을 알고 있다. 이들은 수업을 옮겨 다니며 듣는데, 한 수업당 대략 몇 달에서 1년 정도를 듣는다. 그렇게 해서 즐겁다면 전혀 문제는 없다. 사실, 일반적으로 이들에게는 구체적인 수업 내용만큼이나 수업에서 얻는 사회적 요소들이 중요했다. 따라서 이들은 그런 사회적 요소를 다양한 각도에서 즐기는 것이었다.

한편, 학습의 다양성은 학습 내용뿐만 아니라 학습의 방법에도 적용된다. 당신은 수년간 체스 두는 법을 배울 수도 있고, 단 하루 저녁에 그레이비gravy 소스를 만드는 법을 배울 수도 있다. 앞에서 나는 이미 자격증 획득이나 능력 시험을 위해서 학습을 할 필요는 없다는 점을 강조했다. 따라서 학습에 적은 시간을 들이건 많은 시간을 들이건 당신 마음인 것이다. 당신이 꼬르동 블루cordon bleu(프랑스의 명문 요리학교) 출신 셰프가 될 필요는 없으니까 말이다. 예를 들어, '유용한 비건vegan 요리를 여섯 개 정도 배우기'가 목표면 족하다. 다만, 반나절에 많은 걸 배울 거라 기대하지는 마라. 학습의 다양성이란 외국어 하나를 5년 동안 배울 수도 있고, 서체type 디자인에 대한 내용을 하룻저녁에 읽을 수도 있음을 뜻하기도 한다. 학습에 들이는 노력과 시간, 스타일을 다양화하고, 그에 맞게 심신을 단련시킬 수 있어야 한다.

우리의 학습 목표는 하나의 과목을 마스터한 뒤, 또 새로운 과목의 공부를 시작하는 게 아니다. 삶은 그런 식으로 흘러가지 않으니까. 어떤 과목은 당신이 평생을 공부해야 하고, 다른 과목들은 지루해지거나 논리적으로 정리하기 힘들어진다. 가끔 당신도 모르는 사이에 학습이 나태해지기도 한다. 또, 어떤 과목들은 특정 시간 및 장소에서만 배우고 연습할 수 있다(예를 들어, 서핑은 해안가에서 배우기 훨씬 쉽다). 이런 이유들 때문에 여러 과목들을 하나씩 차례대로 배우는 것을 목표로 삼으면 안 된다. 과목들끼리 서로 엮이는 다양한 방식 속에서 당신의 학습 능력을 증진시켜야 한다. 다만, 항상 뭔가 공부할 것을 마련해놓기 바란다.

> 66
> 수년간 체스 두는 법을 배울 수도 있고,
> 단 하룻저녁에 그레이비소스를 만드는 법을 배울 수도 있다.
> 99

자신만의 학습법을
찾아라

59

알다시피, 사람들이 모두 같은 방식으로 학습하지는 않는다. 내가 학교를 다닐 때만 해도 선생님들은 그들이 수 시간 동안 웅얼대는 소리를 학생들이 들으면서 가장 잘 배운다고 생각하셨다. 그 소리를 들으며 노트 필기를 하는 것이다. 물론 노트 필기를 가장 효과적으로 하는 방법 같은 건 가르쳐주지도 않았다. 노트 필기란 타고난 능력이라고 선생님들은 생각하는 듯했다.

하지만 사람들은 모두 다양성을 지녔다. 각자에게 적합한 학습법도 무척 다양하다. 오늘날의 선생님들은 이 점을 옛날보다 훨씬 더 잘 이해한다. 하지만 늘 개선의 여지는 있다. 사실, 어떤 이들은 글이나 도표를 보고, 또 어떤 이들은 듣기와 보기를 통해 공부하는 걸 선호한다. 그런가 하면 단순 암기를 선호하는 이도 있고, 특수한 암기법이나 마인드

맵을 사용하는 이도 있다. 운이 좋다면 당신의 선생님이(학교 및 대학교, 야간강좌 등에서) 당신에게 최적화된 학습법을 찾아줄 수도 있다. 하지만 자신의 마음이 어떻게 작동하는지를 파악하는 건 궁극적으로 당신의 책임이다.

이처럼 학습법의 선택지는 무척 다양하며, 정보를 최적의 방법으로 습득하지 못하는 건 꼭 당신의 잘못은 아니다. 한 예로, 난독증이나 통합운동장애dyspraxia(통합행위를 하는 능력의 장애)를 지닌 많은 이들은 동시에 듣고 쓰는 것을 잘 하지 못한다(이런 증상이 있다는 걸 옛날 학교 선생님들은 까맣게 모르셨을 테지만). 하지만 이런 증상을 지녀도 동시에 듣고 쓰는 것을 잘하는 이들도 있다. 그런 이들에게도 더 효율적인 학습법들이 존재한다. 오히려 이런 난독증과 통합장애 학생들은 종종 뛰어난 학습 성취를 보이기도 한다. 물론 이건 오로지 그들이 원하는 방식으로 학습할 때만 그렇다.

나도 여태껏 매우 넓은 범위의 다양한 학습법들을 만나왔다. 그중 일부는 아주 창의적이기까지 했다. 그런데 이런 학습법들에서 가장 중요한 건 '효과가 있는지'의 여부였다. 내가 알던 한 아이는 계단을 오르락내리락하는 동안 구구단을 소리치며 외웠다. 그저 가만히 서서 구구단을 외우는 것보다 더 머리에 잘 입력된다는 것이었다. 또, 내가 아는 한 여성은 큰 프레젠테이션 전에는 핸드폰에 프레젠테이션의 핵심 사항들을 몽땅 녹음해두곤 했다. 그러고는 프레젠테이션 전날 잠들기 전에 녹음한 것을 들어본다는 거였다.

평소에 다양한 악센트로 말하는 걸 즐기던 또 다른 친구도 있다. 그는 새로운 주제에 대해 배울 때마다 새로운 악센트로 말해보곤 했다. 그래야 내용이 마음속에 잘 자리 잡는다면서 말이다. 예를 들어, 학교에서 자기장에 대해 배울 때는 스코틀랜드 방언으로, 전기에 대해 배울 때는 아일랜드 방언으로 혼잣말을 했다. 또, 원자의 구조에 대해 공부할 때는 독일어로, 힘과 중력에 대해 공부할 때는 웨일스어로 말했다. 그는 이렇게 언어별로 주제를 나누면 용어나 개념을 기억하기가 훨씬 쉬움을 깨달았단다. 그러나 나는 언어 공부에는 이 방법을 추천하지 않는다.

언어 얘기가 나왔으니 말인데, 어떤 사람들은 언어를 배울 때 무작정 그 언어를 말하면서 배운다. 하지만 어떤 이들은 문법을 이해해야 비로소 그 언어를 이해하기 시작한다. 또, 요리를 할 때도 요리법을 천천히 따라가는 이들이 있다. 그런가 하면 자기 마음대로 실험을 해보는 이들도 있다. 말하자면, 마구잡이식으로 만드는 것이다. 이 방법도 물론 괜찮다.

당신이 윈드서핑을 배우건 새 고객에 대한 정보를 외우건 학습할 때는 자신의 마음이 어떻게 움직이는지를 이해해야 한다. 그리고 학습법에 경계선을 두지 마라. 목표는 뭔가를 배우는 것이다. 이 목표를 이뤘다면 당신의 학습법은 성공적인 게 틀림없다. 비록 남에게는 괴짜 같은 방법으로 보일지라도.

자신의 마음이 어떻게 작동하는지를 파악하는 건
궁극적으로 당신의 책임이다.

60

몸을 바삐
움직여라

나는 스카이프(마이크로소프트 사에서 만든 인스턴트 메신저)를 통해 백파이프를 배우는 사람을 알고 있다. 그런데 그는 그 악기를 배우는 동안 실제로는 한 번도 연주하지 않았다고 한다. 사실, 그가 이런 공부법을 원해서 택한 건 아니었다. 직접 백파이프를 팔 밑에 끼고 연주하는 공부보다 효과적일 리가 없었으니까. 말하자면 그의 공부는 '실제로 활발히 참여하는 공부가 더 효과적이다'라는 원칙을 보여주는 극단적인 예인 셈이다.

이 원칙은 대부분의 신체적 활동에도 잘 들어맞는다. 하지만 학습의 경우에는 이를 적용할 수 있는 분야가 그리 많지 않다. 나는 어려서 운 좋게 이탈리아 여행을 해본 적이 있는데, 이때 로마의 근사한 폐허를 직접 마주볼 수 있었다. 그러고 나니 학교에서 이에 대해 배울 때 로마의 역사가 생생히 살아나는 느낌이 들었다. 그래서 로마 역사를 이해하고 배우기가 한결 쉬웠다.

학습에 활발히 참여하면 할수록 더 잘 배울 수 있다. 그러나 당신이 정말 하고 싶은 공부가 흥미를 끄는 책 한 권을 들고 방 한구석에 숨어드는 거라면? 그리고 배움의 속도가 느리든 빠르든 별 신경 안 쓴다면? 당연히 그것도 괜찮다. 하지만 우리 대부분은 학습할 때 직접 참여하는 것을 훨씬 더 흥미롭고 효과적으로 느낄 것이다.

당신이 원예나 농구, 그리고 백파이프를 배운다면 이를 손으로 직접 다뤄볼 충분한 시간을 설계할 것이다. 그렇다면 만약 당신의 가계도를 탐색하거나, '끈 이론string theory(만물의 최소 단위가 진동하는 끈이라는 이론)'에 흥미를 느껴 공부하려 한다면 어떨까. 이런 주제들도 어떻게든 생동감 있게 살아 움직이게 만들 방법은 있다. 그저 컴퓨터 앞에 앉아서 공부만 하는 것보다 당신의 더 깊은 참여를 이끌어낼 방법 말이다. 일전에 나는 암스테르담에 여행을 간 적이 있다. 그곳에서 나는 19세기에 내 증조부모님이 어린 시절 예배를 드렸을 유대교 회당을 보고 깊은 감동을 받았다. 그러고 나니 내 가계도가 훨씬 선명하게 느껴졌다. 이처럼, 당신이 만약 아마추어 물리학자라면 박물관, 강연회 및 전시회 등을 다니는 집밖 학습을 하러 나가보라.

학습 마인드를 넓히고 싶은데 어떤 학습 분야를 선택할지 모르겠는가? 새로운 학습적 자극을 느끼고 싶다면 우선 '행동하면서 배우는 분야'를 선택해보기 바란다. 몇 년 전, 나는 한 학교의 운영이사가 되었다. 솔직히 나는 교육 시스템에 대해서는 아는 게 별로 없었다. 하지만 이에 대해 배워보면 좋을 것 같았다. 그리고 내 예측은 맞았다. 교육 시스템에 대해 정말 많은 걸 배웠고, 무척 흥미롭다고 느꼈다.

물론 학교 운영이 모두에게 맞는 분야는 아닐지 모른다. 그렇다면, 지역 자선단체나 아마추어 연극 모임에 들어가보는 건 어떨까(연기가 적성에 안 맞으면 조명이나 무대연출을 할 수도 있으니까)? 아니면 지역 스포츠팀의 운영을 돕든지, 오케스트라나 밴드에 참여할 수도 있다(이런 데서라면 상상 속의 백파이프가 아닌 실제 백파이프를 연주할 기회가 있다). 사회성에 자신이 별로 없다면 회계나 서기, 혹은 웹사이트 관리자 등으로 무대 뒤에서 일할 수도 있다.

이런 역할들로부터 얼마나 많은 걸 배울 수 있는지는 한 걸음 물러서서 생각해야 알 수 있다. 분명히 학습 마인드를 자극시키면서 지식 저변을 확대시키는 행복한 경험을 했음을 깨닫게 될 것이다. 다시 한번, 이런 자원활동은 자신을 위한 것임을 기억하라. 만약 즐겁지 않거나 잠깐 즐기다가 지루해졌다면 그만두면 된다. 당신은 원칙을 준수하는 사람으로서 주변인들에게 민폐를 끼치진 않을 테니까. 각종 단체들에서는 이런 자원활동의 중도 이탈이 어느 정도 잦다는 것을 이미 알고 있다. 따라서 미리 시간만 잘 정리해 얘기하면 아무 문제없을 것이다.

활발하게 참여하는 공부가 더 효과적이다.

실수를
즐겨라

61

실수는 좋은 것이다. 우리는 실수를 좋아해야 한다. 실수를 통해 배움으로써 다음에는 더 나아질 수 있기 때문이다. 실수를 통해 우리의 뇌 신경경로는 더 나은 해결책을 찾아 발화된다. 사람들은 흔히 "말에서 세 번 떨어지기 전까지는 말을 제대로 탈 수 없다"라고 말하곤 한다. 말에서 떨어지는 게 당연하다는 뜻은 아니다. 아니, 말에서 떨어지는 건 확실히 실수가 맞다. 하지만 그 또한 배우기 위한 과정인 것이다.

나는 요리하기를 꽤 좋아한다. 아주 가끔이지만 퍼프 페이스트리^{puff} ^{pastry}(여러 겹으로 된 파이나 케이크류)를 만들기까지 한다(사실, 슈퍼마켓에 가면 이미 완성된 퍼프 페이스트리를 파는데, 내가 무슨 생각이었는가 싶지만). 퍼프 페이스트리는 만들기 상당히 까다롭다. 하지만 나는 늘 해내곤 했다. 항상 얇고 푹신한, 버터맛이 녹아든 빵이 완성됐으니까. 나는 오히

장. 학습 · 211

려 그게 걱정이었다. 왜냐하면 분명히 만들기 까다로운 것인데, 내가 어떻게 제대로 만들었는지 이해가 안 됐으니까. 결국, 몇 년간 퍼프 페이스트리를 만든 후(물론 1년에 한 번뿐이었지만), 나는 드디어 오븐에서 실패한, 무겁고 눅눅해진 빵 덩어리를 꺼냈다. '그래! 만들기 까다로운 게 맞다니까!'라고 생각한 뒤, 나는 어디가 잘못된 건가를 살피기 시작했다. 알고 보니, 빵 반죽을 오븐에 넣기 전에 너무 따뜻하게 두었던 게 화근이었다. 여하튼 나는 그 일로 퍼프 페이스트리 만들기에 대해 제대로 이해하게 되었다. 그리고 이제 운이 좋아 빵을 완성했다는 생각이 안 들었다. 내가 뭘 하는지를 정확히 알았던 것이다. 우스운 일이지만 그즈음부터 나는 슈퍼마켓에서 퍼프 페이스트리를 사기 시작했다. 뭔가 도전과제가 사라져버린 느낌이 들어서였다. 어차피 성공할 걸 시작 전에 아는데, 제대로 만드는 데서 오는 만족감이 없었기 때문이다.

하지만 대부분의 학교들은 실수를 장려하지 않는다. 직장 상사들도 마찬가지다. 이들은 모두 우리가 실수로부터 배워야 한다는 걸 잘 안다. 하지만 그들과 함께할 때는 우리가 실수를 하지 않기를 바라는 것이다. 잠깐, 그런데 지금 학습의 주체는 당신이 아닌가. 이건 당신의 학습이고, 당신을 위한 학습이다. 게다가 누구도 당신의 실수를 신경 쓰지 않는다. 그러니, 원하는 대로 마음껏 실수를 저질러라. 그러면 어떻게 될까? 각각의 실수가 당신이 실력 개선을 위해 집중해야 할 부분을 짚어줄 것이다. 이는 매우 유용하다. 다른 누구도 아닌, 당신만의 학습이라는 사실을 즐겨야 하지 않는가.

당신이 진지하게 자격증을 따려 하든, 아니면 새로운 기술을 익혀서 한번 시도해보려 하든 상관없다. 당신의 실수들은 당신이 어디에 너무 공을 많이 들이는지, 어디가 너무 쉬워서 집중을 소홀히 하는지 등을 짚어낼 것이다. 또, 어떤 부분을 특히 까다롭다고 여기는지, 아침에 해야 더 잘하거나 사람이 곁에 있을 때 더 잘하는지 등도 가르쳐줄 것이다. 그뿐인가. 정보를 더 찾아 읽어야 할지, 인내심을 더 가져야 할지(이건 내 경우에 늘 그렇다) 등도 마찬가지다. 당신이 실수들로부터 더 많은 가치를 얻어낼수록 실수의 과정이 상당히 즐겁게 느껴질 것이다.

그러니 실수를 만끽하고, 포용하라. 그리고 웃어넘겨라. 한번은 내가 여동생과 처음으로 도배를 시도했다. 물론, 마치 학습곡선^{learning} curve(시간에 따른 학습변화를 나타낸 곡선)처럼 곧 벽지를 실수 없이 잘 바르게 됐다. 하지만 첫 열 번 정도의 시도는 그야말로 난장판이어서 웃지 않을 수가 없었다. 얼마나 어설펐던지 정말로 심하게 킥킥거렸던 기억이 난다. 하지만 결국 이 경험으로부터 많은 걸 배울 수 있었다(실은 나는 벽지를 바르는 것보다 벽에 페인트칠을 선호한다는 것도).

> " 당신의 실수들을 만끽하고, 포용하라. 그리고 웃어넘겨라. "

62 배움의 속도를 늦추지 마라

고령이신 내 이모가 불치병으로 병원에 입원하셨을 때 일이다. 나는 이모가 돌아가시기 바로 몇 주 전에 마지막으로 뵈었다. 당시 이모는 필리핀 출신의 어느 간호사와 무척 잘지내고 계셨다. 이모는 이 간호사로부터 필리핀에 대한 무척 흥미로운 사실들을 배우셨다면서 내게 다 말씀하시는 거였다. '배우지 않으면 살아 있는 게 아니다'라는 말이 있지 않은가. 적어도 우리 이모는 그때까지는 아직 생생히 살아계셨던 것이다.

학습이라는 건 공부studying에만 국한된 게 아니다. 우리의 뇌를 새롭게 자극시키는 모든 게 학습이다. 예를 들어, 새로운 직장을 얻는다거나, 기후 변화에 대한 사실들을 깨닫는 것, 체스 두는 법을 배우는 것, 처음으로 정원에 야채를 심는 것 등등. 만약 이런 일들을 하나도 하지 않는다면? 그리고 오로지 자신에게 익숙한 일만 한다면 그게 무슨 소용이겠는가? 아기들이 엄청난 속도로 학습한다는 건 잘 알려진 사실이다. 아기들은 움직이기부터 말하기, 대인관계 등의 기술을 단 몇 개월에서 몇 년 안에 배운다. 이런 배움의 속도가 점차 느려지는 것은 나이를 먹을수록 생존을 위해 배워야 하는 일은 적어지기 때문이다. 하지만 본디 인간의 뇌는 끝없이 배우도록 맞춰져 있다. 그러니 이런 능력을 낭비하지 말아야 한다.

학교를 졸업하고 나면 업무에 대해서 배우기 시작한다. 통근하기에서부터 예산안 짜기, 그리고 당신이 몸담은 직업 분야 탐색 등이 있다. 또, 만약 자녀가 있다면 부모가 되는 법을 배운다(그리고 별로 기분이 안 좋은 날에는 '잠시 부모노릇을 쉬는 법'도 배운다). 이처럼 살아가면서 습득하게 되는 지식 및 기술이 얼마든지 있다. 정치 지식에서부터 공항 안 탐색, 나쁜 소식을 전하는 법과 삶은 계란을 완벽하게 삶는 법(계란을 완벽하게 삶으려면 4분 30초가 걸린다)에 이르기까지.

그런데 더 배우면 배울수록 꾸준히 배울 필요성은 적어지기도 한다. 예를 들어, 계란을 매번 완벽하게 삶게 된다든가, 공항 안을 손바닥 안처럼 훤히 들여다본다든가 하게 되는 것이다. 물론 가끔은 마치 식물처럼 가만히 앉아 있고 싶은 충동도 느낄 것이다. 그러나 뇌를 자극하기 위해 우리는 흥미로운 일을 해야 한다. 그래야 늘 젊게 살 수 있고, 항상 재미를 느낄 무언가를 갖게 되는 것이다. 당신이 30세든 80세든 상관없다. 배움의 기회가 당신에게 다가오지 않거든 밖으로 나가 직접 찾아야 한다.

그러니, 당신이 원하는 무엇이든 선택해서 배워라. 얼마나 신나는 일인가? 예를 들어, 자신의 가계도를 거슬러 올라간다든가, 환경 캠페인을 위해 일하는 것이다. 또, 서핑이나 자수, 법조인이나 상담사가 되기 위한 공부, 러시아 역사 공부 등등. 어떤 것이라도 당신의 흥미를 끌고, 당신의 삶이라는 퍼즐에 끼워 맞출 수 있는 것이면 된다. 하나의 기술을 익히고 나면 거기서 멈추지 말고 새로운 기술에 도전하기 바란다. 그렇다고 모든 자유시간을 혼신을 다해 배우는 데 쓸 필요는 없다. 물론 그런다고 해도 당신의 자유지만. 또, 흥미로운 자원봉사나 새로운 아르바이트를 몇 년 동안 해보라. 그리고 더이상 이로부터 배울 게 없다고 느끼면 그만두면 된다. 한편 서핑 같은 것은 단 몇 주 만에 터득할 수 있다. 스스로 몰입하기만 한다면.

당신이 다 볼 수 없을 만큼 많은 흥미로운 일들이 지구상에 일어나고 있다. 따라서 흥미로운 일들이 고갈될 일은 없다. 그중에 당신이 개인적으로 즐기고 감당할 만한, 또 당신의 삶에 적합한 일들로 제한해서 선택하면 된다. 배움을 그만둬야 할 이유나 핑계는 없다.

66

배움의 기회가 다가오지 않거든
밖으로 나가 직접 찾아야 한다.

99

배움의 기회를
밀어내지 마라

63

새로운 것을 배우지 않고 삶을 살아가기란 불가능하다. 실제로, 일상을 뭔가 배우지 않고 보내기란 무척 힘든 일이다. 신문을 읽거나 친구와 수다만 떨어도, 또 TV나 소셜미디어를 통해서도 충분히 배울 수 있다. 물론 그렇게 배우는 모든 게 다 흥미롭거나 유용하다고 느껴지지는 않을 수도 있다. 하지만 '중동의 역사'에서부터 '연예인 가십'에 이르기까지 뭔가를 배울 기회는 넘쳐난다. 이미 삶에 필요한 기술 및 지식을 충분히 갖췄다고 해도 마찬가지다. 새로운 것들을 배울 기회는 우리 앞에 끊임없이 찾아올 테니까.

다시 말해, 마치 라디오를 끄듯 배움의 기회를 꺼버릴 수는 없는 것이다. 다만 소리를 줄일 수는 있다. 어쩌면 소리를 줄이는 기술은 꼭 필요하다. 모든 정보에 다 반응하다 보면 우리의 마음은 곧 과부하가 돼서 기능하기 힘들지 모른다. 따라서 정보들을 '필터링'하는 법을 배워서 적절히 대응해야 한다. 그런데 필터링에도 문제가 있다. 새로 접하는 정보들을 모두 음소거 해버릴 수도 있다는 것이다. 이는 일상적인 삶에는 별로 큰 타격이 없을지 몰라도, 넓게 보면 영혼을 살찌우는 걸 방해하는 일이다. 학습은 우리가 인간으로서 해야만 하는 것이다. 따라서 흥미를 끌지 못하거나 불필요한 정보들을 필터링 할 필요가 있다 해도, 동시에 새로운 학습에 항상 열린 자세를 가져야 한다. 그렇게 해야 자아성장을 할 수 있다.

한 가지 질문을 해보겠다. 어떤 뉴스를 듣고 배경지식을 찾으려 인터넷 탐색을 마지막으로 한 것이 언제인가? 또, 방금 들은 단어의 뜻을 찾으려 하거나, 당신을 헷갈리게 하던 정보를 이해하려 노력한 것은? 이 질문에 답을 할 수 있기 바란다. 왜냐면 기억할 정도로 최근이어야 하기 때문이다. 그 답이 '오늘만 해도 여러 번'일 수도 있다(꼭 인터넷 탐색일 필요는 없다. 책을 찾아볼 수도 있고, 친구에게 질문할 수도 있으니까).

인간으로서 우리는 필연적으로 새로운 정보를 습득하고 학습하며 살아간다. 그러한 학습은 우리에게 영감을 주고, 스스로 발전 및 개선을 하고 있다는 확신을 준다. 지구상에 살면서 우리가 시간을 최대로 활용하고 있다는 확신 말이다. 또한, 학습은 열린 자세를 유지하게 하며 편견과 고정관념에서 벗어나게 한다. 따라서 자신의 정신적, 감정적 건강을 위해서는 매일의 배움의 기회를 필터링 해버리면 안 된다. 특히, 만약 강의 수강이나 진지한 독서 및 학습에 매진할 여유가 없다면, 이런 매일의 배움이 당분간 당신의 학습의 전부일지 모른다. 당신이 인생 첫 정원 가꾸기와 그래픽 디자인에 대한 야간수업을 이미 듣고 있어도 마찬가지다. 삶은 마음을 살찌울 수많은 배움의 기회를 던져준다. 자신이 전혀 모르던, 흥미로운 분야를 얼마든지 찾을 수 있는 것이다.

그러므로 '이 얘기의 배경이 어떻게 되지?'라든가 '이게 진짜 뉴스일까, 아니면 가짜 뉴스일까?' 하고 생각하는 습관을 들이길 바란다. 또, '이 단어의 어원이 뭘까?', 혹은 '그 문제에 대한 통계자료를 보고 싶군,' '그게 왜 그렇게 작동되지?'라고도 생각해보라. 그러고 나서 이 질문들에 대한 답을 찾는 것이다. 어떤 문제들은 금방 답을 찾을 수 있겠지만, 몇몇 문제들은 우리를 흥미로운 미로로 안내할 것이다. 또, 드물게는 당신을 완전히 새로운 학문 분야에 빠져들게 할지도 모른다. 이런 학습의 과정을 마음껏 즐겨라.

매일의 배움의 기회를 필터링 해버리면 안 된다.

64

자신에 대해 사색하라

이제 당신은 질문을 던지고 새로운 정보를 배울 준비가 되었다. 또 일상을 살아가면서 배운 정보에 대해 더 탐색할 기회도 얻을 것이다. 그러면 당신은 점차 열린 자세를 가진, 박학하고 흥미로운 사람이 되어갈 것이다. 그 결과, 지적으로 좀 더 보람찬 삶을 살게 되는 것이다.

지적인 면 외에 정신적이고 감정적으로도 보람찬 삶을 살고 싶은가? 그러면 위의 학습 습관을 좀 더 확장시킬 필요가 있다. 즉, 당신의 경험과 행동, 그리고 당신의 삶에 대해서 대해 자문해보는 것이다. '왜 이런 기분이 들지?'라든가 '내가 왜 이런 행동을 할까?', 또 '어렸을 때에 비해 내 태도가 어떻게 바뀌었지?'와 같은 질문을 해보는 것이다.

이런 자문하기에 대해서는 앞서 회복력 부분에서 다룬 바 있다. 회복력에서는 '자아의식'이 중요한 요소이기 때문이다. 당신이 처한 상황이 좋든 나쁘든 이렇게 스스로에 대해 질문하는 습관을 가져보라. 당신이 발전하고 성장하는 데 중요한 역할을 할 것이다.

　나는 지금껏 상당히 긴, 몇십 년이라는 세월을 살아왔다. 그런데 30~40년 전의 내 모습을 떠올리면 너무나 낯설다. 너무 많은 면에서 달라졌고, 지금은 그 결과에 거의 만족한다(가족 내 사소한 다툼이 있긴 하지만, 그건 그들의 문제다). 우리 모두는 살아가면서 크게 변화한다. 그 변화가 긍정적인 것이려면 그 변화에 대해 의식하고 컨트롤할 수 있어야 한다. 그러려면 스스로에게 끊임없이 자신에 대한 질문을 해야 하며, 그 답을 얻어야만 하는 것이다.

　이때 던져볼 수 있는 가장 유용한 질문 하나가 바로 '내가 이로부터 무엇을 배울 수 있는가?'이다. 당신이 힘든 상황 및 트라우마를 겪고 있을 때, 어떤 일을 잘못(혹은 잘) 처리했을 때, 스스로에게 어떤 일이 생긴 건지, 그리고 다음에 이런 일이 생기면 어떻게 다르게 할지를 물어보는 것이다. 또, '다음에 꼭 똑같이 해야지' 하는 일이 있다면 뭔지도 물어보라.

　만약 무언가가 당신을 화나거나 겁나게, 또는 언짢거나 걱정하게 만들었다면(다 우리가 싫어하는 감정들이다), 스스로에게 어떻게 해야 다음에는 이런 감정들을 덜 느낄지를 자문해보라. 그렇게 하지 않으면, 이런 감정들이 그대로 반복될지도 모른다. 물론, 어떤 일에 대한 당신의 반응을 하룻밤 새 바꿀 수는 없다. 하지만 몇 년간 이런 훈련을 반복하다 보면, 전보다 훨씬 더 대처를 잘 하게 된다. 어긋난 상황에 대해서도 마찬가지다. 자녀양육과, 직장일, 어머니와의 대화, 자동차 충돌사고 등에서 당신이 무엇을 다르게 할 수 있을지를 사색해보는 것이다.

이런 사색은 별로 어렵지 않은 일이니, 모두 당연히 해야 한다고 나는 믿는다. 매일 밤 잠들기 전에 스스로에 대해 배운 점 등을 생각해보는 것이다. 혹은 통근시간이나 산책을 하면서도 좋다. 많은 이들이 자신에 대해 사색을 하지 않는다. 그런 이들은 아마 삶을 대처하는 데 큰 개선점이 없지 않을까. 우리 모두 이런 이들을 잘 안다. 큰 문제가 없는데 평범한 삶을 사는 것도 버거워하는 이들, 계속해서 같은 실수를 반복하는 이들 말이다. 이들은 똑같이 행동하면 계속 같은 결과만 얻을 뿐인 걸 이해하지 못한다. 당신은 이들처럼 되지 말기 바란다.

스스로에게 끊임없이 자신에 대한 질문을 해야 한다.

The Rules of
LIVING
WELL

8장. 부모 노릇하기

부모 노릇을 하다 보면 이런저런 일로 스트레스 받고 바쁜 일정 속에서 헤매기 일쑤다. 우리는 부모로서 사소한 위기들에 대처하거나 상황을 컨트롤하려는 데 많은 시간을 쓴다. 또, 직장일과 가정일을 동시에 소화하려 애쓰기도 한다. 이런 건 당연한 일이다. 이럴 때 앞서 살펴봤듯, 자신보다 타인에게 더 신경을 쓰면 얻는 게 더 많은 경우도 있다.

하지만 무엇보다 스스로 행복을 느낄 때, 가정을 더 효율적으로 돌볼 수 있다. 그러나 가족들에게 집중하는 게 행복을 가져다주기도 하지만 지나침은 항상 금물이다. 부모 노릇을 한다는 것은 보람찬 일이다. 그럼에도 항상 즐겁지만은 않다. 게다가 어떤 날은 너무 힘든 일이기도 하다. 그래도 전반적으로는 자녀양육을 통해 만족감을 느낄 수 있다. 따라서 그 과정을 즐기려면 따로 시간을 내서 스스로를 돌봐야 한다. 그래야 당신의 자녀들이, 자녀들과의 시간을 즐기는 릴랙스한 부모와 함께 성장할 수 있는 것이다.

아이가 커감에 따라 부모의 역할도 달라진다. 아주 어린 아기 때는 밤잠을 설치기도 하고, 아이가 유아기에 들어서면 잠시도 쉴 틈이 없을지 모른다. 또, 아이가 학교에 들어가면 친구들이나 숙제와 씨름해야 한다. 그러다가 사춘기에 들어간 아이는 갑자기 부모인 당신에게 항상 소리를 지를지도 모른다. 한편으론 사춘기 자녀는 아기 때보다 훨씬 더 연약하게 보이기도 한다. 자녀가 두 명 이상인데 한 명은 유아이고 또 한 명은 십대라면 상황은 더 복잡하고, 요구는 더 늘어난다. 그러니, 자녀양육으로 바쁜 가운데 당신만의 시간을 찾기란 상당한 도전과제인 셈이다. 그런 당신을 도울 원칙들을 이번 장에서 만나보기로 하자.

자녀양육의 목적을
잊으면 안 된다

65

너무 많은 일들로 바쁘다 보면 중요한 원래의 목적이 무엇인지 망각하기 쉽다. 마찬가지로, 아기의 기저귀를 가느라 정신이 없다 보면 '내가 왜 이러고 있지?' 하고 멍하게 될지도 모른다. 특히 며칠, 몇 달, 심지어 몇 년간 제대로 잠을 못 잤다면 더욱 그럴 것이다. 게다가 빨지 않은 빨래가 쌓여 있고, 끝내지 않은 과제도 한가득이다. 나만의 시간과 감정을 돌보려는 욕구는 미뤄놓기 쉽다.

대체 내가 왜 이런 상황을 자처했던가? 이렇게 하겠다고 서류에 서명을 한 것도 아닌데, 왜 이러고 있을까? 혹시 실수가 아닐까? 모두들 자녀를 얻는 기쁨이 무척 크다고 말한다. 하지만 그런 즐거움을 느낄 수 없는 날들도 무수히 많다. 그런 날에는 마치 무보수로 일하는 하인이나 식모 같은 기분이 든다. 육아가 자신을 위한 게 아닌 것 같은 느낌이 드는 것이다. 물론 이건 남들도 마찬가지일 것이다.

이런 기분이 드는 게 아무리 정상이라도, 별로 즐거운 느낌은 아니다. 따라서 당신의 관점에서 육아의 목적이 무엇인지를 스스로 일깨우는 게 필요하다. 더 자주 일깨울수록 더 바람직하다. 일단 목표를 최소 하루에 한 번으로 잡아보라. 힘든 일이 아닌, 부모로서의 훌륭한 역할을 해내는 데 들인 시간을 떠올려보는 것이다. 운이 좋으면 그런 좋은 시간은 저절로 다가오기도 한다. 어떤 때는 짧고 굵게, 또 어떤 때는 약하게 다가온다. 그런 시간이 올 때 그 의미를 스스로 인식하면 큰 도움이 될 것이다. 즉, 스스로에게 의식적으로 이렇게 말하는 것이다. '이건 정말 멋진걸. 육아의 목적이 원래 이런 거지.'

이런 시간들을 만끽하려면 주도적이어야 한다. 그리고 이런 순간이 저절로 찾아오지 않으면 스스로 만들면 된다. 하루에 단 5분이라도 부모로서의 역할에 즐거움을 느끼는 시간을 갖는 것이다. 빨래나 다른 집안일들은 잠시 젖혀두고 그 순간에 오롯이 몰입해보라.

당신이 가장 좋아하는 자녀양육의 순간은 언제인가? 개인적으로 내게는 취침시간에 아이들 옆에 파고들어 이야기책을 읽어주는 것이었다. 안타깝게도 십대 자녀들은 이런 걸 고마워하지 않을 테지만, 어린 아이들은 너무나 좋아한다. 당신이 어떤 하루를 보냈든지 모든 걱정과 피로를 잠시 옆에 몰아놓고, '내가 지금 왜 이 행동을 하는가?'를 생각해보기 바란다. 그 행동이 꼭 자기 전 이야기책을 읽는 게 아니라도 괜찮다. 또, 취침시간이 아닌 다른 때라도 좋다. 핵심은 마음속의 모든 다른 것들을 비워내고 현재의 순간에 집중하는 것이다.

모든 아이들은 서로 다른 특성을 지닌다. 또, 나이대에 따라 달라진다. 당신과 당신의 자녀 간의 현재의 순간은 공원으로 놀러가는 것일수도, 식탁에서 함께 그림을 그리는 것일 수도 있다. 또, 함께 좋아하는 TV프로그램을 보는 것일 수도 있다. 내 자녀들이 어렸을 때, 한 아이는 목욕시간을 너무 좋아했고, 또 한 아이는 너무나 싫어했다. 그런가 하면, 좋아하는 목욕을 끝내려고 하면 엄청나게 짜증을 내는 아이도 있었다(부모로서는 목욕시간이 달갑지 않은 순간이다). 만약 당신의 자녀가 목욕시간을 좋아하면 '부모 역할의 재미'를 되새길 좋은 순간이 될 수 있다.

한편, 자녀들이 커갈수록 당신은 더 유연해질 필요가 있다. 그리고 자녀들과 함께할 새로운 순간들을 찾으려 노력하라. 노력하면 할수록 당신이 자녀양육을 얼마나 즐기는지 깨닫는 때가 많아질 것이다. '이건 정말 멋지군'이라고 느끼는 순간들이 많아질수록 더 행복해진다. 기저귀를 갈고, 장난감 등을 정리하는 하찮은 시간들 사이에서.

> **"**
> 자녀들과 함께할 새로운 순간들을 찾으려 노력하면 할수록,
> 당신이 자녀양육을 얼마나 즐기는지 깨닫는 때가 많아질 것이다.
> **"**

66

완벽한 부모는 없다

부모로서 영혼이 파괴되는 순간 중 하나는 바로 죄책감을 느낄 때다. '더 잘할 수 있었는데 내가 다 망쳐놨어'라고 깨닫는 순간인 것이다. 아이들이 자러 간 뒤 하루의 끝에서 당신은 오늘 있었던 일들을 검토해본다. '아이들에게 짜증을 냈지. 아이들 말도 제대로 들어주지 않았고. 그러고 보니 코트 입히는 것도 까먹었네. 애들 몸 상태도 별로 안 좋은데 굳이 학교를 보냈잖아' 하고 생각하며 자신에게 실망하는 것이다.

부모로서 우리는 모두 이런 경험을 해봤다. 하지만 쓸데없는 감정 낭비다. 기분이 더 나빠질 뿐만 아니라 아이들의 기분까지 망친다. 물론, 약간의 검토는 유용하다('눈이 오면 아이들 코트 입히는 걸 잊지 말자'라고 스스로에게 당부하는 등). 하지만 부정적인 감정들, 즉 무기력감, 패배감, 죄책감 등은 누구에게도 도움이 안 된다. 그러니 이런 감정들은 털어버리고 새로운 내일에 집중해야 한다.

실수를 해본 적이 없는 부모가 있다면 나에게 알려주길 바란다. 아무도 안 보는 데서조차 실수를 안 한 부모 말이다. 나는 한 번도 그런 부모를 본 적이 없다. 게다가, 무결점인 부모 밑에서 자라나면 아이가 얼마나 비참하겠는가. 그런 아이는 자신이 항상 어설프다고 느낄 게 뻔하다. 또, 간혹 짜증을 내고, 건망증이 있으면서, 이래라 저래라 하는, 가끔 재미도 없는 사람들 근처에서 자라날 기회도 잃는 셈이다. 혹은, 실수를 했을 때 사과하는 선례를 가르쳐줄 사람도 없을지 모른다. 딱히 예비 성인을 위한 좋은 환경은 아니다. 부모가 인간미가 있어야 자녀도 인간미 있게 클 수 있다.

만약 부모로서 회의감이 든다면 다음 세 가지 습관이 도움이 될 수 있다. 첫째는, '다음에는 무엇을 더 잘할 수 있을까'를 체크하는 것이다. 하지만 체크 사항을 실용적인 지침으로 써야지, 자책을 위한 감정적 빌미로 쓰면 안 된다. 예를 들어, 오늘 아이가 진지한 대화를 원했는데, 당신이 정말 바빠서 결국 대화가 결렬되었다고 해보자. 이런 경우, 다음에 이런 일이 또 생기면 두 가지 중 하나를 하기로 결심하는 것이다. 첫째로, 당신이 하던 일을 잠시 멈추거나, 둘째로, 아이에게 당신이 온전히 관심을 줄 때까지 기다리라 말하는 것이다. 이처럼 오늘의 경험을 배움의 기회로 삼아 마음속에 메모해두어라. 자책할 일이 아니다.

두 번째로, 스스로 '큰 그림'을 보도록 노력하라. 당신은 자녀들이 무사히 18세에 도달하길 바랄 것이고, 18세까지 배운 기본적인 기술로 자녀들은 새로운 삶을 시작해야 한다. 이 18년의 세월을 큰 틀에서 생각해보기 바란다. 이 긴 세월 동안, 당신이 오늘 하루 짜증을 냈거나 빵 사는 걸 잊어버렸다고 해서 대수인가. 그렇게 자책할 정도로 큰일들이 아닌 것이다. 대개는 당신의 실수를 아무도 기억 못 할 것이다.

셋째로, 똑같이 하루를 검토해보되, 당신이 잘한 일들을 떠올려보는 것이다. 예를 들어, 아이들이 깨끗한 옷을 입었고, 모두가 개랑 산책하는 걸 즐겼으며, 쇼핑도 했고, 점심도 맛있었다. 또, 목욕시간도 즐거웠다. 이건 예시일 뿐이지만, 하루에 이 정도로 잘한 일이 많았다면 정말 잘한 것이다. 만약 개선의 여지를 위해서 하루를 평가하려면, 잘한 일들도 되짚어봐야 하지 않겠는가. 그것도 바람직한 연습이니까.

부모가 인간미가 있어야 자녀도 인간미 있게 클 수 있다.

부모로서의 자신을
파악하라

67

앞서 설명했던 원칙의 내용을 이어가기로 하자. 실수에는 단발성 실수와 경향을 이루는 실수가 있다. 예를 들어, 누구나 딸꾹질을 한 번 한 것은 용서를 받는다. 특히 최대한 다시 반복하지 않을 방법을 배우거나, '검토하고, 그로부터 배우기'의 접근법을 쓴다면 실수를 더욱 줄일 수 있다.

부모로서의 자신을 이해하는 것은 무척 중요하다. 그래야 자신의 특정 행동들이 습관처럼 굳어져 있지는 않은지를 짚어낼 수 있다. 만약 그 행동이 맘에 들지 않는다면 빈도를 줄이기 위해 분석할 필요가 있다. 우리 모두 때로 실수를 지나치지만, 그 나날들이 모이면 결국 문제가 커질 수도 있으니 말이다. 이때, 당신의 장점이 단점보다 크다는 걸 알면 자신에 대해서 안심하며 살아갈 수 있다. 따라서 부모로서의 역할을 즐기고 최대한으로 릴랙스하기 위해 자신을 이해하는 게 중요한 것이다.

한 가지 예를 들겠다. 나는 평소 화를 내는 데 많은 시간을 쓰는 부모 몇몇을 안다. 이건 왠지 몰라도 그들의 천성인 듯싶다. 그런데 이런 성격이 자녀양육에서도 불거져 나온다는 게 문제였다. 글쎄, 어느 정도까지는 이들의 자녀들이 '엄마가 소리를 잘 지르네'라든가, '아빠가 좀 퉁명스러워'라고 넘길 수 있다. 물론 이런 행동들이 아동학대 수준으로 넘어가는 지점이 존재하겠지만, 다행히 내가 아는 부모들은 그렇지는 않았다. 이들은 그저 성미가 급할 뿐이었다. 만약 당신이 이 부모들 중 한 명으로 더이상 화를 내고 싶지 않다면 어떻게 해야 할까? 우선 당신은 스스로가 화를 낸다는 사실을 알고, 인정해야 한다. 그러고 나서 이를 시정해야 하는 것이다. 물론 하룻밤 새 바뀌지는 않을 것이다. 하지만 혼자, 혹은 배우자 및 친구, 상담사와 함께 꾸준히 노력하라. 당신의 행동에서 수정할 부분이나 화를 내는 시발점을 피할 방법 등은 많다. 하지만 이 모든 게 당신이 스스로에게 솔직해지고, 자신의 문제 행동을 인정한 후에라야 가능한 것이다.

나는 그 외에도 다양한 문제행동을 지닌 부모들을 알고 있다. 예를 들어, 자주 주의가 산만해져서 절대 자녀들의 말을 제대로 듣지 않는 부모들이 있다. 또, 자녀들을 퉁명스럽게 대하거나, 자녀들을 비판하는 부모들도 있다. 어떤 이들은 시험점수를 올리라고 자녀에게 압력을 주기도 하고, 아이들을 지나치게 찬양하거나, 반대로 아이들에게 무관심하기도 하다. 혹은 자녀를 과잉보호하거나 컨트롤하려는 부모들도 있다. 사실, 모든 부모들이 이런 행동들을 어느 정도는 한다. 그건 정상이다. 하지만 이런 탐탁지 않은 행동들 중 하나의 빈도가 높아질 수 있는 것이다. 그 사실을 눈치 채는 게 바로 변화의 첫 단계이다.

그렇다고 다른 부모의 흉내를 내라는 건 아니다. 어떤 부모는 잠들기 전 이야기책을 잘 읽어주지만, 어떤 부모는 차의 보닛 밑에서 아이들과 부품을 만지작거리길 더 잘하기도 한다. 또, 같이 스포츠를 즐기는 부모도 있지만, 자녀와 체스를 두는 걸 더 잘하는 부모도 있다. 어느 한 부모도 모든 걸 다 잘할 수는 없다. 당신의 자녀들도 그걸 이해하고, '모든 걸 다 잘할 필요는 없다'는 것을 배울 것이다. 여하튼, 자녀를 대하는 당신의 태도는 '행동'의 문제지 '성격'의 문제가 아니다. 만약 자녀들에게 잔소리나 비판을 하고, 자녀들을 무시하는 당신의 경향이 싫다면, 이를 고치고 개선하면 될 것이다.

또한, 자신의 좋은 행동들도 돌아볼 필요가 있다. 만약 당신이 자녀들에게 항상 참을성이 있다면, 그건 스스로 칭찬할 일이다. 혹은 아이들에게 항상 상냥하거나, 아이들의 말을 잘 들어줘도 마찬가지다. 또, 아이들과 웃으며 즐거운 시간을 보낼 수도 있고, 항상 공평하거나, 한결같아도 바람직하다. 스스로를 파악한다는 것은 이런 긍정적인 면에 대해 이해하는 것도 포함한다. 그래서 긍정적인 면을 당신이 변화시키고 싶은 부정적인 면과 대조해보는 것이다.

> 66
> 자녀를 대하는 당신의 태도는 '행동'의 문제지
> '성격'의 문제가 아니다.
> 99

68

자신의 판단을 믿어라

주변 사람들이 늘 '자녀양육에 대한 충고'를 해주려는 걸 보면 재미있다. 물론 여기서 재미있다는 건 실제로는 재미없다는 뜻이다. 그저 화가 날 뿐이다. 나는 특별히 요청받은 게 아니라면 남에게 자녀양육에 대한 충고를 해서는 안 된다고 생각한다. 자신의 의견을 낼 정도로 지각이 있는 사람이라면, 각 가정과 부모와 자녀들은 서로 다르다는 것을 잘 알 것이다. 한 가정에서 효과가 좋은 양육 비법이 꼭 다른 가정에서도 성공하는 건 아니다.

부모로서의 양육 능력에 자신감이 부족하면 당신의 어머니나 친구, 다른 학부모가 '그럴 땐 이렇게 한번 바꿔봐'라고 한마디하면 기분이 상하기 쉽다. 대체 당신이 뭘 잘못한 걸까? 너무 아이를 무르게 대했을까? 아니면 식단에 고기가 너무 많아서 그럴까? 아이의 취침시간이 너무 늦은 걸까? 정말로 우리 아이만 반에서 핸드폰이 없어서 그런가?

양육에서 긍정적인 태도를 유지하고, 또 부모로서의 자신을 돌볼 가장 좋은 방법은 나만의 양육 지표들을 마련하는 것이다. 오직 내 아이에게만 집중하고, 내 아이에게(그리고 내게) 효과 있는 게 뭔지를 이성적으로 선택해야 한다. 내게 맞을 법한 좋은 아이디어가 있는지 남의 것을 간혹 살펴볼 수는 있지만, 대개는 독자적인 방법으로 밀고나가야 한다. 묻지도 않은 남의 충고는 무시하든지 두루뭉술한 제안 정도로 넘겨버리면 그만이다.

그럼에도 당신의 가족에 가장 잘 맞는 양육 시스템에는 어느 정도 사회적 순응conformity이 있어야 한다. 자녀를 어떻게 양육할지를 결정할 때, 아이가 사회와 완전히 동떨어지게 하는 건 바람직하지 않다. 예를 들어, 만약 학교의 모든 아이들이 교복을 입으면 당신의 아이에게도 교복을 입히는 게 최선책이다. 그래야 사회와 혼선을 빚지 않고, 당신만의 양육법을 펼칠 수 있는 것이다.

내 친구의 딸은 사회적 불안감을 많이 느끼는 아이여서 친구들의 파티에 참석하는 걸 두려워했다. 그래서 한동안 내 친구는 아이 친구들의 생일파티에 함께 가주고는 했다. 파티에 도착하면 내 친구가 몇 분 동안 머무르다가 조용히 파티장을 빠져나가는 식이었다. 이런 방법은 진전을 거듭해 나중에는 그저 딸을 친구집 앞에 차로 데려다주는 게 다였다. 이 방법은 이들 모녀에게는 아주 잘 맞았던 것이다. 하지만 만약 당신이 비슷한 증상의 딸이 있다면, 그 애에게도 맞으리라는 법은 없다. 오히려 상태를 악화시킬지도 모른다. 어쩌면 아예 어느 정도 딸이 클 때까지 파티를 가지 않는 방법이 나을 수 있다. 반대로, 아예 처음부터 강한 방법을 써서 아이를 파티장에 데려다주기만 하는 게 더 나을 수도 있다. 혼자 대응하도록 놔두는 것이다. 부모인 당신만이 어떤 방법이 효과적일지를 알 수 있다. 처음엔 약간의 시행착오를 겪을 것이다. 확실한 건, 남들이 그들의 경험을 바탕으로 당신에게 충고를 할 수는 없다는 사실이다.

자녀에게 용돈 주기, 목욕 빈도 정하기, 십대 자녀가 자기 방에서 컴퓨터를 몇 시간 쓸지를 정하기 등 다른 많은 일들도 마찬가지다. 이런 일들에 대한 지표를 정하는 데 여러 가지 요소들을 함께 고려해보라. 예를 들어, 당신이 이른 아침시간을 감당할 수 있는지, 취침시간 전의 옥신각신을 어떻게 처리할지, 당신의 어머니가 아이들을 잠시 돌봐주실 수 있는지 등등. 당신이 정신적으로 멀쩡해야 모든 걸 컨트롤할 수 있지 않겠는가. 그러니, 부모로서의 당신의 판단력을 믿어야 한다. 누군가가 충고를 해와도 "고맙습니다. 기억해둘게요"라고 말한 뒤, 자신이 하던 대로 밀고나가야 하는 것이다.

> 부모로서의 자신을 돌볼 가장 좋은 방법은
> 나만의 양육 지표들을 마련하는 것이다.

스스로에게
솔직해져라

69

부모로서의 자신을 돌보는 원칙들을 보면서, '스스로에게 솔직해지기'라는 요소가 항상 들어감을 눈치챘을 것이다. 일상에 허덕이다 보면 과정을 즐기기란 쉽지 않다. 이럴 때 짧은 사색이나 이성적 사고 등을 하면 큰 차이를 만들 수 있다. 바쁜 삶 가운데도 쇼핑이나 통근, 다리미질 등을 하면서 잠시 생각에 빠지는 것이다. 현재의 삶이 행복하지 않으면, 바꾸어야 하지 않겠는가. 그러니 우선 삶의 어떤 부분을 바꿔야 할지를 깨달아야 하는 것이다.

때로는 삶의 어떤 부분이 맘에 안 드는지가 명백할 때가 있다. 이런 부분을 대응하는 건 상당히 쉽다. 예를 들어, 취침시간을 15분 앞당긴다거나, 이틀에 한 번꼴로 장을 보던 것을 일주일에 두 번으로 바꾸는 것 등이다.

하지만 어떤 부분들을 바꾸려면 불편할 수 있을 정도로 상당한 수준의 솔직함이 필요하다. 예를 들어, 당신이 보드게임 하는 걸 싫어한다고 해보자. 그런데 당신의 자녀들이 보드게임을 좋아해서 당신에게 매일 같이 하자고 요구한다면 어떨까? 그냥 꾹 참고 게임을 할 것인가, 아니면 대체활동이나 당신 대신 게임을 해줄 사람을 찾을 것인가? 이건 물론 단순하고, 해결 가능한 문제다. 하지만 자녀들과의 게임인데 싫다고 인정하기가 항상 쉬운 건 아니다. 그러니 스스로에게 솔직해져라. 그리고 자녀와 같이 노는 것은 너무 좋지만, 단지 보드게임만 싫은 거라고 인정하면 된다. 우리 모두 이런 비슷한 일을 겪지 않았는가.

또 다른, 더 까다로운 예를 들겠다. 만약에 자녀들 중 특히 아끼는 자녀가 있다면 어떨까? 많은 부모들이 그런 구분을 두지 않지만, 그러는 부모들도 많다. 그 사실을 자녀들에게 말하진 않겠지만 말이다. 하지만 여기서도 당신은 솔직해져야 한다. 만약 편애하는 자녀가 있다는 사실을 깨닫게 되면, 당신의 태도를 조심해서 그런 티를 안 내기 훨씬 쉽기 때문이다.

글쎄, 편애하는 자녀가 있다는 건 자녀들의 문제라기보다 부모의 문제다. 대개 부모들이 어느 한 자녀를 선호하는 건 이유가 있다. 예를 들어, 그 아이가 더 대하기 편하다거나, 아이는 응석부리는 걸 좋아하는데 부모도 응석 받아주는 걸 좋아한다든가 등등. 그러니, 왜 그 아이를 편애하는지 생각해보라. 정말로 당신이 그 아이를 선호한다고 해도, 모든 자녀들에게 똑같은 '사랑'을 나눠주기는 여전히 쉬운 일이다. 어쩌면 선호의 이유가 그 아이와 자연스럽게 어울리기 때문인지도 모른다.

이럴 때는 다른 자녀와 함께 일부러 시간을 더 보내서 균형을 맞추면 된다. 이런 나의 충고들도 당신이 솔직해지지 않았다면 얻지 못했을 게 아닌가.

솔직함이 필수인 또 다른 예를 살펴보자. 만약에 당신이 힘겹게 살아가고 있다면 주변 어딘가에 항상 도움을 요청할 곳이 있을 것이다. 가족이나 친구, 온라인 모임, 자선모임, 공공기관 등등. 하지만 먼저 도움을 청해야만 한다. 그런 도움이 필요하다는 걸 당신이 깨닫기 전까진 도움을 청하기 쉽지 않다. 그러니 힘겨워하고 있다면, 자신에게 솔직해져야 한다. 만약 도움을 청하기 힘들다면, 그 문제에 대해서도 솔직해져야 한다. 왜 도움을 청하기가 힘든가? 도움을 청하지 않으면 어떻게 될까? 다른 해결방법이 있는가?

사실, 모든 부모가 도움이 필요하다. 아직 도움을 청하지 않은 부모들은 이미 손쉽게 도움을 받았던 사람들이다. 이들도 만약 직장에 탁아소가 없었다거나, 공동육아를 할 친구들이 없었다거나, 근방에 사는 가족들이 없었거나, 가사 및 육아 도우미를 고용할 돈이 없었다면, 도움을 청할 게 분명하다.

> ❝
> 어떤 부분들을 바꾸려면, 상당한 수준의 솔직함이 필요하다.
> ❞

70

소통하라

한 부모 가정이 아닌 이상, 소통에는 배우자와 당신 모두가 필요하다. 대부분의 가정이 집안일을 분담하지만, 일반적으로 생활비를 책임지는 사람은 집안일을 소홀히 하는 경향이 있다. 한편, 맞벌이인 경우에는 집안일이 좀 더 균등하게 분배된다. 예를 들어, 부부 중 한 사람이 요리를 하면, 다른 이가 빨래를 맡는다든가 하는 식이다. 또, 한 사람이 주중에 육아를 거의 맡아서 한다면, 주말에는 다른 이가 육아를 전담한다. 이런 식으로 응용이 가능하며, 가족 모두가 이런 분담에 만족하는 이상, 아무런 문제가 없다.

하지만, 당신은 이런 분담에 만족하는가? 당신이 보기에 아무 문제 없이 진행되고 있는가? 사실, 때로 이런 분담은 첫째아이가 태어나기 전에 정해지는 경우가 있다. 그리고 실제 아이가 태어나기 전까진, 아이를 낳는다는 게 어떤 건지 잘 모르는 경우가 많다. 혹은, 자녀가 유아 때는 모든 일이 순조롭다가 십대가 되고 나서는 부부 중 한 명이 훨씬 더 힘들게 집안일을 하는 경우도 있다. 어쩌면 당신은 현재 이런 분담을 여전히 탐탁지 않게 느끼는지도 모른다.

내가 아는 한 부부는 아이를 낳고서도 맞벌이를 하기로 했다. 아내가 육아를 위해 일을 조정하기로 했고, 육아도 전담하기로 했다. 어쩌면 이치에 맞는 결정이었다. 남편은 회사의 중역이었고 연봉도 무척 높은 데 비해, 아내는 그렇지 못했기 때문이었다. 그런데 안타깝게도 두 자녀가 심각한 질병이 생겨서 많은 돌봄이 필요한 상황이 되었다. 결국, 아내는 일을 완전히 그만두었다. 하지만 아이들이 점차 크면서 아내는 다시 일을 할 여유가 생겼다. 아내는 작은 사업을 시작했고, 그 사업은 무척 잘 되었다. 그리고 이제 남편은 일을 줄인 상태였다. 그러나 여전히 아내가 자녀양육을 거의 도맡고 있었다. 그녀가 아는 한 그게 약속이었기 때문이다. 그래서 전혀 불평을 하지 않았다. 하지만 처음의 그 약속은 이런 예기치 못한 상황까지 염두에 두고 한 건 아니었던 것이다.

이 이야기의 교훈이 뭘까? 바로 소통하라는 것이다. 자녀들은 계속 자라고 바뀌며, 따라서 부모의 역할도 바뀐다. 배우자나 혹은 어머니나 형제, 친구 등 당신의 육아에 깊게 관여하는 이들이 있다면, 이들과 함께 팀으로 움직여야 한다. 그리고 바람직한 팀은 서로 소통을 한다.

즉, 위의 부부는 서로 더 소통해야 하는 큰 문제가 있었던 것이다. 아내가 발을 동동 구르고 기진맥진하는 동안, 남편은 각자의 노력의 크기에 불균형이 심각하다는 걸 깨닫지조차 못했다. 당신도 매일의 사소한 불만을 배우자와 터놓고 얘기하면, 일상이 더 쉽고 부드럽게 돌아가는 걸 느낄 것이다. 단지 집안일만 문제는 아니다. "주말에만 빨래를 하면 금요일 즈음이면 애들이 신을 깨끗한 양말이 동이 난단 말이에요"와 같은 감정적인 문제 또한 포함된다. 예를 들어, 당신이 가장 궂은 집안일을 불공평할 정도로 많이 한다고 느낀다거나, 주말에는 정말 혼자만의 시간을 몇 시간만이라도 가져야 한다고 느끼는 문제다. 또, 자녀들 중 한 명이 현재 힘들어하고 있다거나, 당신이 학교 도시락을 한 개만 더 싸면 폭발할 것 같다거나 하는 문제이기도 하다.

배우자(혹은 어머니, 형제, 친구 등)는 당신이 직접 말하지 않으면 당신의 기분을 모를 수 있다. 그러니 괜히 그들을 쩔쩔매게 만들지 마라. 직장에서처럼 문제를 실용적인 태도로 제시해야 한다(직장에서 그렇게 하고 있길 바란다). 그래서 그 문제를 함께 노력해서 풀어가야 한다. 그리고 도움을 받았다면 상대방에게도 그만큼 베풀어야 한다. 상대의 문제를 건설적인 자세로 듣고, 상대방이 당신의 도움을 필요로 하면, 최선을 다해 도와라. 서로의 역할에 경계선이 재정립되고 나면, 새로 맺은 약속에 서로 충실하도록 노력하라. 그런 건설적인 변화가 없다면, 둘 간의 소통은 빈말처럼 무의미해질지 모른다.

> 66
> 배우자는 당신이 직접 말하지 않으면,
> 당신의 기분을 모를 수 있다.
> 99

배우자와의 관계를
돈독히 하라

71

어떤 날에는 취침시간까지 제대로 못 버틸 것 같은 생각이 든다. 그 시간 이후는 고사하고 말이다. 언젠가는 이런 부모로서의 역할도 끝나겠지 생각하겠지만, 현실은 그렇지 않다. 부모로서의 역할은 평생 계속된다. 하지만 언젠가 아이들은 집을 떠날 테고, 그러면 부모 노릇이라는 것의 의미도 크게 달라질 것이다. 그때엔 집에 누가 남아 있을까? 당신과 당신의 배우자뿐일 것이다. 그렇게 되면 어떨까?

나는 당신이 이 생각에 흡족했으면 한다. 또, 그날이 오면 당신의 삶이 아이들이 생기기 전과 같아지길 바란다. 그래서 늘 같이하고 싶었지만 시간이 없어 하지 못하는 일들을 배우자와 함께 즐겼으면 좋겠다. 그런데 그런 삶을 누리려면 그저 희망만으로는 부족하다. 배우자를 처음 만날 때 느꼈던 감정, 즉 교감과 불꽃 튀기는 사랑이 필요한 것이다.

너무 많은 커플들이 아이가 다 자라는 18년 동안을 소원하게 지낸다. 그저 아이에게 집중하면서 매일매일을 살아내는 것이다. 이런 삶은 고역일 수도 있고, 무척 즐거울 수도 있다. 사실, 대부분의 순간이 둘 다 조금씩 섞이겠지만 말이다. 하지만 그 결과, 아이들이 집을 떠나고 나면 부부는 서로를 낯설게 느끼게 된다. 애초에 왜 같이 삶을 시작했는지조차 잊고 만다. 지난 18년 동안 서로 매우 능률적인 동료로서 좋은 팀을 이뤘지만, 이제는 둘의 합작 프로젝트가 거의 끝난 것이다. 솔직히 더 같이 있어야 할 이유가 없는 듯까지 보인다.

어떤 부부들은 이런 사태를 수습하려고 열심히 노력한다. 반면, 어떤 부부들은 이미 너무 늦었다고 느낀다. 이제 와서 예전의 기분을 되찾으려고 노력하기도 한다. 하지만 그러면 애초에 그런 기분을 잃지 않는 편이 더 나았을 것이다. 사실, 그 긴 자녀양육의 세월 동안 배우자가 안방에 들어오면 두근대는 가슴을 느낄 수 있었다면 얼마나 더 즐겁게 살았겠는가.

배우자와 사랑을 유지하며 살아야 할 또 다른 이유가 있다. 당신의 자녀들은 함께 사는 18년 동안 부모님이 서로 간에 어떻게 지내는지를 잘 눈치 채지 못하고 산다. 그리고 이제 집을 떠날 정도의 자유를 원하는 것이다. 그럴 때, 부모님이 서로 간에 잘 지내는 것을 보면 마음 편하게 떠날 수 있다. 자신들이 없어도 부모님이 훨씬 더 잘 지낼 거라 믿으면서 말이다.

결국에는 배우자와의 관계가 어쩌면 아이들과의 관계보다 중요하다. 아이들에게도 부모가 자신과의 관계보다 서로 간에 더 큰 유대를

244

갖는 걸 목격하는 게 좋다. 그렇다고 누구를 누구보다 더 사랑하라는 뜻은 아니다. 그러는 건 불필요하고 얼토당토않으니까. 하지만 당신의 자녀들은 언젠가 자신들의 짝을 찾을 것이다. 그러면 또 당신보다 자신들의 배우자가 우선이 되게 된다. 원래 그런 법이다. 여하튼 그동안 당신은 배우자와 또 몇십 년을 함께 보내야 하지 않는가. 그 기간이 행복할수록 모두에게 더 바람직하다.

그러니, 다음 주나 다음 달에야 배우자와 함께 시간을 보내겠다는 생각을 버려라. 혹은 '막내가 학교만 들어가면 관계를 개선해야지'라는 생각도 마찬가지다. 미루는 습관은 항상 무서운 적이다. 부부간에 소통하고 함께 시간을 보내라. 또, 부부관계도 활발히 하라(물론 예전처럼 에너지가 넘치진 않을지라도). 함께 웃을 수 있는 것들을 찾아서 같이하는 것이다. 지금 당장.

> 결국에는 배우자와의 관계가
> 어쩌면 아이들과의 관계보다 중요하다.

72 건강을 유지하라

부모 노릇을 한다는 건 때로는 도전과제처럼 느껴진다. 게다가 시작부터 평균 이하의 능력치를 가졌다고 느낀다면, 더욱 그럴 것이다. 부모로서 자녀를 우선 생각하는 건 자연스러운 일이다. 또, 자녀의 건강을 자신의 건강보다 우선시하는 것도 마찬가지다. 여러 면에서 자녀가 있다면 그렇게 되기 마련이다. 우리 모두 때로 기침과 콧물 증상을 겪는다. 별 다른 수가 없지 않은가. 그럴 때 아프다고 불평해봐야 소용이 없다. 왜냐하면 아무리 애를 써도 당신이 조금 아프거나 두통이 있을 때, 유아인 당신의 자녀는 전혀 신경 쓰지 않기 때문이다. 자녀가 열 살 정도라면 약간의 동정은 얻을 것이다. 그렇지만 십대에 들어서면 다시 무관심 모드로 돌아가버린다. 자기들의 문제가 당신의 문제보다 훨씬 심각하다고 여기니까.

246

기침과 감기에 손쓸 방법은 많지 않아도, 부모로서 최대한 건강을 유지하는 건 중요하다. 하지만 아침에 나만을 위한 신선한 오렌지 주스를 만들 여유는 별로 없을지 모른다. 개인 트레이닝도 포기해야 할지 모르고, 철인3종경기 연습도 미뤄야 할 수 있다. 혹은 요가 수업에 들이는 시간도 줄여야 할지도 모른다. 사실, 극단으로 치닫기도 쉽다. 시간은 너무나 부족한데 항상 아이의 치다꺼리를 해야 하니 자신들의 웰빙은 아예 포기하는 부모들이 많은 것이다.

하지만 자녀들은 건강한 부모를 필요로 한다. 부모의 에너지가 필요하기 때문이다. 당신이 에너지가 없다면 어떻게 아이들이 그 기운을 전달받겠는가? '나 하나 희생해야지. 아이들 건강이 최우선이니까'라고 생각할지도 모르지만, 실은 당신뿐 아니라 아이들을 위해서도 스스로를 돌봐야 한다. 어쩌면 당신은 늘 신경 써야 할 만성질환이 있을 수도 있다. 그렇다면 나는 위로를 전한다. 왜냐하면, 부모로서 상당한 도전이 되는 상황이기 때문이다. 그렇다고 당신이 세계에서 제일 건강한 부모가 될 필요도 없다. 그저 가장 건강한 당신이면 족하다.

아이들이 어릴 때는 당신이 크게 신경 쓰지 않아도 아이들 때문에 건강을 유지할지 모른다. 왜냐하면 아이들에게 뭘 가져다주느라 늘 쿵쾅거리는 데다가, 아이들이 행여 계단에서 넘어질까 먼저 뛰어가서 아이들을 잡아야 하기 때문이다. 또, 유모차에 아이를 태우거나 꺼내는 일을 반복해야 한다. 높은 의자나 카시트에서도 마찬가지다. 이런 동작들은 꽤나 효과적인 운동이 된다. 물론 그 효과가 오래 지속되는 건 아니니 항상 운동에 어느 정도 신경 쓰기 바란다.

한편, 식사를 제대로 하는 것도 무척 중요하다. 식사는 신체건강에서 필수적이지만, 별것 아니라고 생각해 부모로서 소홀하기 쉽다. 예를 들어, 오후 다섯 시 반에 저녁밥을 먹기 싫어서 '아이들이 잠자리에 들면, 뭔가 먹어야지'라고 생각하는 것이다. 그런데 막상 그 시간이 오면 귀찮아서 그저 치즈 한 덩이나 비스킷 몇 개, 혹은 토스트 정도를 집어 들곤 한다. 한 번쯤은 괜찮지만, 이런 건 빨리 습관으로 굳어질 수 있다. 그러니 식단에 대해 자신에게 엄격해져야 한다. 신선한 채소를 비롯한 몸에 좋은 음식들을 충분히 섭취해야 한다. 또, 그래야 아이들에게도 좋은 본보기가 될 수 있다.

정신건강도 빼놓을 수 없다. 자녀들을 위해서 부모는 감정적 회복력이 있어야 한다. 이 책의 '릴랙스' 장과 '회복력' 장을 열심히 반복해서 읽으면 자녀들과 즐겁게 놀 정신적 여유도 생기고, 필요할 때는 자녀에게 '안돼'라고 말할 수 있는 용기도 생길 것이다. 또, 실패에도 적절히 대처할 수 있게 된다. 자녀양육의 경험은 저마다 다르지만 나는 주변에 '양육의 육체적인 수고로움이 줄어들수록, 정신적인 부분은 더 힘들어진다'고 말할 부모들을 많이 안다. 자녀가 유아일 때와 십대일 때는 정신적인 요구 면에서 비교가 되지 않기 때문이다.

> 자녀들은 건강한 부모를 필요로 한다. 부모의 에너지가
> 필요하기 때문이다. 당신이 에너지가 없다면,
> 어떻게 아이들이 그 기운을 전달 받겠는가?

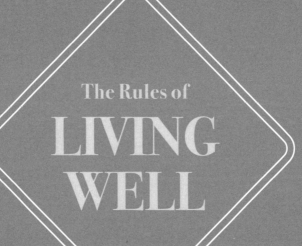

The Rules of

LIVING
WELL

9장. 직장에서

직장은 우리가 깨어 있는 많은 시간을 차지한다. 따라서 스스로를 돌보려면 가능한 한 건강한 방식으로 일할 필요가 있다. 이때, 신체건강뿐 아니라 정신건강도 염두에 두어야 한다. 그래야 일주일에 40여 시간이나 되는 근무시간이 좀 더 쉽고 즐거워질 수 있다. 이렇게 근무의 질이 높아지면, 당신의 직장 밖 삶의 전반적인 웰빙도 높아지게 된다.

어떤 이들은 정말로 긴 시간을 잦은 출장 속에서 일을 하며 보낸다. 그뿐인가. 이메일은 아침저녁으로 난무하고, 주말에도 근무를 하며, 심지어 아침식사 동안 미팅을 하기도 한다. 압박이 무척 높은 상황인 것이다. 이렇게 높은 스트레스를 유발하는 직업은 어떤 이들에게는 잘 맞지만, 모두에게 그런 건 아니다. 가장 중요한 문제는 '이런 상황을 당신이 얼마나 즐기는가'이다. 정신없이 바쁜 업무가 당신에게 활력을 불어넣는다면, 그런 근무환경에 훨씬 더 잘 적응할 것이다. 한편, 정신을 흐트러뜨릴 방해 요소 없이 일에만 전념할 수 있는지의 여부도 큰 차이를 만든다. 이 때문에 젊고 미혼일 때가 결혼해서 돌볼 가족이 있을 때보다 훨씬 일에 전념하기 쉬운 것이다.

현재의 직장이 만족스럽지 않다면, 건강에 부정적인 영향이 미칠지 모른다. 맘에도 안 들고 스트레스를 많이 주는 직장을 다니느니 일주일에 몇 시간 단위의 파트타임 직장이 더 나을 수 있다. 어떤 일을 하든, 얼마나 일하든 당신의 노력에 부합하는 즐거움을 얻는 직장을 택해야 한다. 물론 모두가 신나는 직장을 얻을 수 있다는 건 아니다. 하지만 당신이 별로 탐탁히 여기지 않는 직장에 근무 중이더라도, 이 장에서 얻을 원칙들로 최대한 행복하고 건강하게 지낼 수 있을 것이다.

항상 업무에 대한
동기를 유지하라

73

어떤 일이라도 그 일을 할 좋은 이유가 있다면 실행하기 훨씬 즐겁다. 동기가 충분하다면 어떤 일이든 가치가 있다. 만약 현재 당신의 업무를 충분히 즐기고 있다면, 그것도 물론 훌륭하다. 아침마다 일어나서 일할 생각에 들뜬다면 말이다. 하지만 그렇게 운이 좋은 사람들이 많은 건 아니다. 우리 대부분은 가끔 그저 일하러 가기가 싫을 때가 있지 않은가. 글쎄, 이건 직장의 문제가 아닐 수도 있다. 당신의 이성관계가 난관에 부딪혀서일 수도 있고, 금전문제로 인한 걱정 때문일지도 모른다. 아니면 친한 친구가 심각하게 아파서일 수도 있다.

어떤 직업들은 새로운 상사가 부임해왔다든가, 업무 관행이 달라졌다든가 하는 자체적인 난관에 부딪히고는 한다. 또 계절에 따라 주문이 물밀듯 밀려오기도 한다. 그럴 때면 당신이 노력을 더 들이는 데 비해

보상은 보잘 것 없다. 따라서 당신은 퇴근 때까지 버티려고 판에 박힌 일처리만 반복하고는 한다.

만약 현재 직장에서 위와 같이 느끼고 있다면, 당신이 업무에 대한 동기를 잃었다는 증거이다. 물론 이해는 간다. 하지만 그런 상황에 대해 뭔가 손쓰지 않으면 안 된다. 장기적으로 볼 때 그런 업무에 대한 좌절과 지루함, 그리고 전반적인 의욕상실 등이 결국 당신을 괴롭힐 것이기 때문이다. 어쩌면 정신건강과 함께 신체건강도 위협받을지 모른다.

당신이 해야 할 핵심 대응책의 하나는 '대체 왜 내가 이 직장에 있지?'를 떠올려보는 것이다. 당신의 직업의 장점은 무엇인가? 돈, 커리어, 동료애라는 각각의 측면에서 당신이 얻는 건 무엇인가? 당면한 업무보다는 장기적인 이득의 관점에서 이를 생각해보기 바란다. 즉, 자잘한 업무 일과를 넘어서 직업의 큰 그림을 보라는 것이다. 어쩌면 직장 일은 지루해도, 당신은 진정한 친구 같은 직장동료들에 둘러싸여 있는지도 모른다. 혹은, 급여 조건이 훌륭할 수도 있고, 근무시간대가 당신의 나머지 삶과 완벽한 조화를 이룰 수도 있다. 아니면 당신의 커리어 발전을 위해 현재의 업무가 꼭 필요한 단계인지도 모른다.

만약 당신의 현재 직업에서 가치 있는 면을 전혀 못 찾겠다면, 정말로 왜 당신이 거기 있는지를 자문해야 할 때다. 급여 문제가 아니라면 돈이 절실히 필요하지 않거나 다른 직장을 통해서도 돈을 벌 수 있는 상황일 것이다. 간혹 우리는 정말로 장기적인 동기부여를 할 수 없게 된다. 왜냐하면 현재의 직업이 우리에게 베푸는 게 더이상 없기 때문이다. 만약 이런 경우라면, 직장을 그만두고 다른 일을 하는 것을 심각하게 고려해봐아 한다. 아니, 그렇다고 직장을 당장 그만두라는 건 아니다. 그렇게 하도록 '고려'를 해봐야 한다는 것이다. 현재의 직장을 그만둔다는 게 당신에게 어떤 의미인지, 다른 할 일에는 무엇이 있는지를 생각해보라. 직장을 떠난다는 생각에 오히려 갑자기 남아야겠다는 마음이 들지도 모른다. 만약 그렇다면, 당신의 동기가 거기에 있는 셈이다.

어쩌면 현재의 직종 자체가 당신에게 더이상 맞지 않는 것일 수도 있다. 내 한 친구는 은행원이었다가 학교 선생님이 되기 위해 직장을 그만두었다. 또, 마케팅 기업을 그만두고 치료사가 된 친구도 있고, 출판계를 떠나 자선사업 계통에서 일하는 친구도 있다. 사실, 나만 해도 일생 동안 직업을 몇 번이나 바꾸었으니까. 직업을 바꾼 이유야 어찌됐든, 우리 모두 더이상 당시의 직장에 남아 있을 동기를 찾지 못했던 것이다.

❝

당면한 업무보다는 장기적인 이득의 관점에서 생각해보라.

❞

74

목표치를
상향하지 마라

이번 원칙은 헌신적이면서 진취적인, 완벽주의자를 위한 원칙이다. 사실, 우리 모두 삶의 특정 때와 장소에서는 완벽주의자가 된다. 예를 들어, 나는 일할 때는 완벽주의자이지만, 집안일에 있어서는 그렇지 못하다. 여하튼, 일단 목표를 세워놓고 그 목표에 다다를 때쯤이면(당신은 헌신적이고 진취적인 완벽자이니까 가능할 것이다), 우리는 목표치를 상향해 버리는 경향이 있다. 즉, 스스로에게 절대로 목표 달성을 허락하지 않는 것이다. 하지만 그런 식으로는 결국 어떤 성취도 얻지 못하게 된다.

직장에서건 어디서건, 이런 식이라면 스스로 동기를 꺾는 셈이 되어 좌절하기 쉽다. 뿐만 아니라 번아웃burn-out(일에 너무 몰두하다 심신이 무기력해지는 상태)의 위험에도 취약해질 수 있다. 당신이 직장에서 보내는 긴 시간을 감안하면, 그런 식의 목표치 상향은 당신을 상당한 곤란에 빠뜨릴 수 있다. 또, 일하는 즐거움도 완전히 앗아갈 수 있다. 항상 앞으로 밀고나갈 생각에 편안히 앉아 성공을 음미할 시간도 없다. 프로젝트를 하나 끝내고 나면, 전체적인 그림에서의 성공을 인정하는 대신 '어떤 점을 더 잘 했어야 했지?'를 골몰하기 쉽기 때문이다.

당신에게서 이런 모습을 찾기 힘들다면, 아마 주변인 중에서 찾을 수 있을 것이다. 허들을 계속 높이 세워서 결국은 도달하지 못하는 이들을 말이다. 이 비유를 말 그대로 적용하면, 운동선수들 중에서 이런 이들이 상당히 흔하다. 허들을 넘는 순간 더 높은 허들을 넘기를 원하는 것이다. 또, 1.6킬로미터를 4분 안에 뛰는 데 성공하면, 곧바로 3분 55초 안에 뛰기를 바란다.

물론 도전하는 데서 즐거움을 얻고 싶다는 것을 이해한다. 또, 기준을 낮추면 비참한 심정이 된다는 것도 이해한다. 끊임없이 자신을 재촉하는 게 당신에게 중요하다는 것도 말이다. 이 모든 게 당신을 행복하게 만들 수만 있다면, 상관없다. 하지만 너무 많은 이들이 이런 식으로 하다 행복감을 잃어버리곤 한다. 이런 이들은 반대로 노력하지 않고, 신경 쓰지 않으면, 더 비참하게 될지도 모른다.

그러면, 번아웃 일보직전인 완벽주의자들과 스스로 과도한 목표를 세워서 불행에 빠지는 이들을 위한 해결책은 뭘까? 바로 목표치를 절대 상향하지 않는다는 원칙을 세우는 것이다. 스스로 목표를 세우고, 열심히 일해서 목표에 도달하면, 멈춰야 한다. 그저 멈추는 것이다. 멈춰서 당신이 이룬 것을 뒤돌아보고, 스스로에 대해 흡족하게 생각하는 것이다. 당신의 성공을 인정하고, 자축해야 한다.

이제, 흡족하고 성공한 기분이 드는가? 영광의 순간을 마음껏 즐겼는가? 그렇다면, 잘했다. 당신이 당연히 받아야 할 보상이니까. 이제부터는 완전히 새로운 타깃을 잡아, 그것을 위해 노력하면 된다. 넓게 보면, 이런 식의 여유 있는 진행이 당신의 장기적 목표에 영향을 주지는 않는다. 여전히 당신의 능력은 발전하고 있으니까. 한 가지 다른 점이 있다면, 태도의 차이이다. 이제 당신은 성공을 만끽하고 있다. 평일 저녁이건 주말이건 아무 때라도 여유를 갖고, 스스로에 대해 흡족하게 여길 시간을 갖는 것이다.

만약 당신이 지금 막 성공적인 신상품 발매를 끝냈다면? 그렇다면 스스로에게 편안히 앉아 승리감을 맛볼 여유를 허락해야 한다. 그러고는 '얼마나 매끄럽게 발매과정이 진행되었는지,' 또 '우리 팀이 얼마나 멋지게 일을 했는지,' '고객들이 제품에 얼마나 관심이 많았는지' 등을 사색해보는 것이다. 더 좋은 다음 상품을 만들려면, 이로부터 어떤 점을 배워야 할지를 검토할 시간은 내일이건 다음 주건 충분하다. 이런 사실까지 인정해야 이 원칙을 제대로 배운 셈이다. 한편, 당신이 만약 팀의 리더라면 팀원들의 성과를 인정하는 말도 전해야 할 때이다.

목표치를 절대 상향하지 않는다는 원칙을 세워라.

경계선을
지켜라

75

어떤 사람이 당신의 부탁을 늘 흔쾌히 들어준다고 해보자. 그럼 당신은 그 사람에게 계속해서 부탁을 하지 않겠는가? 당신은 늘 도움이 필요하고, 이들은 당신의 부탁을 귀찮아하지 않으니 말이다. 그래서 당신은 동료에게는 "몇 분만 자리 좀 맡아주면 안될까?"라든가, "이 보고서 좀 훑어봐줄래요?", 또 "부장님께 내 말 좀 잘 전해줘요"라고 부탁한다. 또 친구나 가족의 경우, "쇼핑 갈 때 이것 좀 사다줘요"라거나 "아이들 몇 분만 봐줄 수 있지요?"라고 부탁하는 것이다.

하지만 이런 경향은 반대로도 작용한다. 즉, 만약 당신이 위의 인물들처럼 흔쾌히 남을 돕는다면, 남들은 다른 동료보다 당신에게 부탁을 할 가능성이 높다. 글쎄, 어느 정도까지는 괜찮다. 하지만 남들이 과연 그 '어느 정도'가 어디까지인지 알까? 그 정도란 바로 당신이 괜찮지 않은 정도까지인 것이다. 물론 이는 당신만 가늠할 수 있다. 그러니, 당신이 남들에게 알려주어야 한다. 그렇지 않으면 정말 당신이 곤란할 때까지 남들이 부탁을 해올 수 있으니까.

게다가, 그 '정도'는 심지어 계속 변할 수 있다. 그래서 오늘은 동료의 일을 봐주는 게 괜찮았지만, 내일은 그렇지 않을지 모른다. 이런 사정을 대체 동료들이 어떻게 이해한단 말인가? 내가 답을 말해주겠다. 그 답은 바로 동료들이 이를 이해하지 못하고 이해하지도 않을 거라는 것이다. 만약 당신이 오늘 야근하기로 동의했다면 당신의 상사는 그게 괜찮다고 넘겨짚는다. 그러고는 그다음 주에도 야근을 부탁할 것이다. 당신이 지난주에 "그럼 이번 한 번만 할게요"라고 어설프게 말한 것은 온데간데없다. 당신의 말을 듣지 않는 것이다. 그게 인간의 본성이니까. 결국, 당신이 기본 규칙을 정비하는 수밖에 없다. 그리고 그 규칙들을 철저히 준수해야 한다. 정말로 남을 도울 수 있는 날에도 마찬가지다. 함부로 선례를 남겨서는 안 되니까 말이다.

물론, 당신의 한도 내에서 남을 돕는다는 것은 무척 훌륭한 일이다. 그 한도도 당신이 정해야 한다. 예를 들어, 당신은 점심식사는 한 시간이 아닌 30분이면 족할 수도 있다. 또, 가끔 남아서 잔업을 돕더라도 오후 일곱 시까지로 그 시간을 제한하는 식이다. 혹은, 중요한 프레젠테이션이나 전시회 및 기타 이벤트가 며칠 남았을 때에만 야근을 하기로 하는 것이다. 당신의 한도는 냉철하게 정해야 한다. 순간의 의욕에 이끌려 정하면 안 된다. 당신이 "죄송하지만 어렵겠는데요"라고 말할 사항들에 대해 미리 인지해두는 게 좋다. 예를 들어, 당신은 철저히 '9시

출근, 6시 퇴근'을 고수할 수도 있고, '저녁이나 주말에는 이메일을 체크하지 말자'는 주의일 수도 있다. 사실, 휴가 동안 이메일을 아예 체크하지 않는다면 당신의 정신건강에도 좋을 것이다. 또 다른 좋은 예는 '집에 일거리를 들고 가지 말기'이다. 집에 일거리가 있다면 진퇴양난이 되기 쉽기 때문이다.

물론, 이런 나의 충고가 어떤 이들에게는 터무니없게 들릴 것이다. 만약 당신이 대도시에서 굉장히 압박이 높은 직업을 갖고 일한다면 말이다. 그런 직종에서는 매일 야근하는 것은 기본이고, 하루 24시간 일주일 내내 휴대폰 대기상태인 걸 당연시한다. 솔직히 말하자면, 나는 어느 직장에서도 직원들을 이렇게 혹사시키면 안 된다고 생각한다. 하지만 이런 직업들이 있는 것도 사실이다. 그런데 그런 바쁜 직원들 가운데서도 유난히 부탁을 많이 받는 직원이 있는 것이다. 그 직원이 절대 당신이 되지 않게 하라. 지금 당신의 직업에 만족한다면, 그것도 좋다. 하지만 직업이 당신을 불행하게 만든다면, 이제 상사에게 당신만의 한도에 대해 얘기해야 할 때인지도 모른다. 그래서 당신과 상사 모두 만족하는 협의점을 찾도록 말이다. 지금처럼 계속 일하다가 당신이 번아웃 되거나 사직서를 낸다면 직장에서도 달가워하지 않을 테니 말이다.

> 만약 당신이 오늘 야근하기로 동의했다면,
> 당신의 상사는 그게 괜찮다고 넘겨짚는다.
> 그러고는 그다음 주에도 야근을 부탁할 것이다.

76 직장에서 벗어나면 휴식시간을 가져라

앞의 원칙은 직장에서 경계선을 분명히 하라는 것이었다. 그리고 그것은 주로 당신 주변의 동료들이 따라야 할 원칙이다. 물론, 동료뿐 아니라 당신도 따라야 할 원칙이기는 하다. 예를 들어, 당신도 '야근을 조금만 더 하자'며 스스로를 설득하거나 동료를 위해 일을 대신 봐주는 등의 행동을 하기 쉽기 때문이다. 그러나 '조금만'이라던 게 점점 눈덩이처럼 불어나 경계선을 넘어갈 수 있다. 예를 들어, 조금만 야근을 하려다가 정기적으로 주마다 하루씩 야근하게 될 수도 있고, 그보다 더 확장될 수도 있다.

건강을 위해서는 아예 일을 하지 않는 시간이 필요하다. 이상적으로는 당신이 직장에 없는 모든 시간이 그런 시간이 돼야 할 것이다. 그러나 모든 직장이 그럴 형편이 되지는 않는다. 또, 직원들도 그럴 형편이 안 될지 모른다. 아침에 출근을 하면서 서류를 검토하고 싶다면, 그건 괜찮다(직접 차를 운전해서 출근하는 게 아니라면). 또, 퇴근 후 집에 와서 한두 번 훑어보는 것 정도는 나쁘지 않다. 당신만 괜찮다면 말이다. 하지만 그게 정말 괜찮은지 항상 확인해야 한다. 어떤 날에는 집에서 조금 일해도 문제없다가, 어떤 날에는 정말 스트레스를 받을 수 있기 때문이다. 예를 들어, 집안일이 바쁠 때도 일을 해야 한다거나, 정말 우울하고 걱정되는 업무 이메일을 읽게 될 수도 있지 않겠는가.

재택근무를 한다면, 이 원칙은 특히나 무척 중요하다. 가끔 혹은 항상 재택근무를 한다면 말이다. 게다가 당신이 집을 기반으로 사업을 한다면, 이 원칙이 누구에게보다 필요하다. '저녁에는 일을 하지 말기'라는 규칙을 한 번 어기면, 또 다시 어기기 쉽다. 그런 식으로 계속해서 어기게 되는 것이다. 수년 전, 아직 내가 미혼이었을 때는 새벽 두 시까지 일해도 아무도 뭐라 할 사람이 없었다. 하지만 가족이 생기고 나니 저녁을 몽땅 일하는 데 쓰는 게 가족들에게 너무나 불공평한 처사임을 깨닫게 됐다(이런 지적을 실제로 받았다). 결국, 나는 '오후 여섯 시 이후나 주말에는 일을 하지 않는다'는 규칙을 세웠다.

이처럼 직장에 대한 기본 규칙들을 자신의 상황에 맞게 다듬어야 한다. 물론 그 규칙들도 때에 따라 변할 수 있음도 인지해야 한다. 중요한 건, 직장을 벗어나면 빠른 태도 전환이 필요하다는 것이다. 집과 직장 간의 명확한 정신적 분리를 하는 게 훨씬 더 건강한 자세이기 때문이다. 당신이 경계선을 철저하게 지키지 않는다면 이건 불가능한 일일 것이다.

물론, 직장의 모든 일이 그야말로 순조롭다면 공식적인 업무시간 외에도 직장일에 파묻히고 싶을지 모른다(당신의 가족들은 반대하겠지만). 그러나 당연히 항상 모든 일이 순조롭게만 진행되지는 않는다. 모호한 경계선의 가장 큰 문제점은 단지 일거리나 이메일을 집안에 끌어들이는 게 아니다. 바로 그런 것들과 함께 걱정과 불안, 두려움 등을 같이 끌어들인다는 점이다. 당신이 직장을 벗어나는 순간, 그런 감정들로부터 전환을 해야 하는데도 말이다. 물론 직장에 큰 문제가 생기면 그런 전환이 쉽지는 않다. 하지만 직장과 집 간의 정신적 분리를 하지 않으면 직장일로 인해 더 힘들어지게 될 뿐이다.

그런데 태도 전환은 반대로도 작동한다. 즉, 집안에 힘든 일이 있으면 직장이 탈출구가 될 수 있는 것이다. 직장에서는 가정 내 복잡한 일을 잠시 마음 한구석에 밀어놓을 수 있으니까. 그러나 이것도 직장과 집을 분리하는 평소의 습관이 없다면 어려운 일이다.

집과 직장 간의 명확한 정신적 분리를 하는 것이
훨씬 더 건강한 자세이다.

유연한 근무를 하라

　많은 나라들에서 '유연근무제'를 요구하는 목소리가 점점 더 커지고 있다(코로나19 시대의 몇 안 되는 좋은 점 중 하나다). 이건 일종의 문화적 현상으로, 사람들의 유연한 근무가 점점 수용되는 문화가 되어가고 있는 것이다. 더구나 유연근무제는 고용주도 비용절감과 생산성 증가로 인한 이득을 볼 수 있는 제도이다.

　사실, 유연하게 일하는 것은 항상 가능한 일이었다. 상사가 허락하지 않는 경우도 있었겠지만, 언제든 요청할 수는 있었다. 그러나 다시 말하지만, 유연근무제가 증가하는 추세이다. 그러니 만약 일반적인 업무시간이 당신에게 부담이라면 유연근무제를 고려해보는 것도 좋다. 당신의 요구가 논리적인지 감정적인지는 중요치 않다. 유연근무제는 확실히 직장에서 건강하고 행복하게 지낼 수 있는 훌륭한 수단이기 때문이다.

상황은 항상 변하기 마련이다. 따라서 아무리 당신이 작년 혹은 5년 전에 유연근무제를 할 필요가 없었더라도, 지금은 매우 큰 도움이 될지 모른다. 그 이유는 상관없다. 방과 후에 아이들을 돌봐줄 사람이 없기 때문일 수도 있고, 그저 혼자서 일하는 걸 더 선호하기 때문일 수도 있다. 혹은 가끔씩 여유 있는 긴 주말을 보내고 싶기 때문인지도 모른다. 당신의 고용주가 당신에게서 변함없는 가치를 얻을 수만 있다면(그 이상의 가치는 아니라도), 당신은 유연근무제를 제안할 충분한 자격이 된다.

그러니 창의적이 되라. 유연한 근무라는 건 단순히 시간에만 국한되는 게 아니다. 물론 당신은 일을 일찍 시작했으니 일찍 끝내게 해달라거나, 점심시간 내내 일하고 일찍 퇴근하게 해달라고 할 수도 있다. 하지만 그 외의 선택지도 있다. 즉, 당신에게 가장 잘 맞는 배경을 택하는 문제다. 직장에 민폐만 끼치지 않으면 된다. 예전에 내 상사는 매일 나의 점심시간을 단축하는 대신 매주 셋째 월요일을 휴가로 갖는 선택권을 제시했다. 물론 나는 "싫어요"라고 말할 권리도 있었다. 그러나 나는 이 제안을 받아들였고, 결국 정기적으로 아주 긴 주말을 보내는 특권을 누렸다.

한편, 정상적인 업무시간을 일하는 대신에 며칠은 집에서 재택근무를 하거나, 다른 사무실에서 일을 하는 것도 요구할 수 있다. 심지어 파트타임으로 일하면서 그에 비례해 급여를 자진 삭감하겠다고 할 수도 있다. 물론 이건 모두에게 알맞지는 않겠지만, 지금 당신의 상황에는 꼭 맞는 근무조건인지도 모른다. 혹은 좀 더 유연한 근무를 위해 다른 직급으로 바꿔달라고 할 수도 있다. 예를 들어, 고객들을 상대하지 않는 일로 바꾸면 좀 더 유연근무에 대한 당신의 시야가 넓어질지도 모른다.

핵심은 당신이 가능한 한 행복하고 건강해야 한다는 것이다. 하지만 업무가 이를 방해한다면, 뭔가 해봐야 하지 않겠는가. 그러니 그게 무엇이든 직장에 요청을 해보라. 어떤 직급은 재택근무나 저녁근무가 힘들 수도 있다. 그럼에도 당신의 직장이 당신의 가치를 높게 산다면, 직장과 당신 둘 다 이득을 볼 근무조건을 찾아줘야 한다. 직장에만 이득이 되는 게 아니라.

또, 재택근무를 하더라도 근무시간은 당신이 조절할 수 있음을 기억하라. 일찍부터 일하는 게 싫다면 근무시간을 늦출 수도 있다. 나도 한때 새벽 두 시까지 일했지만 지금은 오후 여섯 시 이후로는 일을 하지 않는다. 내 지인은 일주일에 5일을 하루 여덟 시간씩 일하는 게 아니라, 일주일에 4일을 늦게까지 일하곤 했다. 그녀의 고용주도 그 조건에 꽤나 만족했다고 한다. 이처럼 어떻게 하면 당신의 직장에서의 시간과 장소적인 조건을 유연하게 최적화할 것인지를 생각해보라. 모두에게 이득이 될 방법으로 말이다.

그러니 창의적이 되라.
유연한 근무라는 건 단순히 시간에만 국한되는 게 아니다.

78

몸과 마음의 조화를 유지하라

당신은 아침에 일어나자마자 바로 하루를 시작하는 사람인가? 침대에서 나오기도 전에 이메일을 확인하고, 샤워를 하면서 오늘의 첫 미팅을 생각하며, 또 집 문밖을 나서면서 허둥지둥 토스트 한 조각을 입에 구겨 넣을지 모른다. 사실, 우리 중 많은 이들이 이렇게 한다. 자신이 세수와 옷 입기, 아침 먹기 등의 일과를 하는지도 의식하지 못하는 것이다. 우리의 마음이 신체보다 한 시간 정도 일찍 움직이기 때문이다.

삶이 바쁘고 일거리가 너무 많으면 이렇게 되기 쉽다. 하지만 이건 '현재를 사는 방식'이 아니다. 당신은 하루에 여덟 시간을 일한다고 생각하겠지만, 그 일의 시작을 위해 한두 시간 정도를 더 쓰는 것이다. 그런데 이 한두 시간이 상당히 비생산적이다. 솔직히 샤워를 하고 이를 닦는 동안 무엇을 얼마나 이룰 수 있겠는가? 침대 안에서 읽은 그 이메일이 그렇게나 긴급해서 아침 아홉 시 이전에 당신이 답을 해야만 했을까?

직장일이 도전적이고 그로 인해 스트레스를 받을 때라면 더더욱 이렇게 해서는 안 된다. 스스로에게 숨쉴 구석도 마련해주지 않는 셈이기 때문이다. 하루를 시작할 때 편안하고 즐거운 기분을 느낄 시간조차 없는 것이다. 그렇다고 그 시간 동안 그다지 많은 성과를 이루는 것도 아니면서 말이다. 그러니, 몸이 있는 곳에 마음도 함께 있도록 노력하라. 즉, 직장 대신 집에 대한 생각을 하는 것이다. 샤워와 아침식사, 배우자 및 자녀들과 있는 시간을 즐기는 데 전념해야 한다.

그렇게 하기 위해 지금보다 일찍 일어나라는 말은 아니다. 내가 '필요 이상으로 일찍 일어나기'를 권할 입장도 아니다. 나는 아침형 인간이 아니다. 당신이 원하지 않는 이상 아침 일과를 바꿔야 할 필요는 전혀 없다. 그저 아침에 하는 일과에 마음을 집중하라는 것뿐이다. 하루 중 아직 일어나지도 않은 일에 대해 걱정하는 건 비생산적일 뿐만 아니라 정신건강에도 안 좋다.

이상적인 세상에서라면, 직장에 도착하기 전까지는 일에 대해서 생각하지 않아야 한다. 따지고 보면, 직장에 도착하기 전에는 급여를 주는 것도 아닌데 뭐 하러 미리 일에 대해 생각해야 하는가? 차라리 출근 버스 안에서 책을 읽든지, 자동차 안에서 팟캐스트를 듣는 게 낫다. 혹은 자전거를 탄다면 날씨를 만끽하는 것이다. 물론 당신은 가끔 큰 면접이나 프레젠테이션 전에 하루 정도 휴가를 내서 정신적인 대비를 하기도 할 것이다. 하지만 그건 그야말로 흔치 않은 경우다. 게다가 그런 날에는 걱정하고 초조해하기보다는 계획 및 리허설을 하느라 시간을 매우 생산적으로 쓰며 보낸다.

아직도 오전 아홉 시 이전에는 답장을 보내지 못하는 그 이메일이 걱정되는가? 걱정하지 말기 바란다. 우선, 직장에 도착 전까지는 이메일을 들여다보지 않기로 했으니, 그런 이메일이 존재하는지조차 모르지 않는가. 이제, 몸과 마음의 조화를 위한 두 번째 단계이다. 즉, 일단 아홉 시에 직장에 도착하면 업무 속도를 내기 위한 준비시간을 갖는 것이다. 당신이 스케줄 조절만 가능하다면, 약 30분에서 한 시간 정도를 하루 업무를 준비하고, 급한 일들을 해결해버리는 데 쓰면 된다. 지금이 바로 그 긴급한 이메일에 답장을 할 시간인 것이다.

이런 습관을 들이면, 동료들은 아홉 시 반까지는 웬만하면 당신과 대화하기 힘들다는 걸 알게 될 것이다. 하지만 만약 당신의 직장 업무가 정각 아홉 시에 시작한다면, 어쩔 도리가 없다. 그럴 때는 아예 30분 정도 일찍 도착해서 하루를 차분히 준비할 시간을 갖는 게 바람직하다. 아, 물론 그러려면 아침에 30분은 일찍 일어나야 한다. 그에 대해 나의 위로를 보낸다. 그런데 실제로 30분 일찍 일어나면, 기분이 정말 좋아질 것이다. 나도 예전에 몇몇 직장에서 그렇게 했었는데, 정말로 그럴 가치가 있었다.

이상적인 세상에서라면,
직장에 도착 전에는 일에 대해서 생각하지 않아야 한다.

근무 환경을
즐겨라

79

자신이 일하는 직장의 공간을 좋아하는 게 얼마나 정신건강에 긍정적인 영향을 미치는지 알면 놀랄 것이다. 만약 당신의 직장이 핫데스킹hot-desking(정해진 자리가 없이 필요할 때마다 자리를 잡는 근무방식)을 하거나, 공장의 작업 현장처럼 동료들과 장소를 공유하는 게 아니라면, 당신은 일정 부분 근무 환경을 컨트롤할 수 있는 셈이다. 물론, 너무 바쁘게 밖을 다니는 직업이라면 그 의미가 약간 덜하겠지만 말이다.

여하튼, 직장에서 당신의 책상을 자랑과 즐거움으로 삼아야 한다. 자리에 당신만의 감각을 채워 넣어라. 당신의 자리를 단정하게 유지하는 것만으로 큰 차이를 만들 수 있다. 예를 들어, 가족사진 한두 개나 나만의 마스코트 인형 등을 놓아두는 것이다. 이렇게 '영역 표시'를 해두는 건 가장 기본적인 본능의 하나인지도 모른다. 따라서 심미적으로 보기 좋을 뿐 아니라 만족감과 소속감도 느끼게 될 것이다. 만약 핫데스킹을 해서 당신의 자리가 없다면, 동료들과 공유하는 직원실 등의 공간을 꾸미면 된다. 또, 핫데스킹을 할 때 당신이 좋아하는 사진 등을 내걸어두는 것이다.

하지만 당신의 근무 환경을 행복하고 건강하게 만들어줄 가장 좋은 것은 바로 '살아있는 식물'이다. 근무 공간을 식물과 공유하면 웰빙이 향상된다는 연구결과가 수없이 많다. 식물이 주위에 있으면 생산성과 창의성이 향상되고, 스트레스가 낮아지며, 공기의 질도 좋아진다. 그뿐 아니라 사무실 안도 한결 화사해지는 느낌이다. 뒤봤자 먼지만 쌓이는 저질의 플라스틱 식물은 안 된다. 꼭 진짜 식물이어야 한다. 따라서 당연히 물도 줘야 한다. 하지만 많은 실내용 식물들이 관리하기 무척 쉽다. 게다가 이런 식물들은 물을 그렇게 자주 안 줘도 꽤 잘 버틴다. 어쨌든 당신의 관리 능력에 맞는 식물을 고르기 위해 주변의 충고나 도움을 얻기 바란다.

만약, 당신의 자리를 충분히 컨트롤할 수 있다면, 일어서서 자리를 한번 제대로 바라보기 바란다. 그리고 여러 질문들을 던져보라. 여기가 당신의 책상이 있을 최적의 장소인가? 일할 때 창밖을 내다보는 것이 낫지 않을까? 또, 파일 캐비닛의 위를 정리해서 식물을 놓을 공간을 마련할 수 있는가? 아니면 벽에 그림을 걸어놓을 공간이 충분한가? 연간 계획서나 업무 자격증 등을 거는 대신, 보기 좋은 그림을 걸어놓는 건 어떨까?

재택근무를 한다면 근무 환경을 제대로 갖추는 것이 더없이 중요하다. 만약 당신의 책상이 계단 밑의 공간에 끼여 있는데 주위에는 더러운 세탁물과 재활용 쓰레기통 따위가 너부러져 있다면 제대로 동기부여가 안 될 것이다. 그래도 이 장소에서 대부분의 시간을 보내야 한다면, 당신이 좋아할 만한 '공간'을 만들어야 한다. 비록 작은 공간일지라도. 우선 당신이 필요한 모든 것에 쉽게 손이 닿도록 해놓아라. 필요한 물건을 꺼내기 위해 세탁물을 옮겨야 할 필요가 없도록 말이다. 그래야 일의 흐름도 순조롭고 불필요한 좌절을 겪지 않을 것이다. 또, 정 책상을 재배치할 다른 공간이 없다면 최소한 세탁물과 재활용 쓰레기통을 다른 데로 옮겨야 한다.

또한 가능하다면 집 안의 다른 공간과 동떨어진 근무 공간을 마련하는 게 좋다. 예를 들어, 다락방이나 차고, 또는 빈방 같은 곳이다. 하지만 일을 하지 않을 때 쓰는 방들에 근무 공간을 마련하면 안 된다. 앞서 하루의 끝이나 주말에는 휴식을 취해야 한다는 원칙을 살펴봤다. 그런데 만약 당신의 근무 공간이 거실이나 부엌에 있다면, 이를 준수하기는 힘들지 않겠는가. 물론 아주 작은 책상과 의자라도 약간의 생각만 거치면 훌륭한 근무 공간으로 변할 수 있다. 그리고 그에 따라 당신의 근무 태도도 긍정적으로 변할 수 있다.

> 당신의 근무 환경을 행복하고 건강하게 만들어줄
> 가장 좋은 것은 바로 살아있는 식물이다.

80

질서를 창조하라

'시간 관리'라는 말을 들으면 어떤 기분이 드는가? 어떤 이들은 정리 정돈과 효율성에 큰 기쁨을 느낀다. 물론 동시에 남들에게 죄책감과 좌절을 안겨주기도 하지만 말이다. 하지만 사람들은 모두 저마다 다르다. 천성적으로 정리정돈을 못하는 것에 부끄러움을 느낄 필요는 없다. 그럼에도 일터에서 스스로를 돌보려면, 또 매일 퇴근시간에 기진맥진함이 아닌 만족감을 느끼고 싶다면, 바로 정리정돈이 핵심이다. 주위 환경이 고요하고 질서정연할 때, 우리의 내면도 고요함과 질서를 느끼기 쉬운 법이다.

앞서 나는 '현재를 만끽하며 살라'고 여러 번 충고했다. 지금도 변함은 없다. 그렇게 하는 게 불필요한 스트레스와 걱정을 피하는 지름길이기 때문이다. 그러나 실용적이어야 하는 직장 업무에만큼은 이를 적용해선 안 된다. 미리 계획을 짜고, 정리하고, 스케줄을 잡지 않으면 마치 급한 불을 끄는 소방관이 된 기분이 들 것이다. 며칠 전까지만 해도 분명 별일 아니었는데 갑자기 위기로 다가오는 일들이 있다. 제대로 처리하지 않아서 이후에 사태가 마치 괴물처럼 커져버린 것이다. 그럴 때는 있을 자리에 없는 물건들을 찾거나, 제공 안 된 서비스에 대해 사람들에게 사과하느라 시간을 낭비하게 된다. 이메일의 수신함이 갑자기 넘쳐나고, 좌절한 동료들은 당신에게 화풀이를 해댈지도 모른다. 이 모든 게 익숙하게 들리는가?

이런 상황은 그다지 재미가 없다. 그러니, 꼭 이래야 될 필요가 있을까? 평범한 날에도 업무 스트레스를 받을 텐데, 정말 바쁘고 정신없는 날에는 어떻게 감당할까? 게다가 그 해결책은 그다지 어려운 것도 아니다. 못 믿겠으면 주변을 한번 둘러보라. 정리를 잘하는 사람과 그렇지 못한 사람들의 삶을 보고, 당신이 결론을 내리면 된다.

이메일함 정리하는 것조차도 자신 없는 사람이라면 업무생활 전체를 정리정돈한다는 게 너무 버겁게 느껴질 것이다. 그런데 그런 자신 없음이 정리정돈의 길로 가는 데 가장 큰 방해물이다. 사실, 그런 나약함은 어처구니없는 태도다. 왜냐하면 정리정돈을 하지 않았을 때의 결과는 스스로를 쫓느라 스트레스 받고 기진맥진하는 것뿐이기 때문이다. 그것도 당신의 남은 직장생활 동안 내내 말이다. 한번 생각해보라. 눈앞에 펼쳐지는 수십 년간의 남은 직장생활을. 그것에 비하면 오늘 이메일함과 씨름하는 건 별것 아니지 않은가.

우리 모두 정리정돈을 잘할 수 있다. 다만, 천성적으로 정리를 잘 못하는 당신이라면 약간의 노력이 더 필요할 뿐이다. 사실 이건 자전거 타는 법부터 대수algebra에 이르기까지 어느 기술이라도 마찬가지다. 정리정돈도 우리 모두가 배울 수 있는 기술일 뿐이다. 단지 이를 습득할 필요성만 느끼면 된다. 흥미롭게도, 정리정돈의 달인인 사람들 중에는 정말 좋지 않은 입장에서 시작한 사람들이 있다. 내가 아는 그런 이들 중에는 실행장애dyspraxia(통합행동능력의 부족)과 주의력결핍과 과잉행동장애ADHD 같은 장애(여기서 나는 '장애disorder'라는 표현이 맘에 들지 않는다. 위 예시의 사람들도 완벽하게 잘 살아가니까. 단지 일반인들과 방식이 조금 다른 것이다. 오히려 세상이 그들의 방식에 맞추지 못하는 것뿐이다. 하지만 본문의 맥락에서라면, 사용하기 적절한 단어로 보인다)를 지닌 이들도 있다. 직장과 같은 조직이란 이들에게 있어 뇌기능에 대한 커다란 도전과제인 셈이다. 그래서 결국 이들은, 가장 정리정돈을 잘하는 직원으로 변하는 것이다. 즉, 이들에게는 문제가 생기면 너무 거추장스러워져 이를 바로 해결해야만 된다. 그렇지 않으면 업무를 제대로 실행하기 힘들기 때문이다. 결국, 이들은 정리정돈을 잘하기 위한 전략을 세우는 수밖에 달리 방도가 없다. 그 결과, 정말로 정리정돈을 멋지게 해내는 것이다. 이렇게 어려움이 있는 이들도 잘할 수 있다면, 우리도 잘할 수 있지 않겠는가.

나에게 "정리를 할 시간이 없어요"라는 핑계는 대지 말기 바란다. 쉬운 것부터 천천히 해나가면 되지 않는가. 물론 노력이 조금 필요하다. 하지만 그 성과는 확실할 것이다. 앞서 매일 업무 시작 전 30분 정도를 비워서 숨 쉴 공간을 마련하라고 한 게 기억날 것이다. 바로 이때 정리정돈을 하면 된다. 우선은 이메일함 정리부터 시작하면 된다. 그다음 주

274

에는 스케줄북을 정리하고, 또 그다음 주에는 책상 위의 상태를 점검 및 정리하는 것이다. 그런 식으로 하나씩 정리해나가라. 그렇게 하다 보면 하나의 습관이 될 것이다. 그리고 당신은 자신감이 넘치는, 차분한 직원이 될 수 있을 것이다.

> 매일 퇴근시간에 기진맥진함이 아닌
> 만족감을 느끼고 싶다면, 바로 정리정돈이 핵심이다.

81

몸과 마음을
움직여라

　몸을 움직이지 않으면 신체만 굳는 게 아니다. 마음도 틀에 박힌 듯이 굳게 된다. 긍정적인 틀도 있겠지만, 대개는 걱정과 좌절, 불안으로 가득한 틀일 것이다. 단순히 몸을 움직이는 것만으로 한 자세로 오래 있어 굳어버린 신체와 마음에 휴식을 줄 수 있다. 따라서 하루 일과 중에 정기적으로 몸을 움직이는 게 무척 중요하다.

　당신이 정원사나 공장장, 외과의사라면 적어도 일을 하면서 자연스레 몸을 움직이게 된다. 하지만 하루 종일 책상에 앉아 일한다면 몸을 움직일 기회를 스스로 만들어야 한다. 그러니, 지금 당장 몸을 움직여라. 일을 하면서 적어도 30분에 한 번 정도는 몸을 움직여야 한다. 단순히 화장실에 가거나, 커피를 끓이거나, 별로 긴급하지 않은 복사를 하러 가도 괜찮다. 다 몸을 움직일 좋은 핑계가 되니까. 이렇게만 하면 된다. 이게 전부다. 잊어버리기 쉬운 일이지만, 실행하기만 한다면 매일 큰 차이를 만들어낼 수 있다.

요즘 직장에서 얼마나 자주 움직이고 있는지를 한번 점검해보라. '나는 분명 30분마다 한 번씩은 움직인다'고 생각하기 쉽다. 그러나 실은 한번 의자에 앉으면 몇 시간이고 꼼짝 않는 경우가 많다. 이럴 때, 단순히 30분마다 한 번씩 움직이는 습관을 들이는 것만으로도 큰 변화가 생긴다. 움직일 선택권이 없는 긴 미팅 등을 생각해보라. 이에 대한 보상으로라도 30분마다 한 번씩 움직이는 게 좋다.

한편, 당신이 정원사나 외과의사라도 마음을 움직이려는 노력을 해야 한다. 단순히 몸을 움직임으로써 마음도 함께 움직이게 할 수 있다. 스트레칭하거나, 정원 및 병원(혹은 어느 직장이든)의 반대쪽 끝으로 걸어가보는 것이다. 그렇게 잠시만이라도 뇌가 다른 것에 신경을 쓰게 만들어서 뇌를 유연하게 유지하는 것이다. 또, 항상 몸에 수분을 충전하는 것이 중요하다. 1분 동안만이라도 물을 마시고 주위를 한 번 둘러보는 것도 바람직하다.

물론 이렇게 몸을 움직이는 게 별로 도움이 안 되는 때도 있는 걸 인정한다. 나도 작가로서 한참 일할 때 사고의 흐름을 깨는 일은 절대로 하기 싫기 때문이다. 그렇다면 일이 너무 잘될 때는 몸을 움직이지 않아도 괜찮다. 그러다 정신적인 '멈춤'의 지점에 도달한다면 그때 잠시 멈춰서 다리를 스트레칭하거나 하면 된다. 그럼 만약 일이 잘 안 돼서 끙끙대고 있다면? 그럴 땐 5분간의 휴식을 취하고 돌아오기만 해도 마음가짐이 크게 달라질 수 있다. 마음속의 정체가 풀리고 다시 아이디어가 흐르는 것이다.

그래서 매일 점심 휴식시간을 갖는 게 그렇게 중요한 것이다. 물론 나도 너무 열심히 일할 때는 겨우 15분의 점심휴식밖에는 취하지 못한다. 그 시간 동안 자리에서 일어나 부엌에 가서 간단히 음식을 준비하고, 다시 책상으로 가져와서 먹는 것이다. 이 간단한 행동만으로도 내 몸과 머리에는 변화가 생긴다. 사실, 간단한 산책을 끼워 넣는 휴식이라면 더없이 좋을 것이다. 아예 한 시간 동안의 휴식이면 더 좋겠지만, 이것이 늘 가능한 건 아니다. 어떤 직업에서는 거의 불가능에 가깝기도 하다. 만약 한 시간 동안 휴식이 불가능하다면, 30분간 휴식을 갖는 걸 목표로 삼아라. 이때 가능하다면 산책도 하는 게 좋다. 되도록 지저분한 거리보다 푸른 잔디 쪽을 권한다. 이런 매일 30분간의 휴식들이 더해진다면 좀 더 여유롭고 생산적인 당신이 될 수 있을 것이다.

66

몸을 움직이는 기회를 매일 마련한다면,
큰 차이를 만들 수 있다.

99

하루
휴가를 내라

만약 당신이 예를 들어 감기 같은 병에 걸렸다면 직장을 하루 쉬지 않겠는가? 어쩌면 하루 이상을 쉴 수도 있다. 상사도 이해할 것이다. 자기도 같은 일을 당한다면 똑같이 병가를 낼 테니까. 병가를 낸 당신은 이제 다시 일하러 갈 수 있게 몸이 낫기를 기다린다. 그리고 침대에 들어앉아 꿀이나 레몬을 섞은 따뜻한 물을 마시면서 스스로를 돌보는 것이다. 또, 몸이 회복되는 동안 TV를 보면서 맛있는 음식도 먹는다.

그런데 신체적으로는 괜찮아도 정신적으로나 감정적으로 매우 고달플 때는 어떻게 해야 할까? 나의 추측으로는, 당신은 아마도 아랑곳하지 않고 직장에 나갈 것이다. 그러나 막상 직장에 나가도 마치 감기에 걸린 듯 일은 제대로 할 수 없고, 감정을 추스르는 데 생각보다 오래 걸리기만 할 것이다. 당신이 이렇게 고생하는 이유는 병가를 낼 유일한 원인이 신체적 질병뿐이라고 생각하기 때문이다.

물론, 유일한 예외는 가까운 사람이 사망했을 때 받는 특별휴가 정도이다. 이런 특수한 위기일 때와 평온한 상태일 때의 감정적 간극은 무척 크다. 이런 건 신체건강이라는 면에서는 존재하지 않는 척도인 셈이다. 그런데도 감정이 상했을 때는 무조건 직장에 출근해서 버텨내는 수밖에 없다.

그러나 당신을 위해서도 고용주를 위해서도 이런 건 이치에 맞지 않는다. 상한 마음으로 판에 박힌 일을 일주일에 5일간 하느니 제대로 4일을 일하는 게 훨씬 생산적이지 않겠는가. 그러니 정신적으로 너무 힘들면, 하루를 감정 회복을 위해 쉬는 선택권이 있어야 한다. 마치 신체적으로 질병에 걸렸을 때처럼 말이다.

기본적인 규칙은 필요하다. 조금 기분이 안 좋다고 해서 무작정 하루를 쉴 수는 없기 때문이다. 나는 직장을 땡땡이 칠 권리를 남용하라는 게 아니다. 질병에서와 마찬가지로 하루 이틀 정도를 쉬는 게 장기적인 생산성 향상을 위해 훨씬 낫다고 판단될 때만 그렇게 해야 한다. 가끔씩 현명하게 써야 하는 권리인 것이다. 정말 필요할 때 하루 이틀 정신건강을 챙긴다고 해서 죄책감을 느낄 필요는 없다. 모두에게 다 이득이 되는 선택이니까.

운이 좋다면 이런 사정을 이해하는, 마음이 열린 상사를 만날 것이다. 하지만 그게 아니라면, 당신이 이런 권리를 스스로 챙겨야 한다. 어떤 건강이 문제라서 하루를 쉬려고 하는지에 대해 전화를 해서 알려야 하는 것이다. 물론 내가 거짓말을 권하는 건 아니지만, 그렇다고 꼭 모든 사실을 다 알릴 필요는 없다. 그저 상태가 매우 안 좋다고 하면 될 뿐, 몸이 아니라 마음을 돌봐야 한다고 구체적으로 말할 필요까지는 없는 것이다.

　당신의 상사나 동료들이 정신건강을 포함한 총체적인 돌봄이 중요하다는 것에 무지할 수도 있다. 그렇다고 해서 그들의 규칙에 무작정 따라갈 필요는 없다. 당신은 성인이니 스스로 책임을 지면 된다. 업무와 건강을 동시에 챙기려면 가끔씩 이런 정신적 압박을 날릴 기회를 이용하는 게 꼭 필요하다.

66

정말 필요할 때 하루 이틀 정신건강을 챙긴다고 해서
죄책감을 느낄 필요는 없다.
모두에게 다 이득이 되는 선택이니까.

99

83

자신의 상태에 대해 대화하라

앞서 설명했던 원칙은 아주 가끔, 모든 일을 견딜 수 없을 때 적용하는 원칙이다. 그 압박의 원인이 직장이건 가정이건 간에 말이다. 그럼 만약 하루 이틀 쉬는 것으로 해결 안 될 문제라면 어떨까? 아마 한 2주마다 휴식이 필요하다고 느끼게 될지 모른다. 만약 그런 경우라면, 정말로 건강상의 문제가 있는 건지도 모른다. 이런 경우는 차원이 다른 문제이기 때문에, 건강해지기 위해서는 다른 접근법이 필요하다.

어쩌면 당신은 과거에 정신건강 문제를 겪었을지도 모르겠다. 혹은 이번에 처음으로 정신적 어려움을 겪는 것일 수도 있다. 또, 그저 설명할 수 없이 기분이 착 가라앉을 수도 있지만, 어쩌면 예를 들어 가정 내 문제라든가 직장에서의 압박 등 외부에서 오는 명확한 원인이 있는 건지도 모른다. 그 원인이 무엇이든 당신은 평상시 하던 방법으로는 상황에 맞설 수 없음을 깨달았다. 이 상태로 계속 아무 일 없다는 듯 직장에 다니면, 당신의 상태는 악화될 뿐이다.

당신은 이런 상황을 바꾸어야만 한다. 하지만 이를 혼자 바꾸기는 쉽지 않다. 그래서 속마음을 털어놓을 누군가가 필요한 것이다. 사실, 우리는 여러 이유로 속마음을 털어놓기 꺼려한다. 마음을 털어놓는 게 자신의 약함을 인정하는 격이라 믿는 이들도 있고, 애초에 마음을 어떻게 털어놓는 건지 모르는 이들도 있다. 또, 자신의 문제에 대해 얘기하면, 문제가 더 생생해진다고 믿고 이를 꺼려하는 이들도 있다. 하지만 자신의 문제가 너무 힘들어져 혼자 맞서기 어려운 상황이 되면, 조만간 이를 인정하고 누군가에게 털어놓는 수밖에 없다. 그러니, 먼저 남에게 털어놓는 게 오히려 낫다. 자신의 문제에 대해 덜 방어적일수록 더 해결하기 쉬운 법이니까.

현재 당신의 힘으로 해결할 수 없는 문제와 씨름하고 있어도 상관없다. 예를 들어, 이혼이나 사별, 금전적 문제와 같은 문제 말이다. 왜냐하면 바꾸어야 할 것은 그런 문제들에 대한 당신의 태도일 뿐이니까. 즉, 문제 자체는 변하지 않겠지만, 그렇다고 문제를 좀 더 컨트롤하는 마음가짐이 되지 말란 법은 없다.

그러므로 타인과 대화하라. 사실, 직장 문제라면 대화를 나눌 이상적인 상대는 바로 당신의 상사이다. 상사야말로 당신을 도울 능력이 가장 출중한 사람이다. 또, 상사는 당신이 왜 요즘 평소처럼 일을 하지 못하는지를 이해할 필요가 있다. 예를 들어, 요즘 당신이 쉬는 시간이 잦아졌다거나, 업무 성과가 별로라거나, 동료들에게 짜증을 낸다거나 하는 경우에 말이다. 일단 상사가 당신의 사정을 이해하면 업무 압박을 느슨하게 해준다거나, 좀 더 유연한 근무 조건에 찬성할지도 모른다. 혹은 업무 데드라인을 늦춰줄 수도 있다. 상사라면 인간적으로 당신이 걱정되기도 하겠지만, 당신이 최선의 업무를 하기도 바라기 때문이다.

어쩌면 상사에게 접근하기 힘들지도 모르고, 심지어 상사가 당신의 문제의 일부분일 수도 있다. 그렇다고 타인과의 대화를 포기하면 안 된다. 그저 다른 사람을 찾으면 될 뿐이다. 예를 들어, 상사의 매니저라든가 인사팀 직원, 혹은 동료와 대화를 나누는 것이다. 아니면 친구나 상담사 및 치료사와 같은 직장 밖의 사람들도 괜찮다. 이들은 당신이 문제를 이겨낼 방법을 제시해줄 것이다. 또, 곧 상사와 대화를 나눠보라고 권할지도 모른다. 여하튼, 당신의 문제를 직장의 도움 없이 해결할 수 있는 게 아닌 이상, 직장에서는 당신의 문제에 대해 알 필요가 있다. 직장에 사정을 털어놓는 순간, 마음의 짐이 한결 덜어지는 느낌이 들 것이다.

> **"**
> 혼자 맞서기 어려운 상황이 되면,
> 조만간 이를 인정하고 누군가에게 털어놓는 수밖에 없다.
> **"**

팀을
신경써라

84

고립된 섬에 혼자 있는 게 아닌 이상, 주위 동료들이 당신의 기분에 영향을 미칠 수밖에 없다. 당신은 분위기가 좋고 능률도 좋은 팀이나 그룹, 교실의 일원이 되어본 적이 있을 것이다. 반대로, 암울하고 어두운 분위기의 팀의 일원이 되어본 적도 있을 것이다. 팀의 집합적인 분위기 및 정신은 당신의 정신상태에도 큰 영향을 미친다. 보람차고 긍정적인 업무 경험을 원한다면, 당신부터 팀 분위기를 행복하게 만들 행동을 해야 한다. 당신의 행동 하나하나가 큰 도움이 될 테니까.

대개 나의 행동은 자신에게 고스란히 돌아오기 마련이다. 이건 어느 직장에서든 마찬가지다. 물론 가끔씩 동료의 친절에 퉁명함으로 답하고, 고요함 앞에서 화를 내는 별종들이 존재하기는 한다. 하지만 일반적으로는 자기가 뿌린 씨를 거두기 마련이다. 그러니 당신이 친절하고, 서로를 격려하며 도와주는 팀의 일원이 되고 싶다면, 이를 위한 가장 좋은 방법은 당신이 먼저 그렇게 행동하는 것이다.

당신이 정원이 20명인 팀 중 한 명이라고 해보자. 그런데 나머지 19명이 악담을 좋아하는, 못된 위선자들이라면? 아마 당신은 혼자서 고군분투하지 않을 수 없을 것이다. 한편으론, 그들의 행동이 당신의 행동을 되돌려주는 건 아닌지 확실히 할 필요가 있다. 여하튼, 만약 직장 내의 집합적인 분위기가 부정적이라면 충분한 수의 직원들이 모여서 대세를 거스르지 않는 이상, 분위기가 바뀌길 기대하기는 어렵다. 자신의 주장을 피력한다는 게 쉽지는 않겠지만 말이다.

하지만 실은 위의 경우보다, 당신은 모든 직원들이 평범한 부침을 겪는 팀의 일원일 확률이 높다. 그러다가 업무 압박이 거세지거나, 대장격인 사람이 기분이 안 좋거나 하면 모든 팀원들이 다 같이 힘들어지는 것이다. 이런 팀에서라면, 한 사람이 큰 변화를 일으킬 수 있다. 만약 그 사람이 당신이라면, 다른 직원들이 당신에게 동조를 하든 하지 않든 변화의 혜택을 누릴 수 있게 될 것이다. 변화의 물결이 팀 전체에 퍼지기 전에 당신을 대하는 직원들의 태도부터 바뀔 테니까.

게다가 당신이 만약 상사라면 더욱 큰 변화를 일으킬 수 있다. 또, 직장의 규모가 작아도 마찬가지로 큰 변화를 만들기 쉽다. 하지만 만약 당신이 규모가 큰 직장의 말단사원이라도, 당신의 개인적 업무 경험을 좀더 행복하고 긍정적으로 만들어갈 필요가 있다. 그 과정에서 동료들의 하루 일과에도 긍정적인 영향을 미칠 수 있다.

이를 위해서 당신이 해야 할 건 친절하고 예의바르게 행동하는 것뿐이다. "부탁드려요" 혹은 "감사합니다"라고 말하고 미소를 지으면 된다. 동료들의 안부를 묻고, 이들의 대답을 경청하라. 동료들에게 인간적인 관심을 갖는 것이다. 가끔씩 동료들의 인간적인 실수는 이해해주고, 도움의 손길을 내밀어라. 이런 일들은 별로 어렵지도 않다.

또, 감사의 표시도 정중하게 할 줄 알아야 한다. 그저 "고마워요"라고 말만 하지 말고 구체적으로 표현하는 것이다. "정말 큰 도움이 됐어요. 짧은 시간 안에 계산해낸 숫자들이 그렇게 정확하다니 놀랐어요"라는 식으로 말이다. 감사의 표현을 하면 당신과 상대의 기분을 동시에 좋게 한다는 보고는 무수히 많다. 게다가 당신의 자신감과 목적의식을 향상시키기도 한다. 또, 스트레스가 줄어들 뿐 아니라 당신도 더 나은 매니저가 될 수 있다. 나도 이쯤에서 당신에게 이 책을 읽어줘서 고맙다는 인사를 해야겠다. 그리고 당신의 팀 동료들을 어떻게 더 잘 보살필지에 대한 진지한 생각을 해준 데에도 말이다.

> 66
>
> 당신이 해야 할 건 친절하고 예의바르게 행동하는 것뿐이다.
> "부탁드려요" 혹은 "감사합니다"라고 말하고
> 미소를 지으면 된다.
>
> 99

The Rules of
LIVING WELL

10장. 은퇴

은퇴는 인생의 커다란 이정표가 아닐 수 없다. 큰 변화를 수반하니까 말이다. 삶의 많은 것들이 달라지며, 그중에는 장점도 있고 단점도 있다. 이때, 당신에게 중요한 건 장점이 더 많도록 해야 한다는 것이다.

　은퇴를 하면 개인적 상황들이 삶의 큰 요소가 된다. 그리고 당신이 그 모든 상황들을 다 컨트롤할 수는 없겠지만, 어느 정도는 가능하다. 당신은 지금 혼자 사는가, 아니면 배우자 및 가족들과 함께 사는가? 은퇴 후 살던 집에 계속 머물 것인가? 아니면 다른 집으로 이사를 가거나 아예 다른 지역으로 옮길 것인가? 재정적으로 얼마나 안정되어 있는가? 필요하다면 생활비를 줄이기 위해 축소 및 재배치할 내역이 있는가?

　컨트롤은 성공적인 은퇴에서 핵심이다. 만약 은퇴가 당신 앞에 갑자기 툭 내던져진, 억지로 응해야 하는 것이라면 어떨까? 아마 무기력하고 연약한 느낌이 들 것이다. 하지만, 당신이 원하던 삶을 적극적으로 빚어낼 기회로 삼는다면? 은퇴 후의 삶을 받아들이기 훨씬 쉬워지고, 삶을 최대로 즐기며 살게 될 것이다.

　은퇴라는 건 어떤 하나의 상태가 아니다. 사실, 은퇴 후의 삶이 앞으로 몇십 년간이나 펼쳐질 테니까 말이다. 따라서 은퇴한 직후 즐겼던 일들을 꼭 10년, 20년, 나아가 30년 이후에도 그대로 즐기리라는 보장은 없다. 당신도, 당신의 삶도 계속 변화한다. 물론 지금 이 순간도 그렇게 변하고 있고 말이다. 20년 전의 당신이 어떤 모습이었는지 한번 뒤돌아보라. 지금과 큰 차이가 느껴지지 않는가? 그러니까 은퇴를 하며 하나의 결정을 내렸다고 해서 이를 고수할 필요는 없다.

은퇴의 순간은
영원히 계속되지 않는다

당신의 은퇴가 점점 다가온다. 정말이지 큰 변화가 곧 올 것 같은 느낌이다. 정든 직장과 동료들을 떠나야만 하다니. 또 그 오랜 세월 익숙했던 생활습관도. 그것은 당신이 성인이 되고 나서 인생 내내 다져온 습관인지도 모른다. 이제 더이상 매일 통근할 일도 없고, 매일 아침 작업복을 입어야 할 필요도 없다. 이메일함이 넘쳐날 일도 없으며, 당신을 긴급히 보고자 하는 이들도 없다. 뿐만 아니라, 당신의 의견이나 의사결정, 판단력을 원하는 이들도 없을 것이다. 엄청나게 조용한 삶이 될 게 뻔하다. 할 일 목록 중에서 제일 긴급한 일이라고 해봐야 매일 신문을 읽으며 커피를 마시는 일뿐일 테니까.

어쩐지 무섭게 들리는가? 아무리 당신이 직장을 별로 안 좋아한대도, 당신의 삶을 공중에 흩뿌리는 것 같아 두렵게 느껴질지 모른다. 송

별회를 하고 난 다음 날 세계여행 크루즈에 오른다는 계획을 짰어도 다를 바가 없다. 미지의 세계로 한 발 내딛는 것 같아 여전히 걱정스런 마음이다.

내 한 친구는 최근 천 명 이상의 직원들로 이뤄진 조직의 장 자리에서 은퇴를 했다. 평소 모두 그를 우러러보고 존경했다. 또, 그의 결재와 허락, 의사결정 및 리더십을 늘 요구했다. 그러다가 갑자기 은퇴를 하고 나니 이제 더이상 아무도 그를 필요로 하지 않는 것이었다. 이제는 그에게 아무 권한도, 책임도 없었다. 바깥세상의 시선으로 보면, 더이상 그는 중요한 인물이 아닌 것처럼 느껴졌다. 자신의 은퇴가 선택해서 한 일이었어도 여전히 맞서야 할 복잡한 여러 감정들이 연루되기 마련이다.

하지만 다행히도 오늘날 이 친구는 잘 지내고 있다. 그는 천성이 긍정적인 사람이라 은퇴의 장점에 집중하기로 했기 때문이다. 그는 개를 한 마리 입양해서 매일 그 개와 함께 긴 산책을 다닌다. 한때 조직의 모두에게 그가 중요한 인물이었던 것처럼, 개에게는 그가 무척 중요한 존재다. 이 원칙의 매우 훌륭한 예가 바로 이 친구이다. 즉, 은퇴는 삶의 한 이벤트이기도 하지만, 동시에 그 후에 다가오는 모든 것들이기도 하다는 원칙이다. 전자와 후자는 매우 다르지 않은가.

은퇴의 과정을 힘들게 받아들여도, 동시에 은퇴를 즐기는 것은 가능한 일이다. 아니, 꽤나 흔한 일이기도 하다. 물론, 내면의 스위치를 '근무'에서 '은퇴'로 바꾸는 건 스트레스를 받는 일이다. 그것도 당신이 전혀 예상치 못한 양상으로 말이다. 그러니, 예상치 못했던 일들이 벌어질 설 각오해야 한다. 그리고 별로 마음에 안 들더라도 그 과정을 흥미롭게 받아들이려 노력해야 한다. 일하느라 바빠 삶에서 놓치고 있던 것들과 당신을 놀라게 하는 삶의 선물들에 대해 생각해보라. 또, 변화하는 자신의 모습에 주목하라. 이렇게 하는 게 당신이 은퇴 생활에 적응하는 데 필요한 객관성을 부여해줄 것이다. 이런 객관성을 바탕으로 당신의 감정을 더 효과적으로 분석 및 처리할 수 있게 되는 것이다.

은퇴의 의미를 발견하는 마음속 여행을 떠나면서 재차 명심할 것이 있다. 바로 은퇴는 삶의 한 이벤트일 뿐이며, 당장의 어색한 감정들은 영원히 지속되지 않는다는 점이다. 마치 결혼식이라는 이벤트가 수십 년간의 결혼생활과 완전히 다른 것처럼, 당신의 마지막 근무날과 은퇴 생활도 무척 다른 것이다. 당장의 어떤 힘든 감정은 금방 사라질 것이다. 그리고 여태껏 누려본 적 없는 자유를 바탕으로 당신이 원하는 삶을 설계해나가면 된다.

> 일하느라 바빠 삶에서 놓치고 있었던 것들과,
> 당신을 놀랍게 하는 삶의 선물들에 대해 생각해보라.

86 은퇴 후
단번에 적응할 필요는 없다

　우리 가족의 한 오랜 친구는 교장선생님이었다. 그가 새로 교장으로 부임했을 때, 그전 교장선생님이었던 분이 학교 가까이에 살았다고 한다. 뭔가 어색한 상황이 그에게 닥친 것이다. 새로 온 교장이라면 변화를 시도하는 게 일반적이다. 하지만 그가 변화를 선보일 때마다 학부모와 학생들은 이전 교장선생님에게 이에 대한 불평을 했다. 그리고 이 교장선생님은 새로 온 내 친구를 지지하는 대신에 그런 변화가 나쁘다고 두둔해주었다. 이런 일을 겪으면서 내 친구는 자신이 은퇴하면 학교 근처를 완전히 벗어나 이사를 가겠다고 다짐했단다. 자신의 존재가 새로 부임할 교장선생님의 기를 꺾어 놓을까 염려되었던 것이다.

　그리고 그로부터 20년이 지나, 그는 자신의 다짐을 지켰다. 은퇴를 하자마자 240킬로미터 떨어진 곳으로 이사를 갔다. 이는 삶의 큰 변화가 아닐 수 없었다. 이제 그는 더이상 누군가의 상사도, 지역사회의 존경받는 주춧돌도 아니었다. 그래도 그와 그의 아내는 완전히 새로운 친구들을 만나 사귀기 시작했다. 또, 시간을 보낼 새로운 활동들도 참가했다. 다행히 그는 아주 긍정적인 마인드로 임했고, 모두 성공적이었다. 하지만 여전히 이사는 그의 삶을 송두리째 뒤흔든 큰 변화였다. 다니던 직장을 그만둔 데다 친구들을 비롯해 익숙한 모든 것들을 한 번에 바꿔야 했으니까.

사실 이렇게 할 필요까진 없다. 당신이 진정 원한다면 다른 얘기지만 말이다. 모든 걸 한꺼번에 뒤흔들고 싶은 희망이 있다면, 그것도 괜찮다. 하지만 갑자기 스위치를 바꾸는 것보다 천천히 새로운 장면으로 교체하는 방법도 얼마든지 있다. 예를 들어, 교장이라는 직업은 파트타임으로 할 수 있는 일은 아니다. 전적으로 자리를 맡지 않으면 아예 관련 업무를 할 수 없다. 하지만 근무시간이나 책임을 줄이는 방식으로 계속 일할 수 있는 직업들도 많다. 이런 직업군에서는 갑작스런 은퇴보다 변화가 더 점진적으로 일어날 것이다. 사실, 앞서 말한 내 친구도 새로 이사간 동네의 학교 근처에 집을 얻어 그곳에서 파트타임으로 수학을 가르치며 몇 년 일했다. 다시 학교에서 일한다는 것만으로 큰 변화에 적응하는 데 도움이 되었을 거라 나는 믿는다.

은퇴가 별로 내키지 않는다면 지금의 상황을 은퇴로 여기지 않으면 된다. 그저 직업을 바꾼 뒤, 업무량을 천천히 줄여나가는 것으로 여기는 것이다. 혹은 아예 다른 직업으로 바꾼다고 생각하라. 파트타임이나 자원봉사 같은 일일지라도, 여전히 당신이 즐기는 직업적 요소들이 포함

된다. 예를 들어, 팀워크라든가, 매일 집밖을 나가 익숙한 일을 하는 느낌, 또 당신이 가진 기술을 발휘하는 것 등등. 다시 말해, 아직도 일을 하는 기분을 주는 일들을 찾아보라. 지역의 구호물품을 파는 가게에서 자원봉사를 하든가, 동네 조그만 회사에서 일주일에 며칠만 일을 하는 것이다. 또, 학교에서 아이들에게 책을 읽어주는 봉사도 할 수 있다.

마찬가지로, 현재의 집에 사는 이유가 직장 때문이라도 반드시 은퇴 후 다른 곳으로 이사를 가야 하는 건 아니다. 한꺼번에 많은 변화를 감당하는 건 어려운 일이다. 따라서 자녀들 곁으로 이사를 간다거나 좋아하는 나라로 이사를 간다거나 하는 일은 1~2년 후에 해도 된다. 서두를 일이 뭐 있겠는가? 이제 세상의 모든 시간을 다 가진 셈이니 가장 편안한 속도로 일을 진척시키면 되는 것이다.

이처럼 은퇴에 따른 선택지는 너무나 다양하다. 핵심은 은퇴를 하기 전에 미리 열심히 생각해놓는 것이다. 당신은 수심이 깊은 물속으로 풍덩 뛰어들듯이, 급작스러운 은퇴를 맞고 싶은가? 아니면 계단을 천천히 내려가듯 점진적인 은퇴를 맞고 싶은가? 둘 중 어떤 접근법이 더 마음에 드는지를 깨달으면, 은퇴라는 전환기를 좀 더 쉽게 계획하고 즐길 수 있게 될 것이다.

은퇴가 별로 내키지 않는다면,
지금의 상황을 은퇴로 여기지 않으면 된다.

자녀가 독립하면
결국 자유로워진다

아무리 당신이 은퇴를 단계별로 준비한다 해도, 은퇴는 여전히 삶의 큰 변화이다. 갑작스러운 은퇴를 맞이하면 그 변화의 폭은 더 클 것이다. 요즘에는 사람들이 가정을 꾸리는 나이가 늦어졌다. 따라서 부모님의 은퇴와 자녀가 마침내 집을 떠나 독립하는 시기가 맞물리는 게 흔하다(적어도 은퇴 후 몇 년 안에는 자녀가 독립하고는 한다). 만약 이런 경우에 해당한다면, 다른 상황 속의 은퇴는 아이들 장난처럼 쉬워보일지도 모른다.

하지만 기억해야 할 게 있다. 마치 은퇴처럼 자녀의 독립도 하나의 이벤트일 뿐이라는 것. 당시의 기분이 영원히 머물지는 않는다. 물론 자녀가 여러 명이라면 한 명이 처음 독립하고, 또 다른 자녀가 집을 나가고 다시 들어오는 등, 여러 개의 이벤트처럼 느껴지겠지만 말이다.

이렇게 자녀들이 여러 번 집안을 들고 나기를 반복하다 보면, 드디어 당신은 내내 '집에 아이 없음'의 상태로 들어가게 되는 것이다.

은퇴와 마찬가지로 자녀의 독립은 부정적인 일처럼 비치기 쉽다. 물론 부정적인 면이 존재하지만, 그 부정적인 면을 얼마든지 긍정적인 면으로 변모시킬 수 있다. 당신이 한 부모이건 배우자가 있는 사람이건 간에 말이다.

다시 말하지만, 당신이 일을 그만둘 때쯤 자녀가 독립을 한다는 건 인생의 큰 전환점이 아닐 수 없다. 하지만 두 사건의 장점이 맞물리면, 그 긍정적인 효과가 매우 크다. 왜냐하면 두 사건 모두 당신에게 자유를 선사하기 때문이다. 당신 삶의 가장 큰 초점이 여태껏 바로 일과 자녀들이었을 확률이 크다. 이제 그 두 관계에서 자유로워지면 당신이 원하는 대로 마음껏 행동할 수 있다. 정말 자유로운 기분이 아닌가. 당신은 이제 무엇을 하고 싶은가?

이때 자녀들이 집을 나가서, 또 일을 통한 목적의식이 사라져서 섭섭해 하느라 아무것도 못하면 어떻겠는가? 아마 꽤나 비참한 생활을 하게 될 것이다. 어차피 사라질 감정들인데 왜 이를 사서 겪으려고 하는가? 만약 이런 전환점이 너무 힘들 것 같으면, 미리 준비를 하면 된다. 어차피 지난 수년간 이런 일이 일어날 거라 예상해오지 않았는가.

당연한 말이지만, 내 주변에서 은퇴를 가장 잘 맞이하는 이들은 미리 계획을 짠 이들이다. 이들은 은퇴를 하면 무엇을 하며 시간을 보낼지를 미리 정해두었다. 내 지인 중 한 명은 은퇴 후 늘 계획했던 생애 최고의 여행길에 올랐다. 이 여행을 통해 그녀는 새로 얻은 자유를 자축했다. 또, 은퇴 전의 걱정과 은퇴 후의 섭섭함으로부터 완전히 기분 전환을 했다고 한다. 그뿐 아니라 이 여행은 그녀에게는 격변인 셈이었다. 긍정적인 쪽으로 말이다. 여행을 가 있는 동안 그녀는 일과 자녀 문제를 신경 쓰지 않는 데 익숙해졌다. 그래서인지 텅 빈 집에 돌아왔을 때, 달라진 일상에 적응하기 훨씬 쉬웠다고 한다. 게다가 집에 돌아와서의 적응을 위해서도 그녀는 센스 있게 미리 계획을 짜놓았다. 은퇴생활을 위한 계획들을 스케줄북 가득히 적어 놓았던 것이다.

그런 여행이 거창한 모험일 필요는 없다. 그저 즐거운 휴식 정도면 삶의 한 단락에 비유적인 마침표를 찍는 데 충분하다. 한적한 시골의 통나무집에서 한 주를 보내거나, 한동안 만나지 못했던 친구들을 만나는 건 어떨까? 혹은 그림 그리기를 배우거나, 소풍을 떠나도 괜찮다. 마음에 드는 어떤 활동이라도 좋다. 특별한 활동을 하지 않더라도, 주어진 시간을 꼭 바쁘게 채워 넣어야 한다. 그래야 당신의 자유를 온전히 즐길 수 있을 테니까. 당신의 자녀들이 독립을 통해 그들만의 자유를 즐기듯이 말이다.

어차피 지난 수년간 은퇴를 예상해오지 않았는가!

88 가족 관계를 관리하라

내가 아는 한 멋진 여성은 은퇴를 기다려 마지않았다. 평소 시간을 내기가 너무 버거웠기 때문이다. 어머니가 아주 편찮으셨기에, 그녀는 본가로 들어가 어머니를 돌보며 살았다. 남는 시간 동안에는 식사와 취침 준비, 쇼핑 등도 해야 했으니 도움이 절실했다. 그뿐이 아니었다. 그녀에게는 세 자녀가 있었는데, 자녀들도 각자 아이들이 있었다. 부모가 일터에 나가 있는 동안 이 아이들도 돌봐줘야 했다. 하는 수 없이 그녀는 자신의 어머니도 돌보면서 자녀들 집을 전전해야 했다. 그러니, 은퇴를 해서 그녀가 얼마나 마음이 놓였을지는 안 봐도 훤하다.

다행히 그녀는 혼자의 몸으로도 남을 돌보는 걸 무엇보다 즐겼다. 하지만 우리 대부분은 아무리 손자들이 이뻐도 은퇴를 하면 어느 정도 자유를 즐길 시간을 원한다. 그런데 가족들은 당신의 은퇴를 당신이 원하는 일을 할 기회가 아니라 자신들이 원하는 일들을 당신이 해줄 기회로 볼지도 모른다. 이때 바람직한 절충안이 있다면 다행이지만 당신이 먼저 분명한 경계선을 긋지 않는 이상, 가족들의 일을 돌보느라 혹사당하는 느낌이 들 수 있다.

물론 가족들이 일부러 당신을 혹사시키려는 건 아니다. 다만, 당신이 먼저 분명히 해두지 않으면 자신들도 모르는 새 그 경계선을 넘어버리는 일이 생길 뿐이다. 그런 일을 바라지 않으면 경계선을 어디쯤 그을지를 마음속에 명확히 해둬야 한다. 그리고 이에 대한 의사소통을 확실히 하는 것이다. 이런 건 당신이 은퇴 전에 할 일이다. 나중에 왜 손자들을 대신 봐주는 시간이 줄었는지, 혹은 누군가를 돌보거나 대신 쇼핑을 해주는 일이 줄었는지를 일일이 설명하는 것보다는 훨씬 낫다.

그렇다면 과연 그 경계선은 어떻게 그어야 할까? 그건 당신에게 달렸다. 원한다면 가족들과 연락을 안 하고 지낼 수도 있다. 하지만 원칙주의자인 나로서는 가족들이 홀대를 하지 않는 이상 그런 선택지에 없다고 본다. 여하튼 중요한 건 당신의 시간이고 자유이니까 시간을 타인에게 얼마만큼 쓸 것인가도 당신에게 달렸다. 죄책감을 느낄 필요는 없다.

일단은 '자유시간을 어떻게 쓸 것인가'를 생각한 후 가족들의 바람을 반영하는 게 가장 쉬운 방법이다. 가끔씩 긴 휴가를 가서 혼자 지낼 수만 있다면 나머지 시간은 가족을 위해 아낌없이 쓸 것인가? 아니면, 낮 동안에는 가족들과 보내고 저녁은 혼자만의 시간을 즐길 것인가? 어쩌면 당신은 어린이들을 돌보는 건 상관없지만 아기나 유아를 오랜 시간 돌볼 만한 에너지는 부족할지도 모른다. 혹은 주중에는 자녀들을 도와

손자들을 볼 수 있지만 주말에는 휴식을 취하고 싶을 수 있다. 선택은 온전히 당신이 하는 것이다. 하지만 약간 적게 도와주겠다고 하고, 나중에 더 도와주는 방식이 약속을 번복하는 것보다는 나을 것이다.

다시 말하지만, 당신의 선택이니 남들에게 변명해야 할 필요는 없다. 가족들의 압박에 시달려서도 안 된다. 한편, 특히 관리하기 힘든 가족 관계가 바로 나이든 부모님을 돌보지 않는 형제와의 관계이다. 그들은 그들의 삶이 당신의 삶보다 얼마나 바쁜지를 늘어놓을 것이다. 그러나 그건 그들의 문제가 아닌가. 내 친구 몇 명은 부모님을 거의 혼자서 돌본다. 형제들이 외국에 살기 때문이란다. 그래서 다들 어쩔 수 없는 일로 여기고 있었다. 하지만 형제들도 알고 보면 충분히 이런저런 희생을 감당할 수 있었음을 깨달으면 분노에 차게 될 것이다. 물론 그런 단계까지 가려면 친구와 형제들 사이에 언쟁이 일어나야 하겠지만 말이다. 만약 당신에게 이런 일이 생긴다면, 힘들어도 당신의 입장만 너무 정당화하지 말기 바란다. 그러다가 형제들이 당신을 곤란하게 할지도 모르니까. 그저 가족 내의 경계선만 잘 지키면 된다.

가족 관계에서 경계선을 어디쯤 그을 것인지를
마음속에 명확히 해두어야 한다.
그리고 이에 대한 의사소통을 확실히 하는 것이다.

부부 관계를
재정비하라

89

　배우자와 함께 산다면, 은퇴는 당신의 부부생활에 큰 영향을 미칠 것이다. 나는 주위에서 은퇴로 인해 부부 관계에 균열이 생기고, 심지어 이혼을 하는 가정들도 목격했다. 하지만 반대로, 은퇴 덕분에 사이가 더 돈독해진 부부들도 있었다. 후자가 되고 싶지 않은가? 그러려면 부부가 함께 은퇴의 여파가 어떨지에 대해 미리 생각해놓는 게 좋다. 그리고 새로운 규칙들을 만드는 것이다. 이때, 유연한 규칙들을 세워라. 당신이 기대한 결과가 나오지 않아도 괜찮도록 말이다. 모든 좋은 인간관계에서와 마찬가지로, 이런 경우에도 소통이 필수다.

　그러면 그 새로운 규칙들이란 무엇일까? 글쎄, 그건 당신에게 달렸다. 하지만 내가 목격한, 은퇴 후 변화가 필요한 부분들에 대한 아이디어를 주겠다. 가장 중요한 것 중의 하나는 집에서의 역할분담이다. 배우자가 일을 그만둔 지 오래됐다면 이는 좀 더 까다로운 문제일 수 있다.

역할분담에서 가장 큰 문제는 전체적인 일감의 양이 이전부터 상당히 불공평하게 나눠졌다는 것이다. 부부 중 한 명은 나가서 모든 돈을 다 벌고, 나머지 한 명은 세탁에서 쇼핑, 청소, 요리에 이르기까지 집에서 모든 일을 다 하는 것이다. 부부 사이에서 가정이라는 유닛을 잘 작동시키기 위한 노력 분담으로는 꽤 합리적이긴 하다. 한 가정에서 총 집안일의 50퍼센트 몫에 해당하는 돈벌이가 갑자기 멈춘다면, 가장 합리적인 방법은 나머지 50퍼센트의 집안일을 가족 수대로 공평하게 재분배해서 담당하는 것이다. 하지만 그렇게 진행되지 않으면 문제가 생긴다. 왜냐하면, 집에서 집안일만 하는 쪽은 예전처럼 계속 일을 해야 하기 때문이다. 갑자기 집안일에 대한 부부의 기여도가 조금 불공평하다고 느끼게 된다. 실제로도 불공평하다. 따라서 당신이 만약 은퇴를 하는 사람이라면, 집에서 새로운 책임이 있음을 깨달아야 한다.

하지만 만약이라도(정말 만약이지만), 집안일을 전담하는 이가 은퇴한 배우자를 두고 '마치 내 명령을 따르는 말단직원을 얻은 것 같군'이라고 여긴다면? 아마 은퇴한 이의 화를 돋울지도 모른다. 한 부서의 장이었던 사람이 은퇴를 했다고 '제대로 진공청소기를 돌렸는지 확인을 받는' 신세가 되고 싶지는 않을 테니까. 물론 집안일이라는 영역의 책임을 타인에게 위임하는 건 쉽지 않은 일이다. 집안일을 나눠서 하는 것은 찬성한다고 해도 말이다. 단순히 일을 맡기는 것뿐 아니라 권한까지 함께 위임해야 한다. 또, 집안일을 어떻게 분배하는 게 부부에게 잘 맞을지를 미리 생각하고 시작해야 한다. 이런 과정에서 유연함을 잃지 않으면서도 꼼꼼한 체크도 곁들여야 한다. 물론, 집안일을 전담하는 이가 '내 부엌'에 누가 들어오는 걸 질색하는 편인지, 아니면 혼자 지루한 집안일을 도맡아 한다고 불평하는 편인지에 대해서도 정직하게 말할 수 있어야 한다.

집안일뿐만 아니라 부부가 얼마나 같이 시간을 보내는지, 또 무엇을 하며 시간을 보내는지에 대해서도 살펴보아야 한다. 이제 대부분의 시간을 집 안에서 같이 보내니 어느 정도의 프라이버시를 원하는지도 알아야 한다. 당신은 자신만의 공간을 원할지도 모른다. 혹은 부부 중 한 사람만 그런 공간이 필요할 수도 있다. 물론 원하지 않는 이상, 두 사람에게 같은 규칙을 적용할 필요는 없다.

부부가 동시에 은퇴를 할 수 있으면 가장 쉬운 상황일 것이다. 하지만 구체적 상황이 어떻든 간에 은퇴에 따른 변화를 행복하게 만들 수 있다. 부부가 같은 문제를 공유하려는 노력만 한다면 말이다. 나아가, 정기적으로 의견을 나누고, 의구심이 생기면 언제든지 목소리를 내면 된다. 가장 중요한 것은 당신이 은퇴를 하는 쪽이건 아니건 배우자의 관점을 명확하게 이해하려는 노력이다.

한 부서의 장이었던 사람이 은퇴를 했다고,
'제대로 진공청소기를 돌렸는지 확인을 받는' 신세가
되고 싶지는 않을 것이다.

90

아무것도
안 할 수는 없다

당신이 60대 중반에 은퇴한다면 아마 건강하고 활동적인 상태일 것이다. 바로 어제까지 일을 했으니, 은퇴를 했어도 여전히 당신은 변함없다. 물론 좀 더 빨리 지치고, '이제 좀 편하게 살아야지'라고 느끼게 될 수는 있다. 하지만 본질적으로는 일하던 때의 당신과 다를 바가 없는 것이다.

그 나이라면 아직 무릎 위에 담요를 두르고 흔들의자에 앉아 있는 삶을 준비하지는 않을 것이다. 오히려 일을 더이상 하러 가지 않으니 에너지가 넘칠 것이다. 적어도 정신없던 퇴직 과정과 일을 그만둠으로 인한 감정적 동요로부터 회복되고 나면 말이다. 이제 앞으로의 수십 년간을 허공만 쳐다보며 마지막만 기다리지는 않을 게 아닌가. 당신은 스스로를 바쁘게 할, 또 흥미롭게 할 무언가를 찾아야만 한다.

당신이 이 점에 대해서 은퇴 전에 미리 생각해놓았기를 바란다. 당신은 어쩌면 거창한 세계일주를 계획했을지도 모른다. 또, 골프를 엄청나게 칠지도 모르고, 손자들과 많은 시간을 함께 보낼 수도 있다. 만약 당신이 지금 은퇴를 기다리지 않는다면, 그 한 이유는 당신의 흥미를 끄는 일을 생각해보지 않았기 때문일 수 있다. 그러니, 은퇴하기 전에 할 일을 미리 생각해보기 바란다(이 책을 은퇴 전 적절한 시기에 읽고 있다면 말이다). 그것이 바로 은퇴의 과정을 잘 감당하는 핵심 비법이다. 또한, 즐거운 은퇴생활을 보장하는 방법이기도 하다.

현재 당신의 입장에서 앞으로 몇 년 정도만 이를 계획하면 된다. 은퇴 후 당신의 남은 삶을 지도 그리듯 일일이 계획할 필요는 없다. 삶에는 예상치 못한 사건들도 있기 마련이니까. 당신은 자주적인 사람이니, 만약 계획이 생각대로 이뤄지지 않으면 나중에 수정하거나 파기하면 그뿐이다. 하지만 이렇게 은퇴 계획을 짜는 것은, 은퇴라는 전환점에서 당신을 편안하게 해줄 중요한 초점을 마련해준다. 또한, 은퇴생활을 최대한 즐겁게 보내도록 도울 것이다. 게다가 만약 계획대로 다 풀린다면, 수년간의 행복한 삶을 보장받는 셈이다.

지금 당신의 업무가 압박이 심하다면, 아마 은퇴 후에 집 안에 머물며 신문을 읽거나 TV를 보는 등의 생활을 상상할 것이다. 하지만 이렇게 살다가는 얼마 안 가 지루해지지 않겠는가? 물론 처음 한두 주는 그런 상상을 하는 게 무리도 아니다. 그러나 그 후에는, 정말 할 일이 필요하게 될 것이다.

내가 아는 한 은행 지점장은 은퇴 후에 지역의 증기기관차 모형시설에서 자원봉사자로 일하기 시작했다. 아마도 그가 여섯 살 때부터 쭉 하고 싶었던 꿈을 이룬 게 아닌가 싶다. 또, 은퇴 후 내면의 스토리를 책으로 마침내 펴낸 사람들도 안다. 그런가 하면, 내가 아는 한 여성은 은퇴 후 장신구를 만들기 시작했다. 또, 내 친구들 몇몇은 특별한 유대감을 갖는 자선사업에 무척 즐겁게 자원봉사를 하고 있다. 다른 친구 몇은 우연히 사업을 시작하기도 했다. 이들은 일이 너무 부담이 되지 않도록 사업 규모를 작게 유지하고 있다. 지인 중 어떤 이들은 피아노 치는 법과 그림 그리는 법 등을 배우는가 하면, 외국어도 배우기 시작했다. 또, 널리 여행을 다니는 이도 있고, 세부 분야의 전문가가 되는가 하면, 아름다운 정원을 꾸미기도 했다. 직장을 다닐 때의 전문성을 살려서 소규모 사업체에 자문을 해주는 이도 있었다. 정말 다양하지 않은가? 당신도 무엇이든 할 수 있다. 무엇이든 즐겁게 하길 바란다.

> 은퇴 후 스스로를 바쁘게 할,
> 또 흥미롭게 할 무언가를 찾아야만 한다.

우아하게
나이들어라

옛날에는 나이 든 사람을 현명한 사람으로, 따라서 존경의 대상으로 보곤 했다. 아직도 일부 문화권에서는 그렇다. 하지만 최근엔 사정이 달라졌다. 은퇴 후에는 아무도 나이든 당신을 신경 쓰지 않는 듯한 느낌을 받을 것이다. 문제는 요즘에는 시간의 흐름이 너무 빨라서 쓰는 말, 흥미 대상, 기술적 노하우, 음악 취향, 전반적인 대중문화에 대한 이해 등에서 뒤처지기가 쉽다는 것이다.

하지만 당신 나이대의 사람들이 늘 그래왔듯, 당신도 아직 세상에 기여할 게 너무나 많다. 그래서 좌절감을 느끼고는 한다. 물론 어떤 이들은 아흔 살까지 살아도 별로 느는 지혜가 없기는 하다. 그러나 대부분의 사람들은 삶이 무르익을수록 많은 것을 배운다. 당신도 마찬가지다. 따라서 젊은이들에게 해줄 좋은 충고들이 너무나 많다. 그들이 들어주기만 한다면 말이다.

문제는 젊은이들이 좀처럼 당신의 말을 듣지 않는다는 것이다. 나이가 많다고 자동적으로 존경을 받지는 않는다. 사실, 이런 건 여러 면에서 좋은 일이다. 나이가 든다고 감각이나 지혜가 저절로 쌓이지는 않으니 말이다. 존경은 모름지기 자신이 버는 것 아니겠는가. 게다가 일반적으로 사람들은 자신이 구하지 않은 충고는 소중히 여기지 않는다. 그런 충고는 잘난 척으로 들릴 수도 있고, 심하면 비난으로 들릴 수 있다. 따라서 젊은이들은 예의바르게 웃고 고개를 끄덕인다 해도 속으로는 충고를 무시해버린다. 그러니, 젊은이들이 당신의 충고를 구하지 않는 이상 먼저 충고를 할 필요는 없다.

세상에 당신의 존재를 드러내고 싶다면 젊게 살면 된다. 아니, 겁먹을 필요는 없다. 젊은이들의 음악적 취향을 공유하거나 길거리 속어를 쓰라는 게 아니니까. 또, 컴퓨터 코딩을 완벽 정복하라는 것도 아니다. 젊게 산다는 건 어떤 기술적인 게 아니라 태도의 문제인 것이다. 열린 마음으로 주변 세상에 흥미를 가지면 아무 문제없을 것이다. 당신이 보기에 요즘 젊은이들이 '나 때와는 다르게' 뭔가를 하고 있어도 비판하지 말라. 왜 그게 변화했는지를 찾아보고, 그 논리를 이해해야 한다. 당신이 마치 당신의 조부모처럼 말을 하기 시작하면 걱정해야 한다(조부모님이 당신이 되고자 하는 넓은 마음의 소유자가 아니셨던 이상). 사람들은 원치 않는 충고는 싫어하지만 자신의 말을 잘 들어주는 이는 고맙게 여긴다. 젊은이들에게 제대로 귀기울여보라. 당신이 늘 젊게 지내는 데 도움이 될 테니까.

이런 '젊게 사는 태도'를 빨리 수용하면 할수록 좋다. 심지어 당신의 20대부터 쭉 말이다. 젊은 마음을 유지하는 가장 좋은 방법은 당신보다 훨씬 더 나이가 어린 친구들을 사귀는 것이다. 같은 나이대의 멋진 친구들을 사귀는 것도 좋지만 동시에 당신보다 20, 30, 40년 정도 젊은 친구들도 사귀어보라. 집안의 어린 구성원과 같이 시간을 보내는 것도 포함이다. 사람들은 물리적인 나이보다는 자신들의 견해나 태도를 공유하는 이들에게 끌리게 되어 있다. 구체적인 의견은 다를지라도 말이다. 열린 마음과 흥미롭고 수용적인 태도만 있으면 모든 나이대의 친구들을 다 사귈 수 있다. 당신이 점점 나이들어 안타깝게 또래 친구들이 세상을 떠나가도 여전히 당신에게는 친구들이 있을 것이다. 당신을 도와주고, 흥미롭게 해주며, 도전과제를 제시하는 친구들 말이다. 누가 알겠는가. 심지어 그 젊은 친구들이 당신의 충고를 원하게 될지도 모르는 일이다.

대부분의 사람들은 삶이 무르익을수록 많은 것을 배운다.
당신도 마찬가지다.

92 도움을 받아들이는 법을 배워라

은퇴할 즈음이면 자신의 독립성에 대해서 민감하게 느끼기 쉽다. 당신은 이제 고작 60대나 70대인데 주변 사람들은 당신이 노쇠함을 걱정하기 시작하기 때문이다. 그래서 주변에서 도움을 제시하기만 해도 '내가 아무것도 못하는지 아나봐?'라고 생각한다. 하지만 당신도 젊었을 때 주변의 나이 드신 분들의 무거운 짐을 들어드리거나, 계단 오르는 걸 돕거나, 앱app을 다운로드하는 걸 도와드렸지 않았는가? 그분이 무기력하거나 무능하거나 쓸모없다고 생각해서 그랬던 건 아니었을 것이다. 그저 그 분이 그 일에 약간의 도움이 필요하다고 본 거였을 뿐이었다. 그게 전부다.

그러니까, 그저 당신의 문제인 것이다. 자신을 무능력하고 쓸모없다고 여기는 건 다름 아닌 당신 자신이니까. '내가 무능력한 건 아닐까?'

312

하는 생각이 싫은 것이다. 마음에 들지는 안겠지만, 그렇다고 그 해결책이 당신에게 주어진 도움의 손길을 다 내팽개치는 건 아니다. 해결책은 바로, 우리 모두는 남들보다 조금 더 잘하는 게 있음을 인정하는 것이다. 그런데 그 '남들보다 잘하는 것'은 평생 살아가면서 계속 바뀔 수 있다. 생각해보라. 우리가 유아였을 때는 계단에 오르는 걸 누군가 도와줘야 했다. 또, 만약 당신이 여성인데 임신을 했거나 다리를 다쳤다면 무거운 것을 들 때 누군가가 들어줬을 것이다. 게다가 어떤 나이에라도 계속 새로운 테크놀로지를 익혀야만 하지 않는가. 당신이 더이상 아무의 도움도 필요치 않은 일들을 떠올려 보라. 예를 들면 '낯선 사람에게 말 걸기(어렸을 때는 누구나 가장 힘들어하는 일의 하나다)'를 들 수 있다. 자동차 운전과 가족들을 위한 요리하기 등도 마찬가지다.

다시 말해, 예전보다 잘하게 된 일들이 있고, 이제는 누군가의 도움이 필요한 일들이 있는 것이다. 당신이 잘하게 된 수많은 일들을 잘하지 못하는 일들과 비교해보라. 나이가 들면서 더 능숙해지는 것에는 뭐가 있을까? 십자말풀이, 스트레스 덜 받고 화 덜 내기, 밭에 자라는 식물들에 대한 지식, 축구, 정치와 역사 지식, 요리솜씨, 친구가 되어주기 등등. 당신도 이 목록에 많이 추가할 수 있지 않은가.

당신이 점점 나이들어서 70대, 80대가 되면 이 목록들은 더 늘어만 갈 것이다. 반면, 남의 도움을 필요로 하는 일들도 더 늘어간다. 그래도 더 잘하게 되는 것들이 분명 있지 않은가. 그중의 하나가 바로 '남에게 도움 청하기'가 되어야 한다. 또, '남에게 감사 표현하기'도 마찬가지다. 솔직해져라. 남들의 도움이 당신에게 얼마나 큰 의미인지 말해주어라.

그저 몇 마디 살가운 말일지라도 무척 가치 있는 행동이다. 이제 이런 행동을 숙련할 기회가 오지 않았는가. 그렇게 하면 젊은 세대들에게 큰 본보기가 되는 셈이다. 그들도 머잖아 당신처럼 나이들어갈 테니까.

타인을 돕는 게 나의 기분을 좋게 한다는 사실을 기억하라. 남이 당신을 돕도록 허락하면, 그 사람도 무척 보람됨을 느낄 것이다. 어떻게 보면, 당신이 그 사람을 돕는 셈이다. 그러니 도움을 받아들이는 것은 남을 돕는 것과 마찬가지다. 한번 생각해보라. 당신이 도움을 수용하면 할수록 인간 행복의 총합에 보탬이 되는 게 아니겠는가.

> 66
>
> 우리가 '남들보다 잘하는 것'은
> 평생 살아가면서 계속 바뀔 수 있다.
>
> 99

의사와 친해져라

93

신체적 노화의 증상을 좋아하는 이는 아무도 없다. 이제 더이상 계단을 우당탕 뛰어오르거나 내려갈 수 없고, 시골길을 걷다가 철문을 훌쩍 뛰어넘는 일도 하지 못한다. 시력도 점점 떨어지고, 청력도 온전하지 않다. 물론 이들 중 몇 가지는 60대에도 소화 가능할지 모른다. 하지만 결국 서서히 모두 잃어가게 될 것이다. 무릎 한쪽이 관절염에 걸리거나, 이명, 혹은 당뇨병에만 걸려도 위의 일들은 끝이라고 봐도 무방하니 말이다.

그렇다고 인생을 즐기지 말라는 법은 없다. 실제로 나이든 사람들 중 상당수가 마라톤이나 등산을 하며, 하룻밤에 여러 번 성관계를 해도 압박감을 느끼지 않는다. 노화에 동반되는 통증에도 불구하고 대부분의 사람들은 활발히 지내는 법을 쉽게 찾아낸다.

다시 말하지만, 언젠가는 통증이 찾아오기 마련이다. 하지만 통증이 인생을 즐기는 데 방해가 되게 내버려둬서야 되겠는가. 쉽게 가시지 않을 통증이라면 체념하는 게 낫다. 노화에 따른 어쩔 수 없는 현상이니까. 어떤 이들은 남들보다 운이 더 좋기는 하다. 그러나 결국 노화된 신체는 곧 여기저기 마모된 신호를 보내올 것이다. 당신이 아는 노년층 대부분이 아직 불평은 안 해도 이를 느끼고 있을 것이다. 그저 그런 증상을 신경 쓰거나 실망하고 싶지 않아 말을 하지 않을 뿐이다.

앞서 언급한 '말의 힘'을 다시 한번 떠올려보자. 아픈 것을 '통증pain'이라 항상 지칭하면, 막상 당신이 느끼는 건 '불편함discomfort' 정도인데도 더 아프게 느껴질 수 있다. 만약 누군가 건강 안부를 물을 때, "응, 겨우 겨우 버티고 있어"하고 말하면 "응, 요즘 잘 지내"라고 말하는 것보다 기분이 좋을 리가 없다. 우리의 뇌는 우리가 하는 말을 듣고 있다. 즉, 뇌는 스스로의 건강에 대해 하는 말로부터 시그널을 얻는 것이다. 그러니 먼저 꾀를 내라. 통증을 인정하고, 항상 긍정적으로 사는 것이다. 그게 우리가 할 수 있는 최선이다.

그렇다고 신체 증상들을 모두 무시해버리라는 건 절대 아니다. 항상 신체 상태에 대해 예의주시하고, 통증완화를 위해 힘써야 한다. 일상의 불편함에 너무 감정적으로 동요되지 말라는 것이다. 이제 심각한 질병에 걸릴 확률이 높아지는 나이대에 들어섰으니, 다른 것보다 건강을 주시하는 게 급선무다. 그러려면 병원과 친해질 필요가 있다. 물론, 사소한 일로 매일 병원을 들락거리라는 건 아니다. 제발 그렇게 하지 마라. 다만, 조짐이 나빠 보이는 사항에 대해서는 꼭 체크를 해야 한다. 그런 사항을 무시하면 옛날에 비해 위험성이 크니까.

어떤 이들은 자신의 건강에 대해 항상 염려하는 편이라 이미 그렇게 하고 있을 것이다. 그러나 우리 중 많은 이들은 간혹 긴급한 필요가 있을 때를 제외하곤 의사를 별로 보지 않는다. 혹은 '나는 너무 건강한 걸' 하며 검진이 필요치 않다고 생각하는 것이다. 또, '부끄러운 얘기를 해야 하면 어떡하나'라고 걱정하기도 한다. 사실, 누구라도 자신의 신체 기능에 대해서 대화하길 꺼려한다. 상대가 의사일지라도 말이다. 하지만 의사에게 "요즘 밤에 소변을 너무 자주 보는 것 같아요"라고 미리 말하는 게 전립선암 말기에 필요한 치료 및 대화를 하는 것보다야 훨씬 쉽지 않은가. 의사는 당신을 이해하고, 당신에게 필요한 말을 찾아서 해 줄 것이다. 의사라면 환자들의 부끄러움 정도야 늘 대하는 일이니까.

말을 하기는 어렵지 않아도 '뭐 이런 얘기까지 해서 의사를 귀찮게 하겠어'라는 느낌을 떨치기 힘들지 모른다. 또, '만약 심각한 병이면 어쩌지. 알고 싶지 않은데'라는 생각도 마찬가지다. '여태껏 이렇게 건강했는데', 혹은 '주어진 검진을 일일이 다 해야 하나?'라고 생각할 수도 있다. 다시 말하지만, 증상을 무시할 때의 위험성을 생각해보기 바란다. 당신과 당신의 가족을 위해서 말이다. 병원에 전화해 예약하라.

> **"**
> 매일의 신체적 불편함에 너무 감정적으로 동요되지 말라.
> **"**

94

죽음을
생각하라

누구도 자신의 죽음에 대해 생각하고 싶지는 않을 것이다. 하지만 좋든 싫든 언젠가는 일어날 일이다. 사후의 일은 당신이 신경 쓸 문제는 아니지만 그것이 남의 일이 된다는 게 꺼림칙하기는 하다. 그러나 죽음에 대한 아무런 준비도 해놓지 않으면, 그 자체로 사랑하는 가족들에게는 문제가 된다. 이를 해결할 가장 쉬운 방법은 일찍 마지막에 대한 대비를 하는 것이다. 죽음이 실제적으로 느껴지기 훨씬 전에 말이다. 뭔가 음산한 느낌이지만, 저승사자가 문을 두드리기 직전까지 문제를 남겨두는 것보다는 훨씬 낫지 않은가. 게다가 저승사자가 문도 두드리지 않고, 허락도 없이 그냥 쳐들어오면 어떡하겠는가.

그러므로 뭔가 준비를 해야 한다. 그리고 준비한 것을 마음속에 새겨야 한다. 설령 상황이 달라지거나 마음이 변하면 얼마든지 나중에 변경

하면 된다. 그런 건 선택적인 문제다. 더이상 그에 대해 생각하고 싶지 않다면 하지 않으면 그만이다. 내 할머니께서는 어렸을 때 자라신 마을의 교회 묘지에 묻어달라는 지시를 유언장에 남기셨다. 하지만 후일 할머니의 여동생의 말을 듣고는 모든 가족이 놀라지 않을 수 없었다. 할머니가 그 마을에서 보낸 휴가에서 여동생에게 "그게, 최근까지는 여기 교회 묘지에 묻히고 싶었어. 근데 지금 생각하니 그보다 끔찍한 일이 어디 있겠어"라고 말씀하셨다는 것이었다. 그러니까, 자신의 장례식에 관심이 있다면 미리 누군가에게 원하는 사항을 알려야 한다.

제발 미리 유언장을 써두기를 바란다. 그렇지 않으면 필요 이상으로 가족들이 힘들어질 수 있다. 이 책의 읽는 당신은 그런 걸 원하지 않을 것이다. 사람들은 자신이 상속받은 재산의 크기로 부모의 사랑의 크기를 가늠하고는 한다. 예를 들어, 당신은 당신의 딸이 아들보다 더 돈이 필요하다고 생각한다. 하지만 당신이 딸에게 재산의 반 이상을 남기면, 아들은 아버지가 자신을 덜 사랑했다고 넘겨짚는 것이다. 따라서 만약 정말 재산을 차등 상속하고 싶다면 관련된 모든 이들과 우선 대화를 나누어야 한다. 다들 이해할 수 있도록 말이다.

가장 중요한 건 유언의 내용을 되도록 간단하게 만드는 것이다. 임종 이후 모두가 좀 더 편해지려면 말이다. 마치 게임을 하듯, 깔끔히 상속자를 한 명 정하거나, 가족들 간에 균등 상속하기로 정하라. 물론 이건 항상 그렇게 간단한 문제는 아니다. 의붓 가정과 배다른 형제, 재혼 등이 얽혀 있을 수도 있으니까. 여하튼 간단함과 공평성을 추구하라. 그래야 유언장 작성도 더 쉬워질 수 있다.

유언장만 신경쓸 게 아니다. 우리가 세상을 떠나면 가족들은 온갖 종류의 행정문제와 씨름하게 된다. 그러니 중요한 서류들이 어디 있는지를 누군가에게 꼭 말해야 한다. 또, 패스워드도 잊지 말고 알려줘야 한다. 가족들에게 당신에 관한 중요한 서류들이 들어있는 파일 및 상자의 위치를 알려주기 바란다. 내 한 친구는 빌딩소사이어티Building Society(모기지를 사업으로 하는 영국의 제2 금융권 기관)의 계좌를 가명으로 하나 만들었다(옛날이라 가능했지만). 그런데 그가 갑자기 사망하는 바람에 그의 아내는 계좌의 돈을 찾을 수 없었다. 플라스틱 카드 하나만 덩그러니 있었기 때문이다. 비밀번호도 몰랐기 때문에 카드조차 쓸 수 없었다. 계좌의 가명과 자신의 남편 간의 상관관계도 증명할 수 없었고 말이다. 그녀는 결국 '계좌에 돈이 얼마나 있겠어' 하며 계좌에 대해 잊어버리는 수밖에 없었다.

　그러니 우리가 떠나는 마지막에 사랑하는 가족들이 최대한 편하도록 각별한 신경을 써야 한다. 복잡한 행정문제에 얽히지 않아도 가족들은 이미 충분히 괴로운 상태일 테니까. 위에 말한 사항들을 모두 마쳤는가? 그렇다면 이제 당신의 은퇴생활을 느긋하게 즐기기 바란다.

66

그러니, 마지막에 대해 뭔가 준비를 해야 한다.
그리고 준비한 것을 마음속에 새겨라.

99

The Rules of
LIVING
WELL

11장. 위기 대처

살다 보면 좋은 날도, 그렇지 못한 날도 있기 마련이다. 말하자면, 부침이 있는 것이다. 당신이 아무리 얕은 물에 있어도 가끔 큰 파도가 덮쳐오는 때가 있다. 그중에는 무척 행복한 파도도 있다. 예를 들어, 사랑에 빠진다거나 예상치 못했던 경제적 횡재를 얻거나 꿈에 그리던 직장에 들어가는 등등. 반대로 파괴적인 파도도 존재한다. 원하는 대학에 갈 점수가 모자라거나 이혼을 할 수도 있다. 또, 유산을 하거나, 삶이 바뀔 만한 큰 사고를 당하거나, 사랑하는 사람이 세상을 떠날 수도 있다.

이런 큰 파도가 닥쳐서 당신을 넘어뜨리고, 몇 킬로미터나 질질 끌고 간 뒤, 폐허에 내동댕이친다면? 당신은 어떻게 다시 집이 있는 육지로 돌아오겠는가? 이런 끔찍한 사건 후, 어떻게 사랑하는 사람들과 멀어지지 않은 채 다시 우뚝 일어서겠는가?

이번 장의 원칙들은 당신이 정말로 파괴적인 삶의 큰 사건들을 맞닥뜨렸을 때 그 파도를 헤쳐 나가는 과정을 돕기 위한 것들이다. 이런 큰 사건들을 헤쳐가기 위해서는 비축해둔 커다란 감정 에너지의 소모가 필요하다. 이런 감정 에너지를 효과적으로 활용해야 한다. 이런 큰 사건들 중 몇몇은 당신의 인생을 송두리째 바꾸는 위력을 지녔다. 그러니 마침내 그 파도를 헤치고 나왔을 때, 더 강하고 현명한 당신이 돼 있어야 하지 않겠는가. 그러면 다음 파도가 덮칠 때, 훨씬 더 잘 대비할 수 있을 것이다.

결국, 당신은 파도를 뚫고 나올 것이다. 주위의 다른 이들이 어떻게 시련을 이겨냈는지를 한번 살펴보라. 당신도 시련을 이겨내고 계속 성장해나갈 수 있다. 앞으로 살펴볼 원칙들이 그 길을 찾는 법을 도와줄 것이다.

예기치 못한 일이 닥칠 수 있다

95

큰 사건이 언제 우리 삶에 닥칠지 모르며, 모른다고 해서 그런 일이 일어나지 않는 건 아니다. 위험을 예견 가능한 경우도 있다. 예를 들어, 시험을 통과하지 못할 확률이라든가 이성관계가 막바지로 치달을 가능성 등을 미리 아는 것이다. 유산이나 심각한 교통사고처럼 어떤 시련들은 뜬금없이 발생하기도 한다. 시험을 망칠 위기나 이성친구가 이별을 통지하는 경우도 미리 예상하지 못할 수 있다.

시련은 종종 엉뚱한 때에 발생하고는 한다. 그렇다고 이에 대한 걱정으로 인생을 망쳐버릴 수는 없다. 있지도 않은 위협을 어깨너머로 살피느라 시간을 낭비해서야 되겠는가. 하지만 오히려 그런 이유로 막상 시련이 닥쳐도 이에 대해서 불평해서는 안 된다. 만약 당신의 삶이 여태껏 순조롭게 흘러와 가짜 평온에 길들여 있다면 그만큼 많은 다른 이들보다 더 삶을 평탄하게 살아왔다는 뜻일 테니까. 그러니 '왜 하필 나람?'이라고 생각하고 싶은 충동을 참기 바란다. 오히려, '나라고 이런 일을 당하지 말란 법은 없지'라고 생각해야 한다.

이제 당신이 불행할 차례니 무조건 조용히 버티라는 뜻은 아니다. 다만, '불공평하게 나만 타깃이 되어 당한다'라는 생각을 하면 더 견디기 힘들다는 뜻이다. 차라리 '안타깝지만 이번엔 내 차례가 됐네'라고 인정하면 불운이 다가올 때 악을 쓰느라 힘들지는 않을 수 있다. 악을 쓰는 건 딱히 상황에 전혀 도움이 안 된다. 반면, 사건의 충격을 인정하면 그다음인 '치유를 위해 노력하는 단계'로 나아갈 수 있다.

당신은 현재의 사건을 나만 겪는 트라우마라고 여길지 모른다. 하지만 남들도 같은 사건은 아니더라도 당신이 겪지 않은 어떤 다른 시련을 겪는다. 당신이 생각하는 완벽한 삶을 사는 친구 혹은 형제 및 동료들도 언젠가 고된 운명의 시험을 맞이할지 모른다. 그렇게 되면 그들도 지금의 당신을 이해할 것이다. 물론, 나는 당신이 '내 지인들은 나와 같은 사건을 겪지 않아 다행이야'라고 여기길 바라지만.

우리 대부분은 긴 삶을 산다. 따라서 때로는 서로 다른 시기에 각자의 문제가 발생하고는 한다. 내가 편한 삶을 산다고 생각했던 이들도 알고 보니 사정이 있었다. 즉, 내가 그들을 만나기 수년 전에 이미 삶에 한 번 올까 말까 한 감정적 고충을 겪었다. 혹은, 내가 미처 알아차리지도 못한 문제점을 안고 살고 있는 이들도 있었다. 여하튼 나와 남을 비교하는 건, 덧없는 데다 불가능한 일이다. 당신에게 아무 도움이 안 된다. 당신은 지금 여기에 있다. 바로 그 사실에 집중을 해야 하는 것이다.

때로 시련은 무리를 지어 오기도 한다. 그럴 경우에 대해서도 대비를 해야 한다. 이전의 시련과 연관성을 지니고 오기도 하고 뜬금없이 발생하기도 한다. 전자는 예를 들어, 아버지가 방금 돌아가셨는데 중요한 시험을 망쳤다거나, 힘든 이혼을 거치고 나니 이번엔 자녀가 섭식장애에 걸렸다는 식이다. 연이은 시련은 누구의 잘못도 아니다. 또, 두 시련 간에 관계는 있어도 그게 정확한 인과관계는 아니다. 다시 말하지만, 이럴 때 '왜 하필 내게 이런 일이 생겼지?'라고 자문하는 것은 소용이 없다. 지금의 사건들은 그저 당신의 삶 한가운데에 던져진 돌덩이로부터 번지는 잔물결들에 불과하다. 게다가 그런 상황에 처한 게 당신 혼자만은 절대 아니다.

어떤 시련은 정말로 긍정적인 부분이 없다. 하지만 긍정적인 면이 있는 시련들이 얼마나 많은지 알면 놀랄지 모른다. 물론, 대개 그런 면이 드러나기까지는 오랜 시간이 걸리겠지만 말이다. 예를 들어, 사람들은 이성친구와 정말 힘든 이별을 겪어도 곧 훨씬 더 행복한 다른 이성에 빠지곤 한다. 또, 시험점수가 모자라서 진로를 완전히 다시 생각한 이들도 마찬가지다. 이런 이들 중에는 결국 의사나 변호사, 혹은 그 외 원래 원하던 직업을 못 가진 게 천만다행이라며 하늘에 감사하는 이들도 있으니 말이다.

당신은 지금 여기에 있다.
바로 그 사실에 집중을 해야 하는 것이다.

96

이미 일어난 일은
어쩔 수 없다

　살다 보면 우리의 삶에 변화를 일으키는 큰 사건들이 있다. 그런 변화는 많을 수도, 적을 수도 있다. 또, 변화의 폭이 크기도 하고, 작기도 하다. 여하튼 그런 변화를 아무런 상처도 입지 않고 지나기란 어려운 일이다. 어떤 사건은 극복해내기도 하지만, 어떤 사건은 가까스로 견뎌내는 정도다. 사실, 사람들은 '극복'이란 표현을 쓰기를 꺼려한다. 왜냐하면 극복은 사건 이전의 수준으로 회복한다는 뜻을 내포하고 있기 때문이다. 그런데 만약 당신이 살던 집을 잃었다거나, 배우자가 사망했다거나, 자녀가 위독한 질병을 진단받았다면 어떨까? 아마 절대 상황이 원상복귀는 되지 않을 것이다. 다른 집을 사거나, 재혼을 하거나, 자녀가 건강을 회복한다 해도 마찬가지다. 원상복귀가 되지 않는 이유는 당신 스스로가 바뀌었기 때문이다. 아무리 서류상 당신의 상태가 원점으로 회귀한 듯 보인다 해도 말이다.

당신도 이런 점을 잘 인지하고 있을 것이다. 하지만 만약 지금 당신 주위가 곧 무너질 것처럼 절망적이라면, 이런 점을 다시 한번 제대로 상기할 필요가 있다. 큰 위기에 처할 때 당신은 그에 맞서 싸우거나 위기를 부정하거나 현실을 바꾸고 싶은 충동이 클 것이기 때문이다. 지금 당신의 삶이 평범하며, 이 책을 편안하게 읽고 있다면, 그런 대처가 무의미하다는 걸 잘 알 것이다. 하지만 막상 위기가 닥치면 현실을 부정하려는 게 가장 흔한 반응이다. 그러나 다시 말하지만, 현실을 인정할 줄 알아야 한다.

드디어 '인정 acceptance'이라는 단어를 꺼내고 말았다. 사실 '인정'이라는 단어는 꽤나 감정적인 단어다. 가끔은 도움도 안 되면서 사람들의 입에 오르내리기 때문이다. 사람들은 당신이 전혀 준비가 안 됐을 때도 "현실을 인정해야만 해"라고 훈수를 두고는 한다. 당신이 어떤 심정인지도 모르면서 말이다. 이럴 때 나는 당신의 편을 들고 싶다. 당신이 어떻게 '해야만' 한다고 말하진 않겠다. 그래도 '현실을 인정하기'의 뜻을 이해하기를 바란다. 그게 어떤 효과를 지니는지 보기를 바라기 때문이다.

당신은 지금 시련을 정면으로 맞닥뜨렸다. 그야말로 절체절명의 위기와 싸우고 있다. 그렇다면 당신과 시련 중에 한쪽은 지게 돼 있다. 결국, 둘 중 하나가 컨트롤을 잃고 상대방에 맞추는 수밖에 없다. 그런데 그 시련이 바뀔 수 없는 상황이라면 어떨까? 예를 들어, 누군가의 죽음, 이혼, 경제적 위기 등등. 그렇다면 결국 당신이 적응하는 쪽이 돼야 한다. 그래야 그나마 원점으로 돌아갈 수 있다.

즉, 인정이란 바뀔 수 없는 상황과 싸우기를 멈추는 것이다. 그리고 당신이 변화해야 하는 쪽임을 받아들이는 것이다. 새로운 상황에 적응하고 맞춰나가는 것이다. 이를 원하고 좋아할 필요까지는 없다(원하지 않기 때문에 그렇게 힘든 것이다). 하지만 삶의 큰 사건들이 우리를 변화시킨다는 사실을 이해하고 나서야 비로소 치유의 과정으로 들어갈 수 있다. 이런 일련의 과정에 기꺼이 참여해야 한다. 이미 일어난 일은 어쩔 수 없으며, 변화해야 하는 쪽은 당신이다. 바로 이를 인정하는 것이다.

그러다가 비로소 준비가 되면, 바뀔 수 없는 상황에 대처하기 위해 당신이 시도할 변화를 모색해야 한다. 이 과정을 시작하면, 이제 어깨에 짐을 둘러메고 변화를 실현하는 긴 여정을 떠나게 될 것이다.

> 삶의 큰 사건들이
> 우리를 변화시킨다는 사실을 이해하고 나서야
> 비로소 치유의 과정으로 들어갈 수 있다.

변화를
포용하라

97

수년 전, 내가 알고 지내는 20대 중반의 한 여성이 오래 사귀던 남자친구와 헤어졌다. 그녀는 십대 중반부터 항상 남자친구가 있었는데, 대개는 이별을 하자마자 곧 다른 누군가를 만나는 편이었다. 그럼에도 이번에는 절대 이별을 견디지 못할 거라 그녀는 믿었다. 남자친구가 없다면, 자신은 금방 무너질 거라고 말이다. 하지만 몇 개월 후에 그녀는 자신이 아직 멀쩡해서 놀랐다고 내게 털어놓았다. "헤어진 지 한 6개월 되고 나니 괜찮은 것 같더라고요. 혼자서도 꿋꿋이 잘 버틸 수 있지 뭐예요"라고 말이다.

이 깨달음이 그녀를 변화시켰다. 별안간, 그녀는 자신이 알고 있던 나약한 자신이 아니었다. 이제 시련에 맞설 수 있는 성인이었던 것이다. 남자친구가 챙겨주지 않아도 혼자서 얼마든지 잘 지낼 수 있었다.

그러자 그녀는 더욱 자신감이 생겼다. 다른 이성관계를 시작할 때까지 흔쾌히 기다리기로 했다. 그리고 그 후, 그녀는 새로운 남자친구를 만났다. 이제 그녀는 남자친구에게 덜 의존하고, 항상 자신의 요구를 당당히 말할 수 있게 됐다. 자신이 원하지 않는 관계라면 언제든 떠날 수 있음을 알았기 때문이다.

즉, 그녀는 힘든 이별을 통해 영원히 변하게 된 것이었다. 이는 큰 위기로 인한 변화가 때로는 긍정적일 수 있음을 보여주는 좋은 예다. 위기가 생겼을 때 우리는 몇 개월, 심지어 몇 년이나 일어난 일을 부정하면서 시간을 낭비하기도 한다. 하지만 실은, 위기로 인한 변화야말로 위기의 유일한 긍정적인 부분일 수 있다. 물론 그 변화가 당신이 치른 대가보다 항상 값어치가 높은 건 아니다. 하지만 그나마 폐허 속에서 건질 수 있는 유일한 보석인 셈이다.

나는 주변에서 큰 트라우마로 인해 분통해하고 불안과 걱정 속에 사는 이들을 봐왔다. 그런데 그보다 훨씬 더 많은 이들이 위기를 헤치고 더 강한 모습으로 나타나곤 했다. 이들은 자신감과 여유가 생겼으며, 타인과 공감도 더 잘하게 됐다. 물론, 본인의 내면에 변화가 생기는 경우나, 아주 가까운 이들에게만 변화가 보이는 경우에는 나도 알아차리지 못했지만 말이다. 그렇더라도 엄연히 변화는 존재한다.

삶이 당신에게 어떤 시련을 줄지라도, 여전히 그로부터 당신은 작게나마 얻을 게 있다. 심지어 어떤 종류의 시련인가에 따라 이득이 피해보다 더 클지도 모른다. 앞서 언급한 여성이 그 좋은 예다. 어차피 불행한 관계를 끝냈고, 자족하는 법을 배웠으며, 자신감도 얻었으니까. 그러한 변화로 인해 지금 그녀는 성공적인 새로운 관계를 이어나가고 있다.

　나는 만족스런 삶을 살다가 위기를 겪게 된 사람들도 많이 알고 있다. 그들은 대개 어려움을 겪는 타인과의 공감능력이 뛰어나다. 그러니, 당신도 좋은 마음으로 스스로가 변화하는 과정을 지켜보라. 당신은 위기 후의 소소한 행복을 누릴 자격이 있다. 다만, 그 변화가 반드시 긍정적인 쪽이 되도록 노력해야 한다. 이를 위해서라도 바뀔 수 없는 상황과 씨름하는 것을 멈추고, 적응을 받아들여야 할 것이다.

큰 위기로 인한 변화는 때로 긍정적일 수 있다.

98 위기로 인한 충격을 견뎌라

1970년대에 나는 런던 지하철에서 일하고 있었다. 그런데 어느 날 같이 일하던 동료 한 명이 IRA(아일랜드 공화국군)의 지하철 폭탄 테러 장소에 우연히 있던 바람에 사망하고 말았다. 그래서 내가 시신의 신원을 확인해줘야 했고, 이건 정말 내게 큰 트라우마가 되었다. 물론 그의 가족들은 더 끔찍한 상황을 견뎌야 했겠지만 말이다. 당시 내 상사는 내게 몇 주간 휴가를 주었다. 회복을 위한 시간이었다. 이윽고 나는 마음의 준비가 되었고, 다시 런던 지하철로 일을 하러 갔다. 하지만 열차에서 내리는 순간, 나는 여전히 사고현장을 마주할 수가 없었다. 그래서 반대쪽 승강장으로 건너가서야 비로소 집으로 향할 수 있었다(그렇게 집으로 향하는 지하철이 역을 떠난 지 2분밖에 안 돼서 지하철역 바깥쪽 거리의 버스 정류장에서 또 폭탄이 터졌다).

여기서 알 수 있는 사실은, 어떤 시련은 생각보다 극복하는 데 시간이 오래 걸린다는 것이다. 게다가 당사자는 대개 판단 능력이 흐려져 있다. 나 또한 아침에 일어나면 '뭐, 그냥 괜찮네'라고 생각했었다. 하지만 아니었다. 정말이지, 시련 속에서는 스스로를 돌봐야 한다. 스스로에게 필요한 시간을 충분히 주어야 더 빠르고 철저하게 회복할 수 있기 때문이다.

모든 시련에는 각기 다른 특징이 있다. 또, 우리는 모두 서로 다른 사람들이다. 그렇기에 서로의 상황을 정확히 비교하기란 힘들다. 하지만 대개 예기치 못한 시련인 경우, 감정적인 충격을 받기가 훨씬 쉽다. 이런 충격은 우리의 뇌가 현실에 맞서는 반응이다. 말하자면, 외상후스트레스post-traumatic stress의 일종인 것이다. 위기가 닥치면 마비가 된 듯한 느낌이거나, 현실을 믿기 힘들고, 현실과 분리된 느낌이 들 수 있다. 혹은 분노와 처절한 슬픔이 몰려올 수도 있다. 그러한 사건이 다시 반복될까봐 두려워하거나 혼자 있는 것을 꺼려하기도 한다. 이런 건 일부 예시일 뿐이고, 총체적인 증상은 이보다 더 다양할 수 있다. 또한, 피곤하고, 자주 망각하며, 아프면서 집중하기가 어려운 불안한 상태가 유지되기도 한다. 물론 이런 증상들은 시간이 지날수록 잦아든다. 그러나 일부 사건들의 경우, 말 그대로 몇 개월이나 걸려야 겨우 회복에 들어서는 것이다.

힘든 사건을 겪으면 충격에 휩싸이기 마련이다. 그 사건이 어쩌면 끔찍한 자동차사고를 목격하는 것일 수도 있다. 목격도 그 자체로 경험이며, 사건의 일부분이다. 목격 직후, 당신은 자신이 충격에 휩싸였는지도 의식하지 못할 수 있다. 그런 상태가 되면 명확하게 생각하기가 더 힘들어지기 때문이다. 그렇더라도 자신이 그런 충격에 빠진 걸 인지하는 게 더 바람직하다. 그래야 자신을 적절히 돌볼 수 있게 되기 때문이다.

그렇다면 그런 상태에서 자신을 어떻게 돌볼 수 있을까? 우선은, 너무 조급하게 자신을 몰아붙이지 말아야 한다. 수면과 휴식을 충분히 취하는 게 좋다. 그리고 다른 사람들로부터 스스로를 격리시키지 말아야 한다. 무엇보다, 자신의 몸과 마음으로부터 언제 일상으로 복귀할지에 대한 신호를 얻어야 한다. 타인의 시간표에 맞춰 회복할 수는 없지 않는가. 스스로의 컨디션에 맞추어 견뎌내는 수밖에 없다. 감정을 충분히 표출하되, 술 같은 순간의 해결책에 의존하지 말라. 이런 위기에서야말로 당신을 먼저 내세울 때이다. 마찬가지로 남들도 당신을 우선시해야 한다.

나는 위기에 처한 당시에 올바른 판단을 내리지 못했다며 후회하는 이들을 안다. 사실, 이런 성황에서는 우리의 뇌가 균형 잡힌 의사결정을 내리기 힘들다. 그러니, 정말 중요한 삶의 결정이라면 가능한 한 미뤄서 하는 게 좋다. 예를 들어, 배우자가 사망한 직후 살던 집을 판다거나 다니던 직장을 그만두는 일 등이다. 위기에 당면하면 당분간은 견디는 수밖에 없다. 이런 결정들은 후에 고려해도 늦지 않다. 당신의 신체적, 정신적 건강을 지키는 것이야말로 가장 우선순위가 되어야 한다.

힘든 사건을 겪으면 누구나 충격에 휩싸이기 마련이다.

상실감을
피할 수는 없다

99

우리는 살아가면서 여러 이유로 크고 작은 상실감을 느낀다. 오래 몸담았던 직장을 그만두거나 집을 팔 거나 다른 동네로 이사를 갈 때 상실감을 느낀다. 또, 위기가 닥쳤을 때도 상실감이 찾아온다. 예를 들어, 집에 불이 나거나 큰 사고를 당했을 때 등이다. 집을 잃거나, 신체적인 사고를 당하거나, 사랑하는 이가 세상을 떠났을 때 느끼는 상실감에는 깊은 슬픔도 함께 찾아온다. 감당하기 너무 힘들지만, 어찌 보면 자연스러운 인간의 감정이다.

이런 깊은 슬픔을 감당하기 정말 어려운 이유 중 하나는, 너무나도 개인적인 사정이기 때문이다. 두 사람이 있는데 둘 다 겉보기에 똑같은 위기에 처했다고 가정해보자. 실제로 이 둘이 느끼는 감정은 사뭇 다를 수 있다. 우리 각자의 마음이 상실감을 처리하는 과정이 다르기 때문이다. 그러한 과정은 터벅터벅 걸어 나가는 수밖에 별 도리가 없는, 정말로 외로운 길이 될 수 있다.

대부분의 사람들은 아마도 가까운 누군가를 잃을 때 가장 깊은 슬픔을 느낄 것이다. 어떤 이들은 슬픔에는 네댓, 심지어 일곱 단계가 존재한다고 주장하기도 한다. 글쎄, 이런 주장은 대개 무용지물이다. 애초에 그런 경험을 해보지도 않은 이들인 경우가 많기도 하고 말이다. 실제로 시련 속에서 당신이 느낄 법한 감정은 약 열두 가지 정도이며, 최소한 그중에 몇 가지 정도는 느낀다(순서는 정해져 있지 않다). 이 중 두어 개의 감정이 다른 감정들보다 두드러지는 경향이 있지만 말이다. 또, 이런 감정들은 겹치는 부분들도 많다. 반면, 당신에게는 전혀 해당사항이 없는 감정들도 있다. 자신이 시련 속에 어떤 감정들을 느끼는지를 아는 것은 중요하다. 그래야 지금 자신이 겪는 시련의 의미를 깨닫고, 그런 일을 겪는 게 지극히 정상이라는 것을 알게 되기 때문이다. 또, 당신이 그 와중에 어떤 일을 하든 하지 않든, 어떤 순서로 일을 하든 모두 정상이라는 것도.

내가 아는 어떤 사람들은 힘든 일을 당했을 때 분노가 엄습하기를 차분히 기다렸다고 한다. 그들의 착한 주변 친구들이 "그런 일을 당했으니 엄청 화가 날 만도 해"라고 귀띔해줬기 때문이다. 하지만 당황스럽게도, 이들에게 분노는 밀려오지 않았다. 뭐랄까, 속이 뒤틀리면서 아무데나 분노를 마구 발산하고 싶은, 끔찍하고 배배 꼬인 기분 말이다. 만약 당신이 시련 속에서 이런 기분을 그저 넘겨버리고 싶다면, 다행스러운 일이다. 내가 장담하건데, 그런 분노 폭발은 당신도 원하지 않을 것이다. 만약에 그런 분노가 밀려온다면, 그런 기분 자체가 당신의 감정적 기제임을 이해하려 노력하라. 물론 타인이 당신에게 억울한 일을 초래했을 수도 있다. 하지만 여전히, 그에 어떻게 반응하느냐는 전적으로 당신의 문제다. 마침내 당신이 이런 감정을 컨트롤할 수 있게 되면(물론 시간이 걸리겠지만), 시련을 이겨내는 데 한걸음 더 다가서게 되는 것이다.

깊은 슬픔에 자주 동반되는 또 다른 감정은 바로 죄책감이다. 슬플 때 죄책감이 따라오지 않았다면, 축하할 일이다. 하지만 죄책감을 느낀다 해도 걱정할 필요없다. 남들도 다 비슷하게 죄책감을 느끼며, 이건 아주 자연스러운 반응이기 때문이다. 예를 들어, '내가 대신 그런 일을 당했어야 하는데'라든가, '그 죽음(혹은 사고)을 막을 수 있었는데'라고 후회하는 식이다.

그러나 이런 식의 뒤늦은 후회는 당신도 알다시피 무의미하다. 당시에 그런 일이 발생할 줄 미리 알았더라면, 당연히 당신은 이를 막으려 노력하지 않았겠는가. 또, 당신은 앞으로 무언가를 즐기거나 행복한 기분이 들 때마다 죄책감이 들지도 모른다. 슬퍼하기를 멈추면, 마치 과거의 사건을 소홀히 하는 것 같아서 말이다. 이조차도 정상 반응이다. 물론 가슴이 찢어질 듯 아프겠지만, 그래도 정상인 것이다.

위기에 맞설 때, 현실을 부정할 수도 있다. 또, 운명을 바꾸려고 노력하거나, 그저 우울해할 수도 있다. 반응은 개인마다 다 다르다. 하지만 이 모든 반응들이 시련을 이겨내고 다시 일어서기 위한 노력임을 기억하라. 각자의 갈 길은 다 다르지만, 결국은 시련은 지나가게 돼 있다. 그

때쯤이면 당신은 상처투성이가 되고, 변해 있을지 모른다. 그럼에도 결국 훨씬 더 현명해질 것이다. 눈앞에 펼쳐진 새롭고 낯선 세상을 포용할 준비가 된 채로.

> 당신이 시련 속에 어떤 일을 하든 하지 않든,
> 또, 어떤 순서로 일을 하든 모두 정상이다.

용서하되
잊지는 마라

100

혹시 지금도 당신을 화나게 하는 것들이 있는가? 마음속으로 부글부글 끓게 만드는 것 말이다. 절대로 봐주기 싫고, 변명도 듣기 싫으며, 용서받을 가치가 없다고 생각하는 것 말이다.

어쩌면 그것이 형편없는 부모였던 아버지, 어머니일지 모르겠다. 당신에게 사기를 친 동업자이거나, 한 번도 찾아오지 않는 자녀일 수도 있다. 아니면, 외도를 한 배우자일지도 모른다. 당신, 혹은 당신이 사랑하는 사람들에게 그들이 한 행동 때문에 당신은 계속 화가 나고 분하며 억울하다.

어떤 이들을 이런 분노를 많이 지니고 살고, 또 어떤 이들은 한두 개의 큰 분노만 있다. 이런 분노를 계속 지니면서 그 대상을 비난해야 나의 상처가 치료될 것만 같다. 그래서 자신에게 나쁜 행동을 한 대상에게 계속 벌을 주는 것이다.

하지만 한번 생각해보자. 그럼으로써 당신이 벌하는 대상은 대체 누구인가? 아마도 가장 크게 고통받는 사람은 다름 아닌 자신일 것이다. 분노와 분함, 억울함 등의 감정이 썩 유쾌하지는 않기 때문이다. 이런 감정들이 마치 침을 쏘는 벌떼처럼 당신의 머릿속에서 윙윙대는 것이다. 이미 충분히 상처를 받은 당신이 이런 감정들까지 감당해야 할까?

남을 용서하기란 쉬운 일이 아니다. 내가 용서를 하면 그들의 행동이 더이상 문제되지 않거나, 잊히는 것만 같기 때문이다. 그러나 당연하게도, 과거의 일은 여전히 문제로 남는다. 또, 그 대상을 용서한다고 해서 당신이 그 일을 잊는다는 뜻은 아니다. 흔히들 말하는 '용서하고 잊어버려라'라는 표현은 꽤나 무책임한 말이다. 그 둘은 애초에 공존할 수 없다.

용서란, 궁극적으로 수용과 같은 개념이다. 그리고 용서란 스스로를 위해서 하는 것이지 잘못한 대상을 위해서 하는 게 아니다. 당신이 과거의 일을 바꿀 수 없다는 사실을 인정하면, 이를 받아들이고, 맞춰서 사는 법을 찾는 수밖에 없다. 그리고 나면 한결 자유롭고 행복한 기분이 들 것이다. 이것이 바로 당신이 느껴야 할 감정이다.

당신은 그 대상에게 "이제 용서해 드릴게요"라고 말할 필요조차 없을지 모른다. 나아가 애초에 그 대상은 당신이 화난 줄 모를 수 있다. 부모님께 "제 어린 시절이 불행했던 건 다 부모님 탓이에요"라고 말한 적이 없으니까 말이다. 반면, 어렸을 때 당신을 부당하게 대했던 친구와는 대대적인 절교를 했을 수도 있다. 따라서 지금의 용서는 그 친구에게 영향을 미치지 않는다.

340

용서를 했다는 사실을 바탕으로 우리가 어떻게 나아갈지가 중요하다. 여하튼, 용서를 한다고 해서 우리의 어린 시절이 잊히는 건 아니다. 또, 새삼스레 그 친구를 신뢰하게 되는 것도 아니고 말이다. 그저 우리가 과거를 받아들였다는 의미이다.

개인적인 이야긴데, 나는 어머니의 관점에서 내 어린 시절을 보게 된 후 어머니를 용서했다. 어머니도 불행하셨고, 부모 노릇에 큰 적성이 있었던 게 아님을 깨달았기 때문이다. 특히나 아이 여섯을 혼자 키웠으니 오죽하셨을까. 그러니 자신의 양육법이 아이들에게 미치는 영향에 대해 숙고해보신 적이 없었을 것이다. 사실, 1950년대와 1960년대에는 부모들이 자녀양육법에 대해 크게 생각하지 않는 분위기였다. 이처럼 대상에 대한 약간의 이해만 한다면 그 사람의 행동을 있는 그대로 받아들이는 데 큰 도움이 된다.

그러므로 당신에게 잘못을 한 사람들에 대해 생각해보고, 약간의 친절을 베풀어라. 당신 스스로를 위한 일이다. 과거의 일과 화해하고, 그 일을 과거에 남겨두는 것이다. 잊는 게 아니라 수용하는 것이다. 말하자면, 해당 파일을 닫고 어딘가에 저장해두는 것이다. 원할 때마다 샅샅이 뒤지지 않고도 찾을 수 있도록 말이다. 그러고 나면, 한결 홀가분한 기분이 될 것이다.

> 과거를 수용하면 자유롭고 행복한 기분이 들 것이다.
> 이것이 바로 당신이 느껴야 할 감정이다.

마치며

당신은 지금 앞으로 나아가고 있다

이 책에 나오는 원칙들은 우리 삶의 다양한 측면에서 적용할 수 있는 지침들이다. 이 원칙들은 명령이 절대 아니며, 아무도 당신에게 이 원칙대로 '살아야만' 한다고 강요하지 않는다. 이 원칙들은 그저 내가 좀 더 행복하고 성공한 사람들이 가진 습관과 태도 및 행동을 관찰한 결과를 옮겨놓은 것뿐이다. 따라서 누구나 이 원칙들을 받아들이면 더 행복하고, 더 성공적인 삶을 살 수 있을 것이다.

더 행복하고 성공한 삶을 위해 100가지나 되는 원칙을 읽는다는 건 꽤나 벅찬 일인지도 모르겠다. 어디서부터 시작해야 할까? 어쩌면 당신은 몇 가지 원칙을 이미 따르고 있을 것이다. 하지만 십수 개나 되는 원칙들을 한꺼번에 배우고 실천에 옮기는 건 쉽지 않다.

너무 조급해하지 않아도 된다. 왜냐하면, 이 원칙들을 한꺼번에 실천할 필요는 없기 때문이다. 억지로 따라할 필요도 없다. 그저 스스로 원하게 될 때 하나씩 따라해보면 된다. 실천 가능한 수준에서 원칙들을 준수하면 되는 것이다. 그래야 다른 원칙들도 원하게 된다.

마음 내키는 대로 원칙들을 따라하되, 만약 나의 충고가 필요하다면 다음과 같이 해보라. 우선 책을 훑어 본 후, 자신에게 가장 큰 변화를 가져올 것 같은 원칙 서너 개를 골라보자. 혹은, 처음 읽었을 때 유난히 와닿는 원칙이나 자신에게 가장 좋은 시작점이 될 듯한 원칙을 고른다. 그리고 그 원칙들을 노트에 써보라.

이제 노트에 적은 원칙들을 몇 주간 따라해보자. 그 원칙들을 내면화해서 더이상 큰 노력을 하지 않아도 될 때까지 말이다. 말하자면 이 원칙들을 습관으로 만드는 것이다. 성공했다면 이제 또 습관화하고 싶은 원칙들 몇 가지를 더 골라서 연습해보라. 그리고 고른 원칙들을 다시 써보자.

정말 잘했다. 당신은 지금 앞으로 나아가고 있다. 이렇게 자신에게 적합한 속도로 계속 원칙들을 내면화하면 된다. 서두를 것 없다.

또, 한 가지 기억해둘 게 있다. 이 책을 쓴 나만 타인들의 삶을 관찰하고 그들의 삶의 비결을 수용할 수 있는 게 아니라는 점이다. 내가 이 책에 미처 싣지 못한, 당신이 발견한 삶의 원칙이 얼마든지 있을 수 있다. 독자 스스로 원칙들을 늘려나가면 된다. 당신이 타인의 삶에서 닮고 싶은 추가적인 원칙들을 적어보길 권한다.

이러한 새로운 삶의 원칙들을 혼자만 알고 있기는 아깝지 않은가? 주변의 여러 사람들과 함께 나눠보라. 나의 페이스북 페이지에 그 원칙들을 공유하고 싶다면 언제든지 환영이다. www.faebook.com/richardtemplar에 접속하길 바란다.

리빙 웰

1판 1쇄 찍음   2022년 3월 2일
1판 1쇄 펴냄   2022년 3월 9일

지은이   리처드 템플러
옮긴이   이현정
펴낸이   조윤규
편집   민기범
디자인   홍민지

펴낸곳   (주)프롬북스
등록   제313-2007-000021호
주소   (07788) 서울특별시 강서구 마곡중앙로 161-17 보타닉파크타워1 612호
전화   영업부 02-3661-7283 / 기획편집부 02-3661-7284 | 팩스 02-3661-7285
이메일   frombooks7@naver.com

ISBN   979-11-88167-59-3 (03190)